# 포스트모던의
## 테제들

# 포스트모던의 테제들

연구모임
사회비판과대안
엮음

사월의책

포스트모던의 테제들

1판 1쇄 발행  2012년 4월 10일
1판 2쇄 발행  2015년 9월 10일

지은이  고지현, 김원식, 문성훈, 박영도, 박영욱, 박정태, 서용순, 이유선
엮은이  연구모임 사회비판과대안
펴낸이  안희곤
펴낸곳  사월의책

편집  박동수
디자인  김수연

등록번호  2009년 8월 20일 제396-2009-126호
주소  경기도 고양시 일산동구 무궁화로 7-45 451호
전화  031)912-9491  |  팩스  031)913-9491
이메일  aprilbooks@aprilbooks.net
홈페이지  www.aprilbooks.net
블로그  blog.naver.com/aprilbooks

© 2012 고지현, 김원식, 문성훈, 박영도, 박영욱, 박정태, 서용순, 이유선
ISBN 978-89-97186-22-8

* 책값은 뒤표지에 있습니다.
* 이 도서의 국립중앙도서관 출판시도서목록(CIP)은 e-CIP홈페이지(http://www.nl.go.kr/ecip)와
  국가자료공동목록시스템(http://www.nl.go.kr/kolisnet)에서 이용하실 수 있습니다.
  (CIP제어번호: CIP2012001315)

이 저서의 편찬을 위한 연구 작업은 연세대학교 국학연구원 HK사업단의 지원을 받았음

# 모던의 어둠에 대한 비판

## 포스트모던의 새로운 사유들

철학적 의미에서 '모던'(modern)의 핵심은 '계몽'이라는 시대정신에 있다. 즉 인간이 허위, 부도덕, 불의에서 벗어나 진리를 인식하고, 도덕을 행하고, 정의를 실현하는 계몽된 시대를 열어야 한다는 것이다. 이것을 가능하게 하는 것이 바로 이성이다. 왜냐하면 인간은 이성의 힘을 통해 인식, 행위, 사회 운영의 보편타당한 원칙을 정립하고, 이에 따라 스스로를 반성하며 행동할 때 진리, 도덕, 정의에 이를 수 있다고 생각되었기 때문이다. 이런 점에서 인류의 역사란 허위, 부도덕, 불의로부터 해방되는 과정이며, 동시에 이성의 실현 과정이다. 따라서 이제 이성적 존재로서의 인간은 바로 역사적 진보의 주체가 된다.

모던적 사고는 이전의 전통적 세계관에 비추어볼 때 가히 혁명적이었다. 전통적 세계관이 신의 섭리나 자연의 원리를 세계 운행이나 역사 진행의 주관자로 보았다면, 모던적 사고는 바로 이 자리를 이성적 존재인 인간 주체에게 내주었기 때문이다. 분명 모던적 사고는 성공을 구가하며 한 시대를 풍미했다. 인간은 자연을 지배하면서 자신의 인식이 진리임을 확인할 수 있었고, 자신들의 삶의 방식을 보편타당한 것으로 간주하며 도덕과 부도덕의 경계를 가를 수 있었고, 시민 혁명을 통해 구악을 일소하며 자신들이 만든 새로운 사회를 정의로운 사회라고 자부했다.

그러나 오래지 않아 모던적 사고가 만들어낸 계몽의 시대에는 어둠이 깃들고 말았다. 이성적 존재로 추앙되던 인간이란 다름 아닌 유럽의 백인 남성 부르주아임이 만천하에 드러나기 시작했고, 진리를 통한 자연 지배는 회복 불가능한 자연 파괴로, 이성이 실현된 인간 사회란 도덕과 정의가 넘치는 사회가 아니라 억압과 차별 그리고 착취가 난무하는 새로운 야만으로 변질되어갔기 때문이다. 모던적 사고에 반하여 등장한 '포스트모던'(postmodern)은 모던의 규범적 이상인 계몽을 비판하면서 이를 넘어서려고 한다. 포스트모던은 모던적 이성이 이루어놓은 해방과 진보가 아니라 바로 그 폭력성과 권력 효과에 주목하기 때문이다.

사실 보편타당성을 추구하는 모던적 이성이란 근본적으로 개념적 사고에 기초한다. 이성이란 보편 개념 아래에 개별자들을 동일화하고, 이들 개념 간의 논리적 체계를 형성하면서 세계를 인식하고, 행위의 기준을 설정하고, 정의로운 사회상을 제시하려 하기 때문이다. 그리고 이를 통해 얻어진 진리, 도덕, 정의란 바로 그 보편타당성 때문에 어떤 특정한 상황 아래서 특정한 대상에만 적용되는 것이 아니라, 모든 상황에서 모든 대상에 대해 무차별적으로 적용된다. 결국 모던적 이성은 보편 개념 아래에 모든 것을 동일화하고, 이 동일화된 대상에 하나의 절대적 원칙을 보편적으로 적용한다. 따라서 모던적 이성 앞에서 보편 개념 아래에 포섭될 수 없는 개별자의 고유성이나 차이란 무의미하며, 마찬가지로 보편타당한 것으로 절대화된 단일한 원칙을 적용하는 데 있어서 개별자의 고유성과 차이 역시 무시된다. 모던적 이성이 갖는 폭력성이란 바로 이렇게 보편자를 통해 개별자를 부정하는 데 있다.

하지만 자연은 실로 무궁무진하며, 헤아릴 수 없을 만큼 다양하다. 비록 강이라 불러도 다 같은 강이 아니며, 같은 강이라 하더라도 봄, 여름, 가을, 겨울에 따라 그 모습이 다르고 운치도 다르다. 또한 강은 식수원이 되기도 하고, 뱃길이 되기도 하지만, 화가의 화폭에 담기는 풍경이기도 하고, 음악가에게 새로운 멜로디의 영감을 주기도 하고, 시인에겐 시적 상상의 원천이 되기도 하며, 우리에겐 고향을 떠올리게 하는 어머니의 젖줄이기도 하다. 그러나 개념적 사고는 이러한 차이에 주목하지 않는다. 강은 강이며, 아무리 강의 모습이 다르고 운치가 다르다 해도 동일한 자연법칙의 지배를 받는다. 즉 강은 하나의 보편 개념에 포섭될 뿐 아니라 하나의 단일한 원리에 의해 파악될 수 있다는 것이다. 더 나아가 강 역시 자연물의 하나이며, 자연물을 지배하는 자연법칙에 따라 다른 모든 자연물과 마찬가지로 단지 크기, 속도, 위치 등 양적으로 규정 가능한 무차별적 대상일 뿐이다.

과연 인간이란 존재하는 것일까? 인간이란 보편 개념일 뿐, 모든 개인을 인간이란 개념 아래에 동일화한다면 개인들의 고유성과 차이는 사라진다. 왜냐하면 개인과 개인은 끊임없이 분화될 수 있는 차이의 무한 누진 속에 존재하며, 이 개인조차도 불변의 존재가 아니라 끊임없는 변화 속에 있기 때문이다. 그런데도 인간이라는 보편 개념 아래에 모든 개인을 동일화하고 하나의 보편적 잣대를 인간에게 적용한다면 개인의 고유성과 차이가 부정될 뿐 아니라, 이 때문에 발생하는 반발과 저항 역시 무차별적으로 억압된다. 인간이라도 다 같은 인간이 아닐 터인데, 모든 개인을 인간으로 동일화시킬 뿐 아니라 정상적 인간을 규정하는 보편적 기준을 설정하여 이를 통해 모든 인간을 평가하려 한다면, 모든 개인은 자신의 고유성을 버리고 이 기준에 스스로를 맞추어야 한다. 더구나 법이 모든 사람에게 무차별적으로 적용된다면 개인의 차이는 보편적 틀 속에 감금되어 아무런 의미도 갖지 못한다. 혹 그렇기에 법은 항상 물리적 폭력을 통해 개인에게 상처를 안기면서 관철되는 것은 아닐까?

또한 보편타당한 사회 운영 원칙이란 도대체 필요한 것일까? 사회 역시 다양한 영역이 존재하며, 각 영역마다 고유한 운영 원칙이 존재한다면 모던적 이성이 말하는 보편타당한 원칙은 이 모든 것을 파괴한다. 자본주의가 이윤 극대화를 위한 생산성 향상을 사회 운영의 지상 원칙으로 설정하고, 모든 사회 영역이 이 원칙을 따른다면, 생산성과 무관한 다양한 사회적 관계는 파괴되고, 이러한 관계에 내재되어 있는 고유한 가치 역시 부정될 수밖에 없다. 자본주의 사회에서 '돈'이 모든 사회 영역을 지배하는 보편타당한 매체, 아니 무한히 스스로를 확장해나가는 탈영토화하고 탈코드화하는 운동 매체가 된 것은 이미 모던적 사고에 그 가능성이 내포되어 있었던 것은 아닐까?

이렇게 모던적 이성이 보편성을 통해 개별성을 억압한다면, 이성적 존재로서의 인간 역시 이러한 억압의 공범자가 된다. 이성이란 바로 인간의 활동이며, 이런 점에서 인간을 통해 실현되기 때문이다. 그러나 사실 더욱 근본적인 문제는 인간이 과연 이성이 설정한 보편타당한 원칙에 따라 스스로를 반성하는 존재인가 하는 점이다. 왜냐하면 이것이 일종의 당위적 이상일 수는 있어도 인간의 현실적 모습을 볼 때 설득력을 갖기 어렵기 때문이다. 오히려 자기반성적 인간이란 단지 권력이 만들어낸 지배 원칙을 보편타당한 것으로 믿고 이에 따라 자신을 규율하는 복종적 존재를 일컫는 말은 아닐까? 만약 인간이 이성적 자기반성의 주체로서 스스로를 투명하게 관찰하며 스스로를 통제할 수 있는 존재가 아니라 권력의 지배를 받고 있다면, 사실 이러한 존재가 만들어낸 인식, 행위, 사회 운영의 원칙을 진리, 도덕, 정의라고 하기는 어렵다. 이것은 기껏해야 권력 확장의 도구일 뿐이기 때문이다. 만약 그렇다면 인간의 역사란 과연 진리, 도덕, 정의를 향해가는 진보의 역사일까? 아니면 권력의 노예가 된 인간이 이성과 보편타당성을 가장해가면서 개별자의 고유성과 차이를 부정하고 억압하는 과정일까?

포스트모던은 계몽이라는 모던적 사고의 핵심 축인 이성, 주체, 진보 개념에 근본적 의문을 제기한다. 이 책은 비록 모든 포스트모던 철학자의 주장을 망라하고 있지는 않지만, 이러한 사고 흐름에 기여한 대표적 이론가들의 주장을 담고 있다.

카스토리아디스는 절대적 진리, 총체적 이론, 객관적 관념을 포기할 것을 역설하며, 세계를 하나의 단일한 원칙 아래에 파악하려는 모던적 사고와 효율성이란 단일한 기준이 지배하는 자본주의 질서를 극복하려고 한다. 데리다가 보편적인 것이 폭력화되는 방식을 비판하며 정의의 정의롭지 못한 구현 방식에 제동을 건다면, 아감벤은 모던적 사고가 추구하는 정의, 법, 주권 등이 갖는 한계를 지적하면서 그 폭력성을 비판하려고 한다. 푸코가 주목하는 것은 자기반성적 주체로서의 인간이며, 그는 이러한 인간이 지식-권력-주체성의 결합이 만들어낸 임의적이고 역사적 산물임을 폭로한다. 들뢰즈 역시 이성적으로 사유하고 행동한다는 모던적 인간관을 해체시키려 하지만, 여기에 전제된 사고는 인간과 세계를 사건-줄들의 총체 속에서 파악하는 새로운 존재론이다. 바디우는 주체와 진리에 대한 포스트모던의 비판을 전제하지만, 그렇다고 그것 자체를 포기하지는 않는다. 오히려 그는 현대 집합론의 성과에 근거하여 주체와 진리 범주를 재구성하면서 새로운 철학적 담론의 지평을 열려고 한다. 네그리는 보편 개념 아래에 모든 것을 동일화시키는 모던적 사고에 저항하여, 개별자의 차이, 특이성에 주목하는 포스트모던 사고를 수용할 뿐 아니라, 이에 기초하여 오늘날 지구화 시대의 새로운 변혁 주체로서 다중 개념을 제시한다. 지젝은 허위와 진리, 부도덕과 도덕, 불의와 정의의 대립 구도에 기초한 현실 비판과 이른바 잘못을 고쳐나간다는 식의 진보적, 계몽적 사고가 봉착한 위기 상황에 주목한다. 그리고 그는 더 나아가 모던적 이성에 의해 가려지고 배제되었던 새로운 영역, 즉 주이상스에 주목하면서 이에 대한 해법을 모색한다.

이렇게 일부는 모던적 사고를 해체하려고 하고, 일부는 모던적 사고를 통해 억압된 개별자와 차이를 구원해내려고 한다. 그리고 일부는 모던적 사고에 대한 비판을 토대로 새로운 사유를 시도하려고 한다. 이들의 흐름은 때로는 존재를, 때로는 진리를, 때로는 정의를 문제 삼고 있으며, 인간과 사회와 세계에 대한 대안적 사고를 발전시키려 한다. 이 책은 작게는 이렇게 포스트모던의 흐름을 만들고 발전시킨 대표적 이론가들의 주장을 소개하는 데 목적이 있다. 하지만 크게 볼 때 이 책은 '사회 비판과 대안 모색'이라는 주제 아래 현대의 다양한 사회 및 정치 철학적 사조들을 집대성하려는 장기 프로젝트의 일환으로 편찬된 것이다.

이 책을 편찬한 '연구모임 사회 비판과 대안'은 2006년 결성된 이래로 현대 사회에 대한 철학적, 정치경제학적, 사회심리학적, 문화이론적 비판 등이 결합된 이른바 학제 연구를 시도하면서 현대 사회의 병리적 현상에 대한 대안을 모색하려 한다. 최근 본 연구모임은 이러한 연구 이념 아래 사회 비판과 대안과 관련된 다양한 이론적 자원을 정리하고 있으며, 『포스트모던의 테제들』은 그 두 번째 작품이다. 첫 번째 작품은 『프랑크푸르트학파의 테제들』로서 이미 출간되었고, 앞으로는 『현대 영미 정치철학의 테제들』, 『페미니즘의 테제들』, 그리고 『한국 사회에 관한 테제들』이 출간될 예정이다. 특히 이 책은 연세대학교 국학연구원 HK사업단의 지원을 받았음을 밝히며, 이에 대한 감사의 뜻을 전한다.

아무쪼록 이 책과 본 연구모임의 작업이 더 나은 사회를 꿈꾸는 모든 이들에게 이론적 자기반성의 기회가 되길 바라는 마음 간절하다.

2012년 1월 문성훈

# I

# CORNENELIUS CASTORIADIS

# 1 카스토리아디스
## 자본주의를 넘어서는 사회적 상상

이유선

코르넬리우스 카스토리아디스(Cornenelius Castoriadis, 1922~1997)와 같은 영감에 충만한 사상가가 국내에 거의 소개되지 않은 점을 보면, 소위 학문의 세계에서도 유명 브랜드를 추종하는 경향이 있는 것 같다. 다양한 외래문화와의 교류를 통해 수많은 잡종들을 생산하는 가운데 한 사회의 문화적 성숙이 이루어진다는 점을 감안하면 그런 경향은 다소 유감스럽다. 더욱이 요즘같이 불안하고 혼란스러운 시대 상황에서 천편일률적인 '이론'들에 스스로를 내맡긴다는 것은 현실의 문제에 눈을 감아버리기로 작정하는 것이 될 수도 있다. 카스토리아디스를 읽는다는 것은 우리가 현재 처한 현실에서 무엇이 진정 문제이고, 어떤 것이 진정으로 가치가 있는 것인지를 생각해 보기 위한 의미 있는 시도이다.

카스토리아디스는 그리스에서 공부한 후 프랑스에서 활동한 사상가이자 활동가이다. 그는 대개 천재들이 그렇듯이 매우 어린 나이에 자신이 어떤 분야에서 재능을 발휘할 수 있는지를 발견한 것 같다. 1922년 오스만 제국의 수도였던 이스탄불에서 태어난 그는 같은 해에 가족과 함께 그리스의 아테네로 떠난다. 13세에 마르크스 사상을 접하면서 처음으로 정치에 관심을 갖기 시작했고, 15세에 아테네 청년 공산당원이 되었다가 19세인 1941년에는 그리스 공산당에 가입한다. 그러나 불과 1년 후 트로츠키주의자가 되기 위해 공산당을 떠나게 된다. 그는 아테네 대학에서 정치학, 경제학, 법학 학위를 받은 후 파리로 가서 연구와 활동에 매진한다.

프랑스에 간 카스토리아디스는 트로츠키주의 인터내셔널에 참여했으나 1948년 그들과 결별하고, 클로드 르포르(Claude Lefort) 등과 함께 자유주의적 사회주의자 그룹을 만들어 『사회주의냐 야만이냐』라는 잡지를 간행한다. 이 잡지는 1949년부터 1966년까지 발행되었다. 장 프랑수아 리오타르 등이 참여하기도 한 이 잡지는 프랑스 좌파 지식인들에게 큰 영향을 미쳤다. 카스토리아디스는 1948년부터 1970년까지 OECD의 경제분석가로 활동하기도 했으며, 1970년 프랑스로 귀화하기 전까지는 피에르 숄리외(Pierre Chaulieu), 폴 카르당(Paul Cardan) 등의 가명을 사용했다. 그는 소련을 공산주의 국가가 아니라 중앙 집권 기구를 갖춘 관료주의 국가라고 비판했고, 이는 1950년대 소련에 반대하는 서구의 좌파 지식인들에게 많은 영향을 주었다. 68혁명이 있었던 1960년대에는 활동가로 활약하기도 하였으나, 그의 관심은 점차 직접적인 정치적 실천으로부터 개인과 사회가 맺고 있는 관계를 이해하고자 하는 쪽으로 옮

겨가게 된다.

카스토리아디스는 자신의 주저인 『사회의 상상적 제도』(*L'Institution imaginaire de la société*, 1975)에서 독특하게도 정신분석학적인 관점에서 사회적 제도의 변화, 개인의 사회화 과정 등을 고찰한다. 이 책 외에도 그는 『미궁의 십자로 6부작』(*Les Carrefours du labyrinthe I~VI*, 1978~1999), 『플라톤의 『정치가』에 대하여』(*Sur "Le Politique" de Platon*, 1999) 등의 많은 저서를 출간했다. 카스토리아디스는 1980년부터 프랑스 사회과학고등연구원 교수로 재직했으며, 1997년 심장수술 후 합병증으로 사망했다.

그의 관심 영역은 정치학이나 경제학, 철학에 머물지 않고, 미학, 정신분석학, 생태학 등 매우 다양한 분야에 걸쳐 있다. 그는 변화하는 세계의 본질을 발견하여 보여주려는 사상가라기보다는 자기 자신의 관점에서 이해한 세계를 형상화하고 다른 사람들이 각자의 방식으로 실천에 나서기를 촉구하는 실천적 지성인이었다.

여기서는 주로 주저 『사회의 상상적 제도』에 나타나 있는 그의 사상의 개요를 소개하고자 한다. 사회가 창의력을 강조하면 할수록 창의적인 인재들이 사라지고, 개인들이 합리적인 삶을 살고자 노력할수록 점점 더 미궁 속에 빠져들게 되는 오늘날의 현실 속에서 카스토리아디스의 현대 사회에 대한 거시적인 통찰은 우리에게 많은 생각거리를 던져준다.

# 1 | 문제의식 — 신자유주의와 좌파 이론의 몰락

현재 우리 사회의 문제는 무엇일까? 당장 긴급한 문제로는 교육과 입시제도, 부동산 거품, 경제적 양극화, 다문화주의, 환경, 대북 정책, 청년 실업 등 수많은 문제를 나열할 수 있을 것이다. 1980년대와 비교해보면, 많은 사람들이 재건축한 새 아파트에 살고 성능 좋은 자동차를 타고 다니게 되었다는 점을 제외하면 우리 사회의 고민거리들이 별로 줄어든 것 같지 않다. 젊은 세대는 생계를 위해 더 심한 경쟁에 내몰리고, 기성세대는 사교육비와 주택담보대출금을 갚기 위해 더 강도 높은 노동에 시달린다. 80년대 운동가들이 꿈꾸던 자유민주주의는 이런 사회였던가?

마르크스주의 이론을 바탕으로 80년대 민주화 운동을 했던 사람들은 소련과 동구 사회주의 국가들의 몰락 이후 자신들의 입장에 대한 반성적인 결과를 내놓지 않았다. 이런 어정쩡한 입장은 신자유주의가 전 세계를 잠식해 들어가는 동안 아무런 대응책도 마련하지 못한 좌파 이론의 무력함을 대변하는 것으로 보아도 좋을 것이다. 효율성과 경쟁의 논리가 사회 전체를 지배하는 동안 좌파가 보여준 무력감은 사람들을 정치에 대한 심각한 냉소주의에 빠지게 하거나, 신자유주의 체제에 대한 철저한 순응주의에 빠져들게 했다. 좌파 이론가들의 선택은 시대착오적인 이론적 순수성을 고집하면서 정신적인 자위를 하는 것이었다.

젊은 세대가 더 나은 사회를 꿈꾸려 하지 않고, 주어진 시스템에 적응해서 살아남으려고만 하는 사회가 건강하게 살아남을 수 있을까? 제도화된 사회적 가치에 철저하게 순응하려고 하는 개인들이 자신의 삶을 가치 있는 것으로 만들 수 있을까?

카스토리아디스의 작업은 우리의 이런 고민에 대해 답한다. 그의 문제의식은 마르크스주의 혹은 현실 사회주의도 우리의 대안이 아니고, 그렇다고 신자유주의적인 자본주의도 우리가 꿈꾸어야 할 사회가 아니라고 한다면, 우리가 현 상황에 대해 어떤 태도를 취해야 하는지를 고민하는 데서 출발한다. 사회를 변혁하기 위한 가장 합리적인 이론이라고 믿었던 마르크스주의가 현실적으로 실패한 이론이라는 것을 받아들일 때 우리는 어떤 대안을 모색해야 하는가? 이런 물음에 답하고자 하는 카스토리아디스의 사유는 매우 근원적인 지점까지 내려간다. 그의 문제의식은 현실을 변혁할 이론이 가능한가 하는 근원적인 물음에서 출발해서, 개인이란 무엇이고, 사회란 무엇인지, 그리고 끊임없이 움직이는 역사적이고 사회적인 삶의 의미는 무엇인지 묻는 데로 확장된다.

카스토리아디스가 최종적으로 꿈꾸는 유토피아는 자율적인 개인들의 자율적인 사회이다. 카스토리아디스는 정치적인 자율은 가능한 기획이며, 이것은 인간이 자신들의 제도를 스스로 만들 수 있다는 점을 인식하는 데서 출발한다고 주장한다.[1] 자율적인 사회를 만드는 것이 목표인 한, 이제 과제는 자율적인 개인[2]을 교육시킴으로써 자신들을 위한 사회적 제도를 만들도록 하는 것이 될 것이다. 그런데 근대의 계몽주의에 입각한 자유주의자들의 주장처럼 들리는 이런 생각은 사실상 그런 자유주의적 기획과는 거리가 멀다. 카스토리아디스는 근대적인 의미의 주체란 추상적인 허구라고 보고 있으며, 우리의 사회가 그런 주체들이 모여서 이루어지는 것도 아니고, 계몽의 근거인 객관적인 진리라는 것도 존재하지 않는다고 생각하기 때문이다.

카스토리아디스는 진리를 담보한 이론을 통해 현실을 바꾸어나갈 수 있다는 전통적인 이론과 실천의 관계를 부정한다. 전통적인 관점은 현실의 진리를 표상하는 총체적인 이론이 없다면 어떤 의식적인 행위도 가능하지 않으므로 혁명적 기획을 포기해야 한다고 주장한다. 카스토리아디스가 보기에 이런 태도는 절대적인 지식이라는 환상을 고수하기 위해 실천을 포기하는 것과 다름없다. 그에게 있어서 실천은 단순히 지식의 적용이 아니다. 우리가 설령 지식에 바탕을 두고 어떤 실천에 나선다고 하더라도 이것은 마치 예술가가 자신이 창조하고자 하는 것을 알지 못하고서 작업에 착수하듯이 어떤 새로운 것을 대상으로 하는 활동을 시작하는 것이다. 현실은 실천을 통해서 변형되며, 실천의 주체도 마찬가지로 변화한다. 이런 영역에서 고정된 진리란 있을 수 없으며, 누군가 이론적으로 그런 것을 말하더라도 그것은 이미 죽은 인공물에 불과할 뿐이다. 카스토리아디스에 있어서 참된 실천은 죽은 이론을 적용하는 문제가 아니라 실천의 주체가 실천의 과정에서 자율적인 인간으로 바뀌어가면서 스스로의 제도를 만들어가는 과정이라고 할 수 있을 것이다. 그는 다음과 같이 말한다.


우리가 혁명적 정치라고 부르는 것은 그 목표가 (사회구성원) 모두의 자율이란 관점에서 사회의 근본적 변혁을 전제한다는 점을 인정하는 것으로서, 사회를 조직하고 그런 방향을 지향하는 실천이고, 그것은 개인들의 자율적인 활동을 통해서만 가능한 것이다.[3]

그런데 문제는 그와 같은 실천에 나설 자율적인 개인들이 오늘날 존재하는가 하는 것이다. 카스토리아디스는 "무엇보다도 현대사회를 특징짓는 것은 무의미함"이라고 잘라 말한다.[4] 오늘날 사람들은 정치적인 책임감을 느끼지 못하고 있으며, 좌우파 논쟁에 대해 점차 냉소적인 입장을 취하고 있다. 비단 정치의 영역에서뿐 아니라 예술, 철학, 문학과 같은 다른 영역에서도 무의미와 무가치가 지배하고 있다. 무엇이 상황을 이렇게 만들었을까? 카스토리아디스의 답은 분명하다. 오늘날의 무의미는 자본주의적 상상력의 승리를 나타내는 표지이다. 그런데 "자본주의 사회는 모든 관점에서 볼 때 파멸로 치닫는 사회"[5]라는 점에서 오늘날의 상황이 그리 쉽지만은 않다. 스스로 제한할 줄 모르는 자본주의를 살아가는 우리로서는 파멸을 피하기 위한 대안을 찾아야만 한다. 우리의 상황을 더 어렵게 만드는 것은 자본주의에 대항했던 유일한 이론이자 실천이었던 마르크스주의는 몰락하고 오늘날의 노동운동은 타락했다는 것이다.

이런 상황에서도 카스토리아디스는 그리 비관적이지 않다. 그는 여전히 인류가 새로운 사회의 제도를 스스로 만들어갈 수 있으리라는 희망을 버리지 않는다. 이런 희망은 아마도 절대적 진리, 총체적 이론, 객관적 표상의 관념을 모두 버리고서 오로지 실천이 가지는 힘을 신뢰하는 그의 태도에서 나올 것이다. 이런 점이 카스토리아디스를 포스트모던적인 데카당스와 구별해주는 점이기도 하다.

## 2 | 마르크스주의는 유효한가?

사실 자본주의가 파멸로 치닫는 사회라는 통찰은 마르크스의 것이었다고 보는 것이 옳을 것이다. 그런데 한때 공산당에 몸담았다가 트로츠키주의자가 되기도 했던 카스토리아디스는 왜 마르크스주의가 실패한 사상이며, 실천을 위해 아무런 도움이 되지 않는 이론이라고 보고 있는 것일까? 그의 입장을 좀 더 엄밀하게 말하자면, 그는 마르크스주의를 비판하는 것이 아니라 절대적인 진리를 파악했다고 주장하는 총체적인 이론으로서의 마르크스주의를 비판하고 있다고 보는 것이 옳을 것이다. 끊임없이 변하고 있는 현실을 그런 식으로 드러내 보여주는 이론은 불가능하다는 것이 그의 기본적인 생각이다. 마르크스주의는 객관적인 합리주의의 이론이 됨으로써 스스로 실천적인 힘을 상실했다고 보는 것이 그의 마르크스주의 비판의 요지이다. 이런 비판은 마르크스주의뿐 아니라 변화하는 역사적 세계의 현실을 객관적으로 표상한다고 주장하는 모든 이론에 대해 해당될 것이다. 그가 마르크스주의를 주로 비판하는 이유는 그나마 마르크스주의가 자본주의를 넘어서려는 시도를 했던 유일한 이론이기 때문일 것이다.

카스토리아디스는 우리가 "마르크스주의자로 남아 있을 것인가, 아니면 혁명을 지지하는 자로 남을 것인가"[6] 하는 선택지 가운데 하나를 선택해야 하는 상황에 있으며, 이것은 곧 교조에 충실할 것인가, 아니면 사회를 근본적으로 변혁시키려는 기획에 관여할 것인가의 선택이라고 주장한다. 여기서 *그가 말하는 근본적 변혁이란* "우리가 처음에 변혁시키고자 한 것을 이해하는 것이고, 사회 안에서 이 사회에 진지하게 도전하는 것이고, 사회의 현존 형식에 대항해서 투쟁하기를 요구하는 것"[7]을 의미한다. 마르크스주의를 고수하는 것은 사회를 변혁시키는 것과 무관한 것이 되었다는 것이다. 그렇다면 그는 왜 마르크스주의 '이론'이 아무런 변혁적인 힘도 갖지 못하게 되었다고 보는 것일까? 그 이유는 다음의 몇 가지로 요약해볼 수 있다.

첫째, 마르크스주의는 위에서 언급한 변혁의 내용인 '우리가 처음에 변혁시키고자 한 것을 이해'하는 데 실패한다. 이것은 마르크스주의 역사 이론이 역사에 관한 일반 이론인 양 역사 서술을 시도한 데서 오는 귀결이다. 카스토리아디스의 관점에서 보면 역사에는 어떤 실체가 외부에서 다른 실체에 영향을 주는 일은 없다. 마르크스주의의 오류는 역사적 세계의 변화 과정을 너무나도 단순하게 몇 가지 요소로 추상화했다는 데 있다. 예컨대 마르크스주의자들이 자본주의의 기본적인 모순이라고 보았던 생산력과 생산관계 사이의 모순은 자본주의 체제를 전복시키기는커녕 자본주의 체제 안에서 사실상 해소되고 말았다. 이것은 부르주아 혁명 단계에서 일어났던 역사적인 특수한 사건을 마치 역사적 변혁의 단계에서 일어나는 일종의 법칙인 양 확대해석하는 데서 비롯된 오류이다. 카스토리아디스는 경제라든가 이데올로기 등이 모두 역사 발전의 특정한 국면에서 나타나는 산물이기 때문에 경제가 이데올로기를 결정한다거나 이데올로기가 경제를 결정한다거나, 혹은 양자가 서로 결정한다는 식의 이야기는 모두 타당하지 않다고 보고 있는 것이다.

둘째, 역사의 흐름에서 미리 결정되어 있는 것은 없으므로 마치 역사 발전의 법칙을 파악한 듯이 말하는 마르크스주의는 유지될 수 없는 역사철학이다. 카스토리아디스의 관점에서는 역사의 주체와 객체가 명확히 분리되어 있지 않다. 계급과 사회집단도 미리 결정되어 있는 역사적 주체가 아니다. 노동운동이 역설적으로 자본주의 시스템을 유지하게 하는 결과를 낳았듯이, 계급과 사회집단의 행위와 자각은 끊임없이 새로운 요소들을 발생시키므로 미리 결정되어 있다고 할 수 없으며, 미리 결정될 수도 없다. 카스토리아디스는 "역사를 만드는 것은 바로 역사이며, 역사적 인식을 만드는 것은 역사적 인식"[8]이라고 말한다. 이런 언급은 역사적 이해의 지평을 벗어나서 역사적 사건을 이해할 수 없다고 하는 가다머(Hans-Georg Gadamer)의 영향사 의식을 떠올리게 한다. 가다머에 의하면 우리 자신이 이미 역사적 존재이므로 우리의 인식을 떠나서 역사적 사건 자체의 의미를 논할 수 없다. 카스토리아디스는 역사란 그 역사에 속한 다양한 주체들의 행위와 인식에 의해서 이루어지는 것이므로 역사를 바깥에서 바라보면서 우리가 도달해야 할 어떤 역사적 목표를 미리 설정한다는 것 자체가 얼마나 모순적인 발상인지를 보여주고자 한다. 그에 의하면 마르크스주의의 유물론적 역사관은 자본주의적 범주들의 역사적 상대성을 충분히 의식했으면서도 다른 한편으로는 그 범주들을 인간 역사 전체에 투사함으로써 잘못을 범하고 있다. 그런 관점은 역사를 합리성이라는 기준으로 바라보려는 시도라고 할 수 있는데, 거기에 개입할 수밖에 없는 실천적인 문제를 놓치고 있는 것이 잘못이라는 것이다. 실천은 우리가 알지 못했던 상황을 만들어낸다. 역사를 하나의 통일성으로 파악하는 순간, 실천을 통해 나타나는 수많은 새로운 것들이 무시되는 것이다.

셋째, 우리는 역사를 한 측면에서만 바라볼 수 있다. 그런데 마르크스주의는 역사를 마치 인류가 유년기를 거쳐 성년에 도달하는 것처럼 하나의 전체로 묘사하려고 시도하는 가운데 전통적인 철학과 신학이 빠졌던 환상에 빠져든다. 그러나 카스토리아디스가 역사에 관한 전체적인 관점을 가질 수 없다고 말한다고 해서 그가 회의주의나 상대주의를 편드는 것은 아니다. 그는 단지 역사의 국면들을 그 상대적인 단계에서 명료하게 이해하려고 하는 시도와 '이론'을 통해 역사 전체를 파악한다고 하는 환상을 구분하고자 할 뿐이다. 카스토리아디스는 다음과 같이 말한다.

마르크스주의자들이 생각했던 것과 달리 '절대적이고' 따라서 신비적인 의미로 '진리를 갖는 것'은 혁명의 전체가 아니며, 사회를 근본적으로 재구성하는 작업의 전체가 아니다. 이러한 종류의 '소유'란 관념은 그 자체로 불합리할 뿐 아니라 심각하게 반동적인데, 왜냐하면 완성되고 단번에 획득된 (그래서 어떤 사람이나 몇몇 사람들에게 소유될 수 있는) 진리에 대한 믿음은 파시즘이나 스탈린주의를 고수하는 토대 가운데 하나이기 때문이다.[9]

절대적이고 객관적인 진리를 소유한다고 하는 환상이야말로 그
가 보기에는 전체주의의 뿌리이며, 따라서 사회 변혁을 꿈꾸는 사
람이 가장 경계해야 할 반동적인 사고이다. 마르크스주의가 그와
같은 진리를 소유했다고 주장하는 순간, 그 이론은 모든 실천적인
유효성을 상실하는 것이다.

결론적으로 마르크스주의 역사철학은 객관주의적 합리주의의
입장을 취함으로써 단지 하나의 역사철학으로 주저앉는다. 이런 역
사철학의 문제는 역사를 결정론적으로 이해한다는 점이다. 카스토
리아디스는 인과적인 연관을 통해 역사적 사건들을 이해하려는 시
도 자체가 역사의 실제를 전혀 파악하지 못한 것으로 보고 있다. 왜
냐하면 역사는 미리 정해진 섭리가 실현된다거나 이미 존재하는
법칙에 따라 사물들의 질서가 현상하는 영역이 아니라 바로 창조
의 영역이기 때문이다. 여기서 창조의 영역이란 것은 역사가 단지
'예측 불가능'하다는 의미만을 함축하는 것은 아니며, 그 자신이 역
사이면서 또한 역사를 만들어가는 개인들, 집단들, 계급, 사회 전체
가 새로운 유형의 행위를 정립하고, 새로운 사회 규칙을 제도화하
고, 새로운 대상이나 새로운 형식을 발명하는 영역이라는 것이다.[10]

카스토리아디스는 마르크스주의가 스스로 하나의 폐쇄된 이론
체계가 됨으로써 사람들을 그 이론적 진리의 수동적인 객체로 만
드는 잘못을 범하고 있다고 보고 있다. 마르크스주의를 포함해서
모든 폐쇄된 이론 체계는 세계가 사고에 의해 이미 만들어져 있고,
그것이 사고에 의해 소유될 수 있다는 환상을 가지고 있다. 혁명을
꿈꾸는 사람은 이와는 정반대로 미래가 단순히 사고되는 것이 아

니라 만들어져야 하는 것이라고 생각한다. 마르크스주의가 진리를 담고 있는 하나의 이론 체계로서 정립되는 순간, 그것은 혁명적 열정을 상실하게 된다는 것이 마르크스주의 이론에 대한 카스토리아디스의 평가이다.

# 3 | 자본주의와 합리성

마르크스주의가 오늘날의 현실을 변혁하는 데 적합한 이론이 아니라는 것은 그것이 어떤 실천적인 힘을 갖지도 못하지만 현실을 제대로 이해하고 있지도 못하다는 것을 함축한다. 말하자면 자본주의에 대한 마르크스주의의 이해는 올바르지 못하다는 것이다. 자본주의는 노동자와 자본가 간의 계급 모순, 생산력과 생산관계 간의 모순에 의해서 전복될 수 있는 사회가 이미 아니다. 혁명적인 실천에서 프롤레타리아트라는 특권적인 계급의 위치는 사라진 지 오래다. 마르크스주의가 실패한 것을 이루기 위해서는 마르크스주의가 자본주의를 바라보았던 것과는 다른 방식으로 그것을 보아야 할 것이다. 그리고 동시에 오늘날의 자본주의가 왜 변혁의 대상이 되어야 하는가에 대한 물음에 대해서도 새롭게 대답해야 할 것이다.

카스토리아디스는 "자본주의는 스스로가 내세우는 '합리성'을 주장하는 이데올로기를 만들어낸 최초의 사회적 통치"[11]라고 말한다. 그가 문제 삼는 것은 자본주의가 내세우는 '합리성'이 어떤 합리성인가 하는 점, 그리고 그 합리성이 실제로 정당화될 수 있는 합리성인가 하는 점이다. 사회의 가치 규범이나 제도를 상상적인 것의 역사적 형태로 간주하는 카스토리아디스는 자본주의가 내세우는 합리성 역시 그러한 형태들 가운데 하나라고 말한다. 그런데 그에 의하면 그 합리성은 가짜다. 우리가 그 합리성이 무엇을 위한 합리성이냐고 묻는 순간, 그 합리성의 목적 자체가 임의적인 것임이 드러나기 때문이다. 자본주의 이데올로기는 합리성의 목적이 '잘 사는 것'이라고 말하지만, 이것은 동어반복이다. 여기서 잘 사는 것이란 합리적으로 사는 것을 말하며, 베버가 말하는 목적 합리성의 논리에 따라서 효율성의 기준에 모든 것을 복종시키는 것을 의미할 뿐이기 때문이다. 모든 사회는 "자신의 제도와 그 제도의 '정당성' 양자를 제도화"[12]한다는 점에서 자본주의 사회에 살고 있는 사람은 그 정당성을 문제 삼기 매우 어려운 입장에 놓여 있다. 자본주의 사회에서 기술의 발달은 아무런 제약도 받지 않는다. 자본주의는 할 수 있는 것을 하지 않을 수 있는 사회가 아니기 때문이다. 그런데 그런 기술의 발달이 목표로 하는 것은 사실은 기술의 발달 자체이다. 그것은 아무것에도 기여하지 않는다. 자본주의에서는 합리성이 합리성 자체에 이바지할 뿐이다. 카스토리아디스는 그래서 현대 사회가 일종의 정신착란에 시달릴 수밖에 없다고 말한다.[13] 합리성의 발달이 합리성 자체를 목적으로 하는 형식적인 합리성에 불과하며, 이것은 그 합리성이 가짜-합리성이라는 것을 말하는 것이기 때문이다.

카스토리아디스는 자본주의의 정당성을 주장하는 강단 정치경제학은 현실에서 전혀 유효하지 않은, 모순되거나 무의미한 이론에 불과하다고 주장한다. 자본주의적 합리성이 시대의 대세가 된 것은 그것이 어떤 역사적인 필연성을 갖거나, 진리라서 그렇다거나, 혹은 다른 제도에 비해 우월해서 그런 것이 아니다. 그런 합리성이 널리 퍼진 것은 '임의적'인 것이며, 오늘날의 세태에서 우리가 발견할 수 있는 것은 단지 자본주의적 합리성의 지배적 경향성일 뿐이다.

카스토리아디스는 정치경제학 이론이 무의미하다고 생각하는 근거를 몇 가지로 나열하고 있다.[14] 예컨대 시장가격에 기초한 상품의 가치는 이윤에 대한 기대와 수요에 따라서 매일 바뀌기 때문에 측정이 불가능하므로 '자본'을 생산요소로 간주하는 정치경제학은 옳지 않다는 것이다. 또한 정치경제학은 기능의 개념으로 경제적인 현실을 설명하려고 하지만 독립변수를 가진 가치를 다른 가치에 연관 지을 수 있는 법칙을 찾아낸다는 것은 불가능하므로 경제에서 타당성이 없다는 것이다.

그는 나아가 자본주의 아래서 경제적 '합리성'이라는 것이 얼마나 허구적인 것인지를 보여주려고 한다.[15] 예컨대 각 회사는 이윤이 날 곳에 투자하는 것이 아니라 자신의 생산 라인에 투자하고, 투자 결정은 편중된 정보에 의해 이루어지며, 회사 내부의 상황은 경영자에게 불투명하며, 노동력은 시장에 의해 조절되는 '상품'이 아니라는 것이다. 그는 자본주의적인 시장이 한 번도 '완벽'해본 적이 없고, 앞으로도 그럴 것이라고 예측한다. 오늘날의 시장은 언제나 국가 개입, 자본 연합, 정보 통제, 소비자 조작, 노동자에 대한 폭력으로 얼룩져 있기 때문이다. 한마디로 시장적인 합리성이란 허구의 세계에서나 가능한 것이며 현실 경제에서는 허구라는 것이다.

근거 없는 합리성의 이데올로기와 목적을 상실한 효율성이라는 자본주의의 가치가 그럼에도 불구하고 세상을 지배하고 있는 이유는 무엇일까? 그는 이런 상황을 '자본주의적인 상상적인 것'의 승리라고 부르고 있다. 이런 승리가 위험한 이유는 자본주의 사회에서는 그 누구도 자율적인 인간이 되지 못한다는 점에 있다. 사람들은 가짜-합리성을 실현시키기 위해 노력하면서 그 합리성이 무엇에 봉사하는지 묻지 않는다. '자본주의적인 상상적인 것'에 의해 형상화된 제도와 가치의 틀 속에서 더 이상 자신의 삶의 목적에 대한 물음을 던지지 않는다. 이런 순응주의, 무관심, 냉소주의, 무의미의 상황을 벗어나는 것이 변혁의 일차적인 과제가 될 것이다.

# 4 | 사회적인 상상적인 것

자본주의의 제도 아래서 그 누구도 쉽사리 그 제도를 넘어서는 것을 상상하기 어렵다고 하더라도 카스토리아디스는 그런 일이 가능하며, 길게 본다면 당장 영원할 것으로 보이는 자본주의의 제도와 규범들 역시 역사적, 사회적 형상들일 뿐이라고 생각한다. 그가 낙관적인 입장을 취할 수 있는 이유는 바로 그의 독특한 역사관에 있다고 할 수 있다.

사회의 제도가 만들어지면 그것은 자율적인 힘을 획득한다. 그리고 사회의 일련 기능들을 자신의 지배 아래에 두게 된다. 이런 기능들이 수행되지 않고서 사회가 유지될 수는 없을 것이다. 그러나 그런 기능들로 모든 것이 환원되지는 않는다. 사회는 제도화된 것인 동시에 제도화하는 것이기도 하다. 이 양자의 거리가 바로 역사적 창조성의 공간이며, 사회가 언제나 현존하는 것 이상의 것을 포함하고 있다는 근거이기도 하다.

카스토리아디스는 제도화된 사회와 제도화하는 사회의 거리를 상징적인 것과 상상적인 것의 차이로 설명하고 있다. 상징적 그물망을 구성하는 제도들은 상징적인 것 안에서만 존재하지만 상징적인 것들로 환원되지는 않는다.[16] 이렇게 겉으로 드러난 상징적 그물망으로서의 제도만을 들여다본다고 해서 사회를 이해하게 되지는 않는다. 기능주의는 제도들의 기능을 가지고 사회를 설명하려고 하는 입장이지만 사회의 모든 것들이 기능으로 환원될 수는 없으므로 그런 관점은 잘못된 것으로 보아야 할 것이다. 우리가 이해해야 하는 것은 그런 제도들이 왜, 무엇을 위해서 존재하는가 하는 것이다. 우리가 만약 새로운 사회를 만든다면 그 사회는 완전히 새로운 상징체계를 만들어낼 것이다. 그러한 사회에서도 우리는 여전히 그 사회의 궁극적인 목적과 존재 이유에 대해 물음을 던질 수 있을 것이다. 그러한 물음을 던질 수 있는 이유는 사회 자체가 제도로서 드러난 표층만을 가지고 있을 뿐 아니라 그런 것을 가능하게 하는 심층적인 차원을 동시에 내포하고 있기 때문이다. 그 심층의 차원이 카스토리아디스가 말하는 '상상적인 것'의 영역이다.

왜 사회는 상상적인 것에서 그 사회의 질서에 필요한 보충물을 찾아야만 하는가? 왜 우리는 모든 경우에 이러한 상상적인 것의 심

장부에서 상상적인 것의 모든 표현을 관통하여, 기능적인 것으로 환
원될 수 없는 어떤 것을 만나게 되는가? 그것은 세계와 그것 자체의
원초적인 투입인데, 이것은 현실적 요소들에 의해 '명령을 받지' 않
은 의미를 지닌 사회에 의해 투입된 것이고, 그것이 현실적 요소들
로 규정되지 않은 까닭은 이런 [상상적] 투입이 오히려 이러한 사회
로 구성된 우주에서 이러한 현실적 요소들에 특수한 중요성과 특수
한 지위를 부여하는 것이기 때문이다.[17]

카스토리아디스의 관점에 의하면 제도화된 사회의 상징체계를
이해하기 위해서는 그렇게 제도화되어 나타난 것에 의해 규정되지
않는 사회의 어떤 차원으로부터 그것을 바라볼 수 있어야 한다. 이
것은 드러난 현상을 플라톤주의적인 방식으로, 즉 이데아의 관점에
서 바라보아야 한다고 말하는 것과는 전혀 다른 것이다. 왜냐하면
'상상적인 것'이란 현실화되지 않은 것을 의미하며, 현실에 부재하
는 어떤 것을 뜻하기 때문이다. 상상적인 것이 가능한 이유는 인간
이 현실의 문제를 해결할 수 없기 때문이 아니라, 오히려 그 반대이
다. 인간은 현존하는 욕구, 대상, 규정 등에 의해서 한정될 수 있는
존재가 아니라 늘 그와 같은 규정을 넘어서는 존재이기 때문에 상
상적인 것이 가능한 것이다.

이러한 상상적인 것은 상징적인 것을 통해서만 '존재'할 수 있
다. 상징적인 것은 상상적인 것을 전제한다. 사회의 제도가 만약 상
상적인 것이 나타난 형상이라면 상징적인 관계망만으로는 상징체
계를 이해할 수 없을 것이다. 카스토리아디스는 상상적인 것의 의

미(혹은 의미작용, significance)를 현실적으로 지각되거나 합리적으로 사고된 것과 다른 것으로 설명하고 있다.[18] 예컨대 '신'이라고 하는 단어는 합리적인 사유의 대상도 아니고 그렇다고 현실적으로 지각할 수 있는 대상도 아니다. 그러나 신은 다양한 기표와 기의를 체계적으로 조직하고, 통일성을 부여하는 의미이다. 이런 의미는 상상적인 의미(작용)라고 불러야 할 것이다. '사물화'라는 의미 역시 마찬가지이다. 노예제 아래서 인간을 동물이라고 간주한 것처럼 자본주의 아래서 노동자를 상품 즉 하나의 사물로 보는 것은 지각하거나 합리적으로 사유하는 것과는 전혀 다른 식으로 인간을 바라보는 것이다. 이런 것 역시 상상적인 창조라고 할 수 있다. 그런데 이런 상상적인 것은 고정된 표상을 갖지 않는다. 우리가 사물화에 대해 말할 때 이것은 어느 누구의 '이미지'도 아니다. 사회적인 상상적 의미는 어떤 것도 표시하지 않으면서, 즉 외연을 갖지 않으면서 거의 모든 것을 내포하는 그런 의미이다.

카스토리아디스는 상상적인 것의 층위를 개인적인 것과 사회적인 것으로 나눈다. 그는 상상적인 것의 출발점이 개인들의 무의식이라는 것은 분명하지만, 그런 개인의 상상은 사적인 환상에 머물 뿐이라고 말한다. 개인의 사적인 환상이 살아남기 위해서는 기능적이고 합리적인 '정합성'을 획득해야 한다. 즉 제도화되어야 한다. 제도를 만드는 사회적인 상상적인 것이 가능하기 위해서는 따라서 수많은 개인들의 무의식이 형성되어야 하고 그 무의식들이 어떤 새로운 장점을 갖추어야 할 것이다.

사회적인 상상적인 것은 어떤 의미를 가지며 인간의 역사에서 어떤 역할을 하는 것일까? 카스토리아디스는 다음과 같이 간단명료하게 답한다.

우리는 무엇을 원하는가? 우리는 무엇을 욕망하고, 우리에게는 무엇이 결핍되어 있는가? 사회는 그 '동일성', 그 분절화, 세계, 세계와 그것이 포함하는 대상에 대한 관계, 그것의 욕구와 욕망을 정의해야 한다. (…) 상상적인 의미작용의 역할은 이러한 질문들에 답을 주는 것이고, (우리가 나중에 논의할 특수한 의미로 그러한 경우는 제외하고) 그 답은 분명히 '현실'도 '합리성'도 줄 수 없는 것이다.[19]

우리가 왜 새로 나온 전자제품을 사고자 하고, 값비싼 자동차를 사길 원하는지를 자본주의의 상징체계들은 설명하지 못한다. 자본주의 사회의 제도 속에서 살고 있는 우리가 현실적인 지각을 통해서 말할 수 있는 것은 그것이 그저 사용하기에 또는 보기에 좋기 때문이라는 것뿐이다. 우리가 앞서 살펴본 대로 자본주의적인 합리성은 기껏해야 모든 것을 효율성에 귀속시키는 거짓 합리성에 불과하기 때문이다. 그 합리성과 효율성이 진정으로 무엇을 위한 것인가 하는 물음은 시적인 동물로서의 인간이 무의식적으로 던지는 질문이며, 이에 대한 답은 현실적으로나 합리적으로가 아니라 상상적으로 이루어져왔다. 카스토리아디스는 그래서 "역사는 생산적이거나 창조적인 상상, 우리가 근본적으로 상상적인 것이라고 부르는 것 바깥에서는 생각할 수 없다"[20]고 말한다.

이런 관점에서 볼 때 전승적인 사유는 사회-역사적인 것을 올바로 파악하지 못한다. 전승된 사유는 '영원한 진리'의 틀 안에 갇혀 있기 때문이다. 플라톤의 이데아의 세계에서뿐 아니라 기독교의 신학적 사유에서도 창조란 있을 수 없다고 보는 것이 카스토리아디스의 관점이다. 불변하는 영원한 진리를 전제하는 한, 역사를 통해서 드러나는 타자의 발현, 내재적인 창조, 비일상적인 새로움을 인정할 공간을 상실하기 때문이다. 전승된 사유는 '시간'을 전승된 정체성(identitary, 혹은 귀속감)의 논리로 파악한다. 이렇게 이해된 시간은 단지 제도화된 시간으로서 달력으로 표시되는 시간을 뜻할 뿐이다. 역사가 근본적으로 상상적인 것이라고 한다면 이런 시간의 개념으로 역사를 파악할 수는 없다. 상상의 시간은 타자를 변형시키고, 분출하고, 발현하고, 창조하는 시간이다. 이런 시간은 의미(significance, 혹은 의미작용)의 시간이다.

카스토리아디스는 현재를 폭발, 분열, 파열이라는 단어로 표현한다.[21] 이런 단어들은 심층적인 의미의 세계, 곧 상상적인 것이 상징적인 것으로 끊임없이 발현되어 나오는 상황을 서술하기 위한 독특한 메타포로 볼 수 있다. 이런 관점에서 그는 사회-역사적인 것을 '자기-변경의 영속적인 흐름'이라고 부른다. 사회는 그 자체가 자기-변경인 까닭에 역사와 구분되지 않는다. 사회가 역사 '안에' 있는 것도 아니고 역사가 사회에 '영향'을 주는 것도 아니다. 사회는 역사로서만 자기 자신을 만들 수 있다. 이러한 사회-역사적인 것의 공시성과 통시성이 구별되지 않는 사례를 카스토리아디스는 언어에서 찾고 있다. 언어는 공시적으로 의미의 변형에 열려 있다. 언어는 언제나 다른 의미를 획득할 수 있기 때문에 의미를 갖는다.

언어에서는 공통적인 것의 비공통적인 사용이 가능하며, 누구나 알고 있는 것 속에서 독창적인 것을 산출해낸다. 카스토리아디스의 표현을 빌리면, "언어는 보편적인 매춘 속에서 언제나 처녀성을 회복"[22]한다.

사회-역사적인 것의 의미는 이러한 언어와 또 다른 한편으로는 사회적 행위를 통해서 제도화되어 나타난다. 이 두 차원을 카스토리아디스는 레게인(legein)과 테우케인(teukhein)으로 구분하고 있다.[23] 제도화된 세계의 조화 혹은 전승된 정체성은 이 두 차원을 통해서 조직화된다. 레게인이 사회적 표상을 서로 조화시키는 사회의 근원적 제도라면, 테우케인은 사회적 행위를 조화시키는 근원적 제도이다. 레게인이 구별하고, 선택하고, 위치지우고, 집합시키고, 셈하고 말하는 것을 통해 사회적 표상의 전승된 정체성을 존재하게 한다면, 테우케인은 모으고, 조정하고, 만들고, 구성함으로써 사회적 행위를 조화시키고 그 전승된 정체성을 존재하게 한다. 이 양자는 전승된 정체성 혹은 귀속감을 존재하게 하는 데 기여하는 표층의 기제이지만, 심층의 사회적 상상은 두 기제를 통하지 않는다면 존재할 수 없으므로, 이 두 차원은 존재론적으로 중요한 의미를 갖는다고 할 수 있다.

# **5** | 개인과 사회

카스토리아디스의 설명을 들을 때 자연스럽게 따라 나오는 의문은 사회의 제도가 상상적인 것에 의해서 창조된 것이라고 할 때, 그 상상력은 어디에 존재하는 것인가 하는 점이다. 사회적 상상은 개인의 상상에서 출발하는 것인가? 이 물음에 대한 답은 간단하지 않다. 그 개인이 근대적인 의미의 주관적인 실체로서의 개인이라면 대답은 '아니다'이다. 그러나 상상력이 인간 정신의 본질적이며 결정적인 요소라는 점에서는 '그렇다'이다. 문제는 개인을 어떻게 볼 것인가 하는 점이다. 개인은 사회와 무관한, 혹은 사회의 바깥에서 사회와 대립하고 있는 추상적인 실체가 아니다. 오히려 개인은 '사회적 창조물이자 제도'[24]이다.

카스토리아디스가 '제도화하는 사회적인 상상적인 것'에 대해서 말할 때, 여기에는 상상력을 본질적인 요소로 가지고 있는 사회적 제도로서의 개인이 포함되어 있다고 보아야 할 것이다. 개인이 제도라는 표현은 개인을 외부 세계와 명확히 구별되는 독립된 실체인 양 생각해왔던 입장에서는 매우 이해하기 어렵다. 그러나 카스토리아디스의 관점에서 보자면 개인의 의미 역시 상상적인 것에 의해 역사적으로 창조된다. 따라서 우리가 어떤 개인을 생각하든 그것은 이미 역사적으로 형상화된 혹은 제도화된 이미지일 수밖에 없다.

그는 상상력을 '인간 집단의 구성적 능력, 혹은 더 일반적으로 사회-역사적 영역의 능력'이라고 규정한다.[25] 창조란 그에게 있어서 사회-역사적 존재에 속하는 것이다. 비록 상상력이 기본적으로 개인적인 정신(psyche)의 영역에 속하더라도 그것이 사회적인 상상적인 것의 원인인지 결과인지를 분명히 가르기란 쉽지 않다. 정신에 의해 일어나는 상상은 상대적으로 독립성과 자율성을 갖는다. 그래서 그는 정신적 모나드를 '형성하는 형성된 자'라고 부른다. 개인과 사회의 관계에 대해 카스토리아디스는 다음과 같이 언급한다.

> 개인의 사회적 제도의 과정, 즉 정신의 사회화는 정신발생학의 과정과 분리 불가능하며, 사회발생학 혹은 공동체발생학(koinogenesis)과 분리 불가능하다. 이것은 정신이 스스로를 바꾸고 자신의 작업과 창조성에 의존하면서 스스로를 사회-역사적 세계에 열어놓는 과정 속에서의 정신의 역사이다. 또한 사회의 역사는 정신이 스스로는 만들 수 없는, 그리고 사회적 개인을 만들어내는 존재양태를 정신에 부과한다.[26]

개인의 사회화 과정에서 개인과 사회는 서로 불가분하게 얽혀 있는 셈이다. 그러나 이것이 양자가 어느 한쪽으로 환원 가능하다는 이야기는 아니다. 개인과 사회는 그럼에도 여전히 분리되어 있으며, 분리된 채로 상호 의존적이다. 양자의 분리 역시 그의 관점에서 보면 사회적 제도의 역할이며, 근원적인 제도라고 할 수 있는 레게인과 테우케인의 역할이라고 할 수 있다. 레게인과 테우케인은 언어와 행위의 측면에서 개인의 급진적인 상상력을 한계지우고, 사회적인 제도로 존재하게 한다. 사회적 개인은 오로지 제도를 통해서만 존재할 수 있으며, 자신이 만들어낼 수 없는 사물이나 다른 사회적 개인들을 자신을 위한 사물과 개인들로 만듦으로써 그것들을 주관적으로 구성해낸다. 이런 과정을 정신분석학적인 의미에서 '승화'라고 부를 수 있다면, 우리는 이 승화의 형태가 각각의 개인마다 독특하다는 것을 발견하게 된다. 여기에 개인의 정신에서 이루어지는 상상의 상대적 자율성이 존재한다. 이것을 사회적 제도의 관점에서 본다면, 사회는 개인으로 하여금 제도화된 사회적 의미 속에서 스스로의 의미를 발견하고 존재하게 할 가능성을 부여한다고도 말할 수 있을 것이다. 따라서 카스토리아디스에게 있어서 '사적인 세계'는 공적인 영역으로 환원되지 않는다. 그는 "사회와 정신은 분리 불가능한 동시에 환원 불가능하다"[27]라고 말한다.

'공적인 영역으로 환원되지 않는 사적인 세계'를 어떻게 이해해야 할까? 지금까지 우리가 따라온 설명에 입각해서 생각해보자면, 그 세계는 '기능적'으로도 '합리적'으로도 이해할 수 없는 세계라고 해야 할 것이다. 그것은 상상적인 의미의 세계이며, 표상적인 흐름으로서 카스토리아디스의 표현을 빌면 '마그마'이다(물론 마그마라는 용어가 이렇듯 사적인 표상의 흐름을 지칭하는 데에만 사용되지는 않는다). 인간의 정신 자체를 표상의 흐름으로 보는 카스토리아디스는 표상을 어떤 것을 반영하거나 대표하는 것으로 보지 않고 스스로를 자기-변경하는 가운데 그 속에서 타자가 끊임없이 발현하는 것으로 이해한다. 여기서 표상은 주체에 속하는 것이 아니라 주체 자체이며, 이런 표상이 없이는 사유도 존재할 수가 없다. 이런 표상의 흐름을 마그마이자 상상적인 것이라고 부른다면, 이런 것이 바로 사유의 조건이라고 할 수 있다.

## 6 | 혁명과 마그마

앞서 살펴본 대로, 카스토리아디스는 자본주의 사회를 파멸로 치닫는 사회로 보고 있다. 경제적 욕구에 의해서만 지배되는 자본주의 사회는 자율적인 개인도 존재하지 않고, 스스로 제한할 줄도 모른다는 점에서 진정으로 자유로운 사회가 아니다. 카스토리아디스는 이런 사회의 질적 변화가 가능하며, 그것은 경제적 욕구가 일차적이고 본질적인 욕구로서 모든 것을 지배하지 않도록 경제 문제를 해결해야 한다고 생각한다. 그는 이런 질적 변화를 "민중이 경제를 의식적으로 주도할 가능성, 그 목적을 인식하고 결정을 내릴 가능성"[28]으로 설명하고 있다. 그는 이런 질적 변화를 통해 '노동자 관리' 즉 노동자가 생산을 관리함으로써 궁극적으로는 새로운 사회의 제도와 새로운 유형의 인간을 창조해낼 것이라고 생각한다.

그가 생각하는 새로운 유형의 인간은 한마디로 자율적인 인간이다. 이런 인간은 갑자기 생겨나는 것이 아니라 민중들의 자율적인 행위를 통한 변혁의 과정에서, 그리고 모든 사람의 자율을 촉진시키도록 조직된 사회를 건설하는 과정에서 만들어진다. 이것이 바로 그가 생각하는 하나의 기획으로서의 사회주의 혁명이다. 이런 혁명을 통해 자율적인 개인이 이루고자 하는 것은 권력을 쟁취하는 것이 아니라 권력을 소멸시키는 것, 곧 모든 사람이 권력을 갖는 것이다. 자본주의 사회에서 사람들이 다른 사람을 사물로 간주함으로써 스스로 사물이 되는 것과는 반대로, 사회주의 혁명이 이루어진 사회에서는 그 누구도 서로에 대해서 사물이 되기를 원하지 않을 것이다.

자율적인 인간을 설명하기 위해 카스토리아디스는 프로이트의 용어를 빌려와서 "자아가 있는 곳에 이드가 출현해야" 한다고 주장한다. 자율적인 개인은 환상을 만들지 않는 순수한 자아로서의 이상적인 개인이 아니라 환상들을 환상들로 폭로할 수 있고, 결국 환상들에 의해 지배되지 않는 개인을 뜻하며, '그것은 분명히 참이다'라거나 '그것은 분명히 내 욕망이다'라고 결론 내리는 것에 바탕을 둔 주체이다. 그는 자율을 타자의 담론을 모두 제거해버리는 주체의 담론이 아니라 "타자의 담론과 주체의 담론 위에 다른 관계를 설정하는 것"[29]이라고 규정한다.

이런 자율적인 개인이 어떻게 가능할 것인가의 물음은 그에게 있어서 "어느 정도로 사회는 자신의 제도 속에서 자기 자신의 창조를 인식하고, 스스로 제도화하고 있다는 것을 깨달을 수 있을까?"[30]라는 혁명에 관한 물음으로 등장한다. 역사란 끊임없는 창조의 영역이며, 사회-역사적인 것은 자기-변경의 영속적인 흐름이라는 점에서 오늘날 우리가 영원할 것으로 여기는 자본주의 사회의 제도 역시 종말을 고할 수밖에 없을 것이다. 문제는 기존의 제도를, 혹은 현존하는 레게인과 테우케인의 규정을 넘어서는 상상을 통해서 어떤 사회를 만들 것인가 하는 실천에 관한 물음이다. 사회-역사적 영역이 끊임없는 자기-변경의 영역이라고 할 때, 그것은 레게인과 테우케인에 의해 이미 제도화된 개인으로서의 우리 자신에 대한 끊임없는 자기-변경을 함축할 것이기 때문이다. 그는 전승된 정체성(혹은 귀속감)의 논리를 넘어서기 위해서 그것에 의해 한정되지 않는 영역, 즉 심층적인 것의 존재양태에 주목해야 한다고 생각한다. 레게인과 테우케인의 귀속감 및 조화의 논리에 지배되지 않는 영역, 그런 식으로 스스로를 제시하는 것이 그가 '마그마'라고 부르는 것이다. 근본적인 제도로서의 레게인과 테우케인이 가능한 것은 그런 마그마가 있기 때문이다. 그는 마그마의 특징을 다음과 같이 설명한다.

마그마는 우리가 거기서 무한수의 조화-조직화를 이끌어낼 수 있는(혹은 구성할 수 있는) 것이다. 그러나 마그마는 그런 조직화의 조화적 구성(무한하건 유한하건 간에)에 의해 (이상적으로) 재구성될 수는 없는 것이다.[31]

사회적인 상상적 의미인 마그마는 형상화된 제도나 논리, 이미지로 사유될 수 없는 것이며, 그것의 언어적 의미를 굳이 표현하자면 현실의 오성이나 논리로 규정되지 않으면서 형상이나 이미지를 무한정 규정할 수 있는 그런 것이다. 사회적 제도는 사회적인 상상적 의미의 마그마가 '물질화'됨으로써 등장한다.

카스토리아디스가 말하는 마그마는 표상을 갖는, 어떤 지시 가능한 실체가 아니다. 그것은 오히려 우리의 표상과 행위를 조건 짓는 어떤 것으로서 그것들을 통해 스스로를 변경시키는 것이다. 사회적인 상상적 의미는 집단의식, 집합적 무의식과 같은 용어로 불리는 주체와 관련되어 있다고 할 수는 없다. 그는 마그마로 표현되는 이 의미의 세계를 우리가 관습적으로 사유하고 있는 문법적 범주로 범주화하려는 시도 자체가 무의미한 것이라고 주장한다. 그에 의하면 사회적인 상상적인 것의 의미는 실체도, 질도, 행위나 열정도, 표상도, 형상이나 형태, 개념도 아니다.[32]

다만 우리가 주목할 것은 그런 마그마의 세계가 우리의 표상과 행위를 통해 스스로를 변경시킨다는 점이다. 카스토리아디스에게 있어서 사회 변혁의 '이론'은 불가능하다. 끊임없이 변화하는 사회를 총체적으로 관조할 수 있는 관점은 존재할 수 없기 때문이다. 우리가 할 수 있는 것은 무한한 주체의 다수성이 존재하는 마그마의 층위에서 이루어지는, 현존하는 것에 의해 규정되지 않는 상상적인 것을 실현하려는 실천이다. 우리는 아마도 "사회적 희망이 존재한다면, 그것은 상상 속에 있을 것"[33]이라는 카스토리아디스에 대한 로티의 평가에서 그의 사상이 전해주는 교훈을 끌어올 수 있을 것이다. 과거에는 아무도 사용하지 않았던 용어로 미래를 서술하는 사람들을 통해서 우리는 새로운 사회를 만들 수 있다는 희망을 가질 수 있다. 그런 점에서 카스토리아디스의 시도는 순응주의가 만연한 시대에서 희망을 말하는 유의미한 작업이라고 볼 수 있을 것이다.

# II

# GILLES DELEUZE

# 2 들뢰즈
### 존재론적 실천 원칙과 정치

박정태

질 들뢰즈(Gilles Deleuze, 1925~1995)는 1925년 1월 18일 프랑스 파리에서 태어나 파리 소르본 대학에서 철학을 공부한 후 소르본 대학, 리옹 대학, 파리 8대학에서 철학을 가르치다가 1987년 은퇴했다. 그는 초기에는 스피노자, 칸트, 니체, 베르그손 등의 철학자를 독특한 관점에서 해석한 탁월한 연구서를, 중기에는 체계적이고 치밀하게 구축한 자기 고유의 존재론을 담은 뛰어난 저서를, 후기에는 순수 철학의 울타리를 벗어나 현대 사회와 문화 전 영역에 철학적 깊이를 더한 매우 영향력 있는 철학적 비판서를 남겼다. 이러한 뛰어난 저서들과 업적을 인정하여 사람들은 들뢰즈를 20세기 서구 사회와 프랑스 지성계를 대표하는 대철학자로 꼽는다. 실제로 푸코는 들뢰즈의 이런 뛰어남을 가리켜서 "언젠가 금세기는 들뢰즈의 세기가 될 것이다"라고 말한 바 있다. 말년에 그는 호흡기 질환 등의 질병으로 고통 받았으며, 안타깝게도 1995년 11월 4일 자신의 아파트에서 뛰어내려 삶을 마감했다.

들뢰즈의 대표적인 저서로는 자신의 박사학위 논문을 책으로 펴낸 『차이와 반복』(1968)이 있다. 그 외 주요 저서로는 『니체와 철학』(1962) 『칸트의 비판철학』(1963) 『베르그손주의』(1966) 『스피노자와 표현의 문제』(1968) 『의미의 논리』(1969) 『안티 오이디푸스』(1972) 『천 개의 고원』(1980) 『프란시스 베이컨: 감각의 논리』(1981) 『영화 1』(1983) 『영화 2』(1985) 『푸코』(1986) 『주름: 라이프니츠와 바로크』(1988) 『철학이란 무엇인가』(1991) 등이 있다.

포스트모더니즘(탈근대주의)은 멀게는 서구 사상사에서 플라톤 이후로 확실하게 자리 잡은 이성 우위의 사유 전통을, 가깝게는 데카르트의 코기토(Cogito) 이후로 현재까지 강한 지배력을 행사하는 근대의 이성적 사유를 반성적으로 재검토하고자 하는 사유의 흐름을 말한다. 20세기 중반 이후 크게 활기를 띤, 이 포스트모던한 시대 흐름 속에서 들뢰즈가 차지하는 위치는 매우 독특하다. 왜냐하면 형이상학의 종말을 선언하는 포스트모던한 시대 흐름과는 사뭇 다르게 들뢰즈는 자신의 존재론을 치밀하게 구축함으로써 고전적 형이상학을 부활시켰기 때문이다. 요컨대 들뢰즈는 자기 고유의 완결된 형이상학적 세계관을 가지고서 서구의 주류 사상과 주류 문화에 대항한 아주 드물고 뛰어난 투사였던 것이다. 자신의 이 치밀한 존재론을 그는 '일의적 존재론'이라고 부른다. 들뢰즈는 이 일의적 존재론을 이론적 무기로 삼아서 정치, 경제, 정신분석, 예술, 과학 등 현대 사회와 문화 전 영역에 대하여 뛰어난 비판과 새로운 전망

을 제시했다. 특히 펠릭스 가타리(Felix Guattari, 1930~1992)와 함께 저
술한 『안티 오이디푸스』와 『천 개의 고원』은 지난 20세기 이후 지
금까지 정치경제적으로 세계를 지배해온 마르크스주의와 자본주
의에 대하여 새로운 해석과 비판을 보여줌으로써 이후의 사람들이
현대 사회를 비판하고 새로운 대안을 모색하는 일에 큰 영향을 주
고 있다.

'들뢰즈의 정치학'이라고 할 만한 것을 찾아 담론화하고자 하는
이 글 또한, 존재론으로부터 출발해서 현대 사회와 문화에 대하여
새로운 해석과 비판을 제시한 들뢰즈의 작업 순서를 따라서 자연
스럽게 다음과 같이 두 부분으로 나뉘어서 차례로 전개될 것이다.
먼저 이 글은 들뢰즈의 존재론으로부터 출발해서 그가 그리는 세
계, 그가 생각하는 인간이 무엇인지 분명하게 보여줄 것이다. 다음
으로 바로 이런 세계관과 인간관으로부터 들뢰즈가 이론적으로 추
출해낸 자본주의에 대한 새로운 해석, 자본주의에 대한 비판을 보
여줌으로써, 우리가 들뢰즈의 사유를 따를 경우, 지금 우리가 살고
있는 사회에 대하여 과연 어떤 비판과 어떤 새로운 전망을 할 수
있는지 그 단초를 찾아 보여줄 것이다.[1]


# 1 | 들뢰즈 정치학의 출발점=존재론

들뢰즈에 따르면 세계는 사건들의 총체다. 그에게 있어서 존재론이
란 사건들의 총체인 세계에 대한 담론, 세계 속 사건들의 발생에 관

한 담론을 말한다. 정치 역시 해방을 위한 것이든 억압을 위한 것이든 상관없이, 체제의 구축을 위한 것이든 파괴를 위한 것이든 상관없이 그 자체가 사건이라는 점에는 의심의 여지가 없다. 따라서 들뢰즈에게 있어서 정치는 사건들에 대한 담론인 존재론과 불가분의 관계에 놓이게 된다. 정치와 존재론 사이의 이 불가분의 관계는 여기에서 그치지 않는다. 정치는 그 자체가 사건인 한에 있어서 반드시 사건의 주체를 요구한다. 사건의 주체로서의 인간, 정치의 주체로서의 인간 없이 정치란 불가능하다. 그런데 사건의 주체의 탄생과 소멸 역시 들뢰즈에게서는 오로지 존재론을 통해서만 이야기된다. 그래서 다시 한 번 더 들뢰즈에게 있어서 정치는 사건들에 대한 담론인 존재론과 불가분의 관계에 놓이게 된다.

근래에 우리는 들뢰즈의 사유로부터 들뢰즈의 정치학이라고 할 만한 요소를 찾아 소개하는 다양한 연구 성과를 만날 수 있었다. 마이클 하트(Michael Hardt)의 내재주의 정치, 폴 패튼(Paul Patton)의 탈영토화 정치, 니콜래스 쏘번(Nicholas Thoburn)의 소수 정치 등이 그렇다. 그런데 내재주의, 탈영토화, 소수주의 등, 들뢰즈의 정치학을 특화시켜 명명한 개념들의 다양함에도 불구하고 이들 연구 성과 모두는 근본적으로 들뢰즈의 존재론에 기초해 있다. 들뢰즈에게 있어서 정치는 사건들에 대한 담론인 존재론과 불가분의 관계에 있다는 사실을 상기한다면, 사실 이것은 극히 당연한 일이라 할 수 있다.

예를 들어 쏘번이 기존의 마르크스주의를 들뢰즈의 사유를 통해 보정하고 더 나아가 마르크스주의의 혁신 가능성을 들뢰즈의 사유에서 찾을 때, 그의 논의는 철저하게 잠재의 차원과 현실의 차원을 가로지르는 사건들의 발생에 대한 담론, 즉 들뢰즈의 존재론에 의지하고 있다. 또 쏘번이 보편적 동일성과 표준을 추구하는 다수적 삶의 방식과 변이와 생성을 추구하는 소수적 삶의 방식을 대립시킬 때, 이 논의 또한 들뢰즈의 존재론에 고유한 비인격적 주체의 삶의 방식, 잠재의 차원과 현실의 차원을 가로지르는 선(先)인격적 주체의 삶의 방식인 탈주의 삶의 방식을 겨냥하고 있다. 요컨대 쏘번이 들뢰즈의 사유에서 읽어낸 들뢰즈의 정치학은 들뢰즈의 존재론에서부터 출발하며 또 들뢰즈의 존재론적 도식을 결코 벗어나지 않는다.

엄격한 틀처럼 작용하는 이 존재론적 도식은 사실 들뢰즈의 입장에서 보면 단순하게 정치의 영역에만 국한된 것일 수 없다. 왜냐하면 들뢰즈가 세계와 인간을 사건들의 총체로 고려하는 이상, 세계 속에서 일어나는 모든 일, 인간이 하는 모든 행위는 당연히 그의 존재론적 도식 속에서만 이해될 수 있고 설명될 수 있기 때문이다. 예를 들어 들뢰즈에게서 예술론, 몇몇 예술 장르에 관한 담론, 여러 예술가들에 대한 해석이 끊임없이 그의 존재론으로 회귀하는 것은 이 때문이다. 들뢰즈가 무엇을 이야기하든 상관없이 그에게서 처음과 끝은 이처럼 존재론이다. 아니, 들뢰즈에게서는 존재론이 전부다. 따라서 '포스트모던의 테제들'이라는 큰 제목 아래 들뢰즈 고유의 정치적 담론을 정리해보고자 하는 이 글 또한 그의 일의적 존재론을 출발점으로 삼을 수밖에 없다.

# **2** | 들뢰즈의 일의적 존재론과 세계

존재의 일의성(一意性)은 존재는 이야기된다는 것, 그리고 존재는 그가 존재자들을 통해서 이야기된다고 할 때 모든 존재자들의 '유일하고 같은 하나의 의미'로 이야기된다는 것을 말한다. 물론 이때 존재자들은 서로 같지가 않다. 하지만 모든 존재자들에게 있어서 존재는 같은 것이다. 들뢰즈의 저서에 자주 등장하는 이 존재론적 주장은 들뢰즈의 존재론 그 자체에 해당한다. 왜냐하면 그에게 있어서 철학은 곧 존재론이며, 존재론은 바로 일의적 존재론을 말하기 때문이다. 오로지 하나의 의미만이 이야기된다는 일의적 존재론을 몇 가지 핵심 개념들의 힘을 빌려서 접근해보면 다음과 같다.

첫째, 일의적 존재론은 내재주의와 불가분의 관계에 있다. 존재는 존재자들에 내재하며 존재자들은 존재에 내재한다. 잠재적인 것은 현실적인 것들에 내재하며 현실적인 것들은 잠재적인 것에 내재한다(들뢰즈). 신은 만물에 내재하며 만물은 신에 내재한다(스피노자). 단 한 번의 주사위 투척은 주사위 투척들에 내재하며 주사위 투척들은 단 한 번의 주사위 투척에 내재한다(니체). 생명은 생명의 다양한 형식들에 내재하며 생명의 다양한 형식들은 생명에 내재한다(베르그손). 왜냐하면 존재와 존재자들이 상호 내재적이지 않다고 한다면 따로 분리된 존재와 존재자들이 각각의 의미를 따라 따로 이야기되게 될 것이고, 따라서 이 경우에는 오로지 하나의 의미만이 이야기되어야 한다는 존재의 일의성의 원칙이 무너지고 말 것이기 때문이다.

둘째, 일의적 존재론은 분간(식별)불가능성의 논제와 불가분의 관계에 있다. 사실 분간불가능성은 방금 언급한 내재주의에 따른 당연한 결과라고 할 수 있다. 왜냐하면 존재와 존재자들이 서로에게 내재한다면, 우리가 비록 경우에 따라 이런저런 이유로 존재와 존재자들을 따로 구분해서 거론할 수 있을지 몰라도, 결코 존재와 존재자들은 서로 분리되거나 나뉠 수 없을 것이기 때문이다. 마치 이리저리 접혀진 종이의 경우 비록 우리가 종이와 종이의 주름들을 따로 구분하여 이야기할 수 있을지 몰라도 종이와 종이의 주름들을 분리하거나 나눌 수 없는 것처럼 우리는 결코 존재와 존재자들을 분리하거나 나눌 수 없는 것이다. 존재와 존재자들은 이처럼 서로 분간이 불가능하며, 또 이렇게 서로 분간이 불가능하기 때문에 존재와 존재자들은 오로지 하나의 의미로만 이야기될 수 있다.

셋째, 일의적 존재론은 존재론적 등가성(동등성)의 논제와 불가분의 관계에 있다. 존재와 존재자들이 서로에게 내재하며 서로 분간이 불가능하다면, 존재와 존재자들에게는 이제 서로에 대해서 존재론적 가치의 우위를 따질 여지가 없게 된다. 이뿐만이 아니다. 원리적으로 놓고 보더라도 존재의 일의성은 존재론적 비등가성의 논제를 인내하지 못한다. 왜냐하면 존재가 존재자들에 대해서 존재론적으로 우위에 있는 것으로 고려될 경우, 우리는 존재론적으로 가치가 더 큰 존재와 가치가 더 작은 존재자들을 따라서 이야기하게 될 것이고, 결국 이런 식으로 이야기되는 두 의미는 오로지 하나의 의미만이 이야기되어야 한다는 존재의 일의성의 원칙을 무너뜨리고 말 것이기 때문이다.

넷째, 일의적 존재론은 존재론적 생기주의와 불가분의 관계에 있다. 들뢰즈에게 있어서 존재는 존재자들을 생산하는 생산역능(生産力能, 존재에게 고유한 잠재적인 생산의 힘)이다. 마치 스피노자에게 있어서 신이 만물을 생산함으로써만 실재하는 자기원인적 생산역능인 것처럼 말이다. 잠재적인 것이 현실적인 것들을 생산함으로써만 실재하는 생산역능이라면 현실적인 것들은 자신들 속에서 생산역능인 잠재적인 것을 증거한다(들뢰즈). 신이 만물을 생산함으로써만 실재하는 생산역능이라면 만물은 자신들 속에서 생산역능인 신을 증거한다(스피노자). 생명이 생명의 다양한 형식들을 생산함으로써만 실재하는 생산역능이라면 생명의 다양한 형식들은 자신들 한가운데서 생산역능인 생명을 증거한다(베르그손). 이런 의미에서 볼 때, 존재는 또한 그 자체가 생기적 운동이기도 하다. 즉 존재는 존재자들을 향해서 나아가며(생산운동) 존재자들은 존재를 향해서 나아간다(용해운동). 잠재적인 것은 현실적인 것들을 향해서 나아가며 현실적인 것들은 잠재적인 것을 향해서 나아간다. 신은 만물을 향해서 나아가며 만물은 신을 향해서 나아간다. 생명은 생명의 다양한 형식들을 향해서 나아가며 생명의 다양한 형식들은 생명을 향해서 나아간다. 이때 존재의 두 운동은 비록 따로 구분되어 고려될 수 있을지 몰라도 결코 분리되거나 나누어지지 않는다. 존재의 두 운동은 서로 분간이 불가능하며, 따라서 존재의 두 운동은 서로 대립되는 양방향을 향해서 나아가는 단 하나의 이중 운동을 이룬다고 할 수 있다.

다섯째, 일의적 존재론은 매개가 배제된 종합의 논제와 불가분의 관계에 있다. 존재가 모든 존재자들의 유일하고 같은 하나의 의미로 이야기된다는 점에서, 또 모든 존재자들이 자신들 속에서 생산 역능인 존재를 증거한다는 점에서 일의적 존재론은 그 자체가 분명히 존재와 존재자들의 종합의 논제에 해당한다. 하지만 여기에서 종합은 결코 매개를 필요로 하지 않는다. 왜냐하면 존재와 존재자들을 종합하는 과정에 매개가 개입할 경우에는 매개에 의한 고정적 구분 또는 분할이 결국에는 오로지 하나의 의미만이 이야기되어야 한다는 존재의 일의성의 원칙을 파괴시켜버리고 말 것이기 때문이다. 따라서 일의적 존재론에 합당한 종합은 서로 대립관계에 있는 두 항, 즉 존재와 존재자들, 잠재적인 것과 현실적인 것들, 신과 만물, 단 한 번의 주사위 투척과 주사위 투척들, 생명과 생명의 다양한 형식들을 그 어떤 매개도 없이 전체적으로 함께 묶는 종합(반-변증법적 종합)이어야 한다. (이 매개가 배제된 종합이 존재론적으로 어떻게 성취될 수 있는지는 이미 앞에서 거론된 내재주의, 분간불가능성, 등가성, 생기주의의 논리에 의해서 설명될 수 있다.)

여섯째, 일의적 존재론은 자신 속에 두 종류의 매개가 배제된 종합을 함축한다. 왜냐하면 서로 대립관계에 있되 종합되어야 할 두 항인 존재와 존재자들은 수의 관점에서 보면 하나와 다수라고 할 수 있지만, 차원의 관점에서 보면 잠재의 차원과 현실의 차원에 속하는 것이기 때문이다. 따라서 일의적 존재론은 하나와 다수의 매개가 배제된 종합과 잠재적인 것과 현실적인 것의 매개가 배제된 종합을 동시에 함축한다.

그렇다면 이러한 일의적 존재론이 그리는 세계는 과연 어떤 세계일까? 무엇보다도 세계는 우선 잠재적인 것이라고 할 수 있다. 하지만 세계는 그냥 단순하게 잠재적인 것이 아니다. 세계는 현실의 차원 속에서 세계 자신이 현실화되는 것을 가능케 하는 구조와 동력, 동인을 지니고 있고 또 그것을 실제로 행사함으로써 실재하는 그런 잠재적인 것이다. 즉 세계는 그 속에서 현실적인 사건 또는 현실적인 차이가 발생토록 하는 잠재적인 것, 따라서 이렇게 말할 수 있다면 그 자체가 선험적이라 할 수 있는 잠재적인 것이다. 이렇게 본다면, 잠재적인 것으로서의 세계는 비록 그것이 아직 현실화되지 않았다고 할지라도 이 비현실화를 두고서 단순하게 없는 것이라고 말할 수 없다. 마치 아직 꽃과 열매를 맺지 않았을지라도 이미 씨앗 속에 꽃과 열매가 존재하는 것처럼 잠재적인 것으로서의 세계는 그 자체로 이미 실재하는 것이다.

다음으로 세계는 그 자체가 잠재적인 것이라는 점에서 한편으로 보면 하나라고 할 수 있지만, 다른 한편으로 보면 세계 자신 속에 현실화의 무한한 싹들을 잠재성의 형태로 지니고 있다는 점에서 그 자체로 또한 다수라고도 할 수 있다. 비록 아직 현실화되지는 않았다고 할지라도 잠재적인 것으로서의 세계는 수많은 잠재적 차이들로 이미 완벽하게 결정되어 있는 것이다(미분화, 차등화). 들뢰즈가 세계는 현실적인 무한한 차이들의 발생(적분화, 차이화)을 위한 완벽한 결정체라고 말하는 것은 이런 의미에서이다.

마지막으로 이러한 세계에는 우리가 앞에서 일의적 존재론을 설명하기 위하여 의존했던 핵심 개념들이 그 모습 그대로 완벽하게 적용된다. 즉 세계는 잠재적인 것과 현실적인 것들이 서로 내재하는 세계요, 잠재적인 것과 현실적인 것들이 서로 분간이 불가능한 세계이자, 잠재적인 것과 현실적인 것들의 가치가 존재론적으로 동등한 세계이고, 잠재적인 것과 현실적인 것들이 생기주의 아래 관계를 맺는 세계이면서, 또한 잠재적인 것과 현실적인 것들이 서로 매개가 배제된 채 종합되는 세계인 것이다.

포스트모던한 철학자답게 들뢰즈는 이런 세계를 어찌 보면 생소한 개념들을 통해서 기술하는데, 그 개념들 가운데 하나가 줄 또는 주름의 개념이다. 이에 따르면 세계는 잠재적인 사건-줄들의 총체이면서 또한 매 순간 잠재적인 사건-줄들로부터 발생하는 현실적인 사건-줄들의 총체이다. 아직 현실화되지는 않았지만 실재하는 사건-줄들 또는 현실화되는 것을 존재토록 하는 사건-줄들뿐 아니라 현실의 차원에서 발생한 사건-줄들까지 모두 포함한 총체, 이것이 바로 세계인 것이다. 이렇게 본다면 세계는 이제 사건-줄들로 이루어진 평면, 무한한 수의 사건-줄들로 빽빽이 들어찼다는 점에서 그것도 아주 매끈한 유리면과도 같은 평면으로 고려될 수 있다. 들뢰즈가 자신의 존재론을 설명하면서 평면의 개념을 들여오는 것은 이런 맥락에서이다. 한편 여기에서 우리는 사건이라는 개념이 무척이나 풍부한 뜻으로 쓰이고 있음에 또한 주목해야 한다. 왜냐하면 세계의 모든 것이 다 사건이라는 말로 표현이 가능하기 때문이다. 말 그대로 우발적으로 일어난 일만 사건이 아니라 우리의 일상적인 행위 모두가 다 사건이다. 잠자기, 일어나기, 세수하기, 밥먹기, 일하기, 귀가하기, 다시 잠자기도 사건이요, 사유와 감각도 사건이며, 앞집의 개가 지금 소리 내어 짖는 것도 사건이다. 따라서 우리가 어떤 관심 아래 사건을 보느냐에 따라서 세계는 이제 일상적인 일-줄들, 사유-줄들, 감각-줄들, 소리-줄들, 맛-줄들 등의 총체이자 또 이런 줄들로 이루어진 평면이 될 수 있다. (예를 들어 세계가 화가에게는 시각과 관련된 감각-줄들의 평면으로, 음악가에게는 소리-줄들의 평면으로, 요리사에게는 맛-줄들의 평면으로, 정치가에게는 정치적 사건-줄들의 평면으로 나타나게 될 것이다.)

## **3** ǀ 인간 — 현실적인 사건-줄들과 분간이 안 되는 잠재적인 사건-줄들의 평면

들뢰즈에게 있어서 인간은 세계와 분간이 안 된다. 따라서 인간 또한 세계와 꼭 마찬가지로 사건-줄들의 총체, 사건-줄들로 이루어진 평면으로 고려될 수 있다. 자기의식 또는 인격이라는 그릇 속에 자신의 모든 행위를 모아 담는 주체, 그리고 자신의 모든 행위를 이성적이고 합리적인 방식으로 인식하고 판단하는 주체는 근대적 인간이다. 들뢰즈가 이런 인간관을 거부함은, 또는 적어도 피상적이라고 봄은 물론이다. 그에 따르면 인간은 인격이라는 그릇과 이성적 사유를 전제하는 근대적 인간과 달리 무엇보다도 먼저 현실적으로 발생한 사건-줄들의 총체를 말한다. 왜냐하면 인간이란 그가 무엇을 하든 상관없이 결국에는 그가 실제로 한 현실적 행위 또는 사건들의 총체라고 할 수 있기 때문이다. 하지만 이때 주의해야 할 점이 있다. 그것은 적어도 사건들이 현실적으로 발생한 바로 그 순

간에 있어서만큼은 사건들이 아직 인격적 사건들이지 않다는 사실
이다. 즉 발생한 사건들이 아직 자기의식 또는 인격이라는 그릇 속
에 담기지도 않고, 또 아직 이성적이고 합리적인 방식으로 가공되
지도 않은 순간이 존재하는 것이다. 따라서 이때의 사건들은 말 그
대로 선인격적, 선이성적, 선합리적 사건들이요, 따라서 이렇게 말
할 수 있다면 비인격적, 비이성적, 비합리적 사건들이라고 할 수 있
는 것이다.

예를 들어 갑이라는 한 개인이 짜장면을 먹는 경우를 생각해보
자. 혀에서 발생하는 미각, 입과 젓가락질하는 손에서 발생하는 촉
각, 코에서 발생하는 후각, 눈에서 발생하는 시각, 그리고 귀에서
발생하는 청각까지, 이 모든 감각은 그 자체로 순수한 감각이자 순
수한 사건이며, 비인격적, 비이성적, 비합리적 사건이다. 왜냐하면
이 모든 감각이 아직 갑의 인격이라는 그릇 속에 담기지도, 갑에 의
해서 이성적으로 인식되거나 판단되지도 않았기 때문이다. 그런데
갑이 판단을 내리면서 '너무 맛있다'라고 말하는 순간 이 모든 순수
감각은 이제 이성적으로 가공된 인격적 감각, 즉 한 개인 갑의 경
험이 된다. 사실 순수 감각은 맛에 대한 한 개인의 판단과 무관하
게 그 모습 그대로 거기에 있다. 다만 예에서 보는 것처럼 갑이 자
기의식 아래 자기 나름대로 이성적으로 인식하고 판단함으로써 이
순수 감각을 자신의 인격적 감각으로 가공하는 것뿐이다. 심지어는
그 모습 그대로 있을 뿐인 순수 감각을 가지고서 갑이 너무 맛있다
고 말했다가, 금방 판단을 바꾸어서 맛이 별로 없다고 말하는 경우
까지 있을 수 있다. 즉 그 모습 그대로 있는 순수 감각과는 무관하

게 한 개인의 경험적 판단이 이리저리 바뀌기도 하는 것이다. 이뿐만이 아니다. 갑이 짜장면을 먹으면서 '너무 맛있다'라고 말하는 순간 순수 감각에 함축되어 있던 다양하고 풍부한 차이들이 모두 다 뭉개져서 사라져버리고 만다. '맛있다'라는 말은 단지 미각에만 관련된 판단이라는 점에서 시각, 후각, 청각, 촉각과 관련된 차이들을 전혀 건드리지 못할 뿐 아니라, 또한 미각만 놓고 보더라도 이 '맛있다'는 판단 자체가 짜장면의 그 풍부한 미각적 차이들을 다 놓쳐버리고 마는 너무나도 헐렁한 판단이기 때문이다. 어쨌든 발생한 사건들이 아직 자기의식 또는 인격이라는 그릇 속에 담기지도 않고, 아직 이성적이고 합리적인 방식으로 가공되지도 않은 순간이 존재한다. 들뢰즈가 인간은 현실적으로 발생한 사건-줄들의 총체라고 할 때의 사건들은 바로 이런 비인격적, 비이성적, 비합리적 사건들을 말한다.

한편 인간은 현실적으로 발생한 사건-줄들의 총체이기도 하지만, 동시에 잠재적인 사건-줄들, 선험적인 사건-줄들의 총체이기도 하다. 들뢰즈에 따르면 인간이 실제로 행한 현실적인 사건들보다 논리적으로 앞설 뿐 아니라, 또한 사건들의 현실화를 위한 구조, 동력, 동인을 자신 속에 지니고 있기 때문에 차후에 현실적인 사건들의 발생을 가능케 하는 잠재적인 사건들, 선험적인 사건들이 존재한다. 보편적인 하나로 묶을 수 없는 이러한 잠재적이고 선험적인 사건들의 총체 또는 사건-줄들의 총체에게, 다시 말해 들뢰즈의 존재론이 그리는 인간에게 적합한 이름은 결코 근대적 자기의식도, 프로이트적 무의식도 아니다. 만약 이 사건들의 총체에다가 의식이라는 이름을 굳이 붙이고자 한다면, 그것은 객체라 할 수 있는 각각의 사건과 전혀 분간이 안 되는 사건들의 총체로서의 의식, 객체와 이처럼 분간이 안 된다는 점에서 반성 행위 또한 있을 수 없는 의식, 또 반성 행위가 있을 수 없기에 자기의식 또는 인격이 들어설 여지가 전혀 없는 의식, 요컨대 자기 내재적이며 절대적인 그런 비인격적 순수 의식이라고 할 수 있을 것이다. (또는 앞에서 이미 언급한 용어를 빌려서 말하자면, 또 들뢰즈에게 있어서 인간과 세계가 분간이 안 된다는 점을 고려하여 말하자면, 그것은 비인격적 총체로서의 존재, 잠재적인 것, 신, 생명이라고 할 수 있을 것이다.)

바로 이런 비인격적 순수 의식, 비인격적 총체, 즉 잠재적이고 선험적인 사건들의 총체가 들뢰즈가 말하는 내재성의 순수 평면을 정의해준다. 들뢰즈에 따르면 이 내재성의 평면은 그 자체로 있다. 그것은 어떤 것 속에 있지도 않고, 어떤 것에 대하여 있지도 않으며, 어떤 대상에 의지하지도, 어떤 주체에 속하지도 않는다. 따라서 들뢰즈가 권유하는 것처럼 만약 우리가 내재성의 평면 위에서 산다고 한다면, 우리는 각각의 사건과 우리의 존재가 정확하게 일치하는 삶, 그리하여 들뢰즈의 입장에서 말하자면 근대적 인간의 인격적 삶보다 훨씬 더 진실에 가까운 삶을 살게 될 것이다. 그리고 이때 내재성의 평면 위에서 사는 삶, 즉 각각의 사건과 우리의 존재가 정확하게 일치하는 삶은 그 자체로 비인격적 삶이면서 비이성적이고 비합리적인 삶, 말하자면 탈주의 삶이 될 것이다.

이러한 맥락 속에서 우리는 들뢰즈가 그리는 인간의 마음이 과연 어떤 것인지에 대해서도 생각을 할 수 있게 된다. 먼저 인간 자신이 스스로 인식하고 있는 마음, 말하자면 인간의 겉으로 드러난 마음이 있을 것이다. 인간은 자기의식 또는 인격이라는 그릇 속에 자신의 행위를 모아 담은 후 그것을 이성적이고 합리적인 방식으로 인식하고 판단하며 규제함으로써 스스로를 인식하고 스스로를 만들어간다. 또는 인간은 자신의 모든 행위로부터 '나란 이런 것이다'라는 자기동일성을 추출해내고 그것을 이성적이고 합리적인 잣대로 판단, 규제, 보정함으로써 (많은 수준에서 본래보다 왜곡될 수밖에 없는) 마음을 형성해간다. 하지만 이런 마음은 들뢰즈가 생각하는 진정한 인간의 마음이 아니다. 이런 마음은 우리가 데카르트 이래로 줄곧 보아온 근대적 인간관이 그리는 마음인 것이다. 들뢰즈가 생각하는 진정한 인간의 마음은 이처럼 겉으로 드러난 마음과 달리 존재론적으로 더욱 깊은 마음이다. 이 마음은 다음과 같은 두 수준 모두에서 거론될 수 있다.

첫째, 그것은 인간이 행한 현실적인 행위가 아직 자기의식 또는 인격이라는 그릇 속에 담기지도 않고, 아직 이성적이고 합리적인 방식으로 판단되거나 규제되지도 않은 순간에 존재하는 마음을 말한다. 둘째, 그것은 인간이 잠재적이고 선험적인 사건들의 총체 또는 내재성의 순수 평면으로서 고려될 때 이야기될 수 있는 마음을 말한다. 하지만 이 둘 가운데 어떤 경우가 되었든 마음은 결코 인식할 수 있는 내성이 아니다. 전자의 경우든 후자의 경우든 여기에서는 우리의 존재(주체)와 사건(객체)이 서로 분간이 불가능해지기 때문에, 다시 말해 주체와 객체가 서로 일치하기 때문에, 결국 논리적으로 마음은 반성적 인식이 불가능한 상태로 남을 수밖에 없는 것이다. 이처럼 겉으로 드러난 마음과 반대로 존재론적으로 더욱 깊은 마음은 그에 대한 반성적 인식 자체가 불가능하다는 점에서 그것은 이제 비인격적 마음, 비이성적이고 비합리적인 마음, 전혀 종잡을 수 없는 탈주의 마음이라고 할 수 있을 것이다.

앞에서 우리는 인간이 현실적으로 발생한 사건-줄들의 총체이기도 하지만 '동시에' 잠재적인 사건-줄들, 선험적인 사건-줄들의 총체이기도 하다고 말했다. 여기에서 '동시에'라는 말은 현실적인 사건-줄들의 총체와 잠재적이고 선험적인 사건-줄들의 총체가 존재론적으로 '서로 분간이 안 된다'는 것을 뜻한다. 말하자면 '동시에'라는 말의 존재론적 표현이 곧 '분간불가능성'인 것이다. 그렇다면 우리는 인간에 대한 앞의 정의('동시에'를 이용한 정의)를 분간불가능성의 개념을 이용해서 다음과 같이 존재론적으로 더욱 정확하게 정의할 수 있을 것이다. 인간은 현실적인 사건-줄들과 '분간이 안 되는' 잠재적인 사건-줄들의 총체 또는 평면이다. 그런데 들뢰즈의 존재론에서 이 분간불가능성의 개념은 존재론적으로 매우 다양한 의미를 함축한 핵심적인 개념으로 꼽힌다. 따라서 우리는 방금 새롭게 제시한 인간에 대한 정의를 이 분간불가능성의 개념을 중심으로 더욱 구체적으로 음미해볼 필요가 있다. 이 음미 작업은 인간이 다음과 같은 존재론적 속성들을 지니고 있음을 우리에게 알려준다.

첫째, 이미 여러 차례 언급되었듯이 인간은 주체와 객체가 분간이 안 되는 존재다. 왜냐하면 인간이 이처럼 현실적이면서 잠재적인 사건-줄들의 평면으로 정의되는 한에 있어서, 마치 종이(평면)

와 종이의 주름들(사건-줄들)이 분간이 안 되는 것과 마찬가지로, 인
간 또한 사건-줄들의 총체라 할 평면으로서의 자기 존재(주체)와 사
건-줄들(객체)이 서로 분간이 안 되는 존재로 있을 수밖에 없기 때
문이다.

둘째, 인간은 잠재의 차원과 현실의 차원을 분간이 불가능한 방
식으로 가로지르는 존재다. 위의 정의를 따라서 인간을 현실적인
사건-줄들과 분간이 안 되는 잠재적인 사건-줄들의 평면이라고 한
다면 인간은 이제 현실적이면서 잠재적인 존재 또는 잠재적이면서
현실적인 존재가 된다. 인간은 잠재의 차원과 현실의 차원이, 선험
의 차원과 발생의 차원이 분간이 불가능한 방식으로 뒤얽힌 존재
인 것이다.

셋째, 인간은 하나와 다수가 분간이 안 되는 존재다. 왜냐하면 인
간이 이처럼 현실적이면서 잠재적인 사건-줄들의 평면으로 정의
되는 한에 있어서, 인간은 하나로서의 평면이기도 하지만 동시에
다수로서의 사건-줄들이기도 하기 때문이다. 그리고 하나와 다수
의 이 분간불가능성의 논리는 하나로서의 세계와 세계를 이루는
다수 가운데 하나인 인간 사이에도 마찬가지로 적용된다. 하나와
다수의 이 분간불가능성의 논리에 따르면, 다수 가운데 하나인 인
간은 이제 하나로서의 세계 전체와 분간이 안 되는 존재가 된다. 따
라서 인간은, 예를 들어 기독교에서 말하는 것처럼, 인식의 차원과
존재의 차원에서 신에 비해 결코 유한한 존재가 아니다. 즉 인간 그
자신이 세계 전체와 분간이 안 되기 때문에 인간은 이제 세계 전체
를 하나도 빠짐없이 온전히 인식할 수가 있으며, 또 질적으로든 양

적으로든 세계 전체와 존재의 차원에서 완벽하게 같아질 수가 있는 것이다. 인간은 이처럼 유한한 존재가 아닌 무한한 존재요, 자기 이외의 모든 것과 동등한 가치를 지닌 존재인 것이다.

넷째, 인간은 절대적으로 긍정적인 존재다. 인간을 정의하는 현실적이면서 잠재적인 사건-줄들의 평면은 내재성의 순수 평면이라는 또 다른 이름을 갖는다. 들뢰즈에 따르면 이 내재성의 평면은 어떤 것 속에 있지도, 어떤 것에 대하여 있지도 않다. 그것은 자기 이외의 그 어떤 대상에도 의지하지 않는 것, 따라서 자기 외적인 요소를 철저하게 배제한 완벽하게 긍정적인 것이다. 그 자체로 있는 내재성의 평면, 다시 말해 인간은 이렇게 해서 그 어떤 부정성도 인내하지 못한다. 인간은 오로지 긍정들만을 지닌 긍정적인 힘인 것이다.

## 4 | 인간—반시대적 전쟁기계

이처럼 사건-줄들의 평면으로 정의된 인간은 이런저런 행위를 통해 평면 위에 줄을 그으면서 평면을 건설해간다. 평면의 건설이라는 논제는 들뢰즈의 존재론에서 가장 빈번히 등장하는 논제 가운데 하나다. 왜냐하면 인간의 모든 행위, 즉 인간의 삶 자체가 곧 사건-줄들의 평면 건설과 다른 것이 아니기 때문이다. 예를 들어, 들뢰즈에 따르면, 인간의 사유 행위에는 철학, 과학, 예술이라는 세 종류의 사유 행위가 있으며, 이때 각각의 사유 행위가 자신에게 고유한 평면의 건설에 대응한다. 즉 사유 행위로서의 철학은 개념-줄들의 평면 건설에, 사유 행위로서의 과학은 인과적 지시관계-줄들의 평면 건설에, 사유 행위로서의 예술은 감각-줄들의 평면 건설에 대응하는 것이다. 행위하는 인간은 이렇게 사건-줄들의 평면 건설과 불가분의 관계에 있다.

하지만 여기에서 우리는 이 평면의 건설이 결코 일회적 사건이 아니라는 사실에 주의해야 한다. 즉 평면 위에 현실적 줄이 그어짐으로써 어떤 한 평면이 건설되었다면 곧바로 또 다른 현실적 줄이 그어짐으로써 또 다른 평면이 건설되는 것이다. 왜냐하면 존재가 오로지 존재자들을 생산함으로써만 실재적인 생산역능인 것과 꼭 마찬가지로 사건-줄들의 평면으로 정의된 인간 또한 오로지 현실적인 사건-줄들을 발생시킴으로써만 실재적인 생산역능이기 때문이다. 따라서 평면 위에 그어진 하나의 어떤 현실적 줄이 점점 더 깊게 패여서 지배적인 권력을 행사하는 일, 그리하여 깊게 패인 이 줄을 중심으로 평면이 굳어지는 일이 없도록 해야 한다. 만약 어떤 한 현실적 줄이 깊게 패여서 지배적인 권력을 행사한다면, 그것은 인격적인 주체가 이성적이고 합리적인 잣대를 가지고서 그 현실적 줄에 가치를 부여했기 때문이다. 사건-줄들의 총체인 평면은 그 위에 줄이 끊임없이 그어짐으로써만 존재하며, 따라서 평면은 언제나 건설 중인 상태로만 존재한다. 그 모습 그대로의 평면이란 바로 이런 것이다. 하지만 이 평면이 인격이라는 그릇 속에 담겨서 이성적이고 합리적인 잣대로 평가되고 재단될 때 지배적인 권력을 행사하는 줄이 등장하게 되고 이 줄을 따라서 평면이 이런저런 영토로 분할되는 일(영토화)이 일어난다. 결국 존재론적으로 볼 때, 사건-줄들의 총체, 사건-줄들의 평면인 인간은 이 같이 이런저런 영토로 분할된 평면이 있게 될 경우 그것을 계속해서 흐트러뜨리는(탈영토화하는) 현실적인 사건-줄들의 발생 공간, 생성 공간이라고 할 수 있다. 또는 사건-줄의 개념 자체를 주목해서 탈영토화의 선, 탈주선이라고도 할 수 있다. 실제로 들뢰즈가 그의 존재론을 통해서 우리에게 보여주고 싶었던 것은 사건-줄들의 평면인 인간이, 다시 말해 내재성의 평면인 인간이 서로 다른 줄들을 무한히 생산하는 진정한 기계가 되도록 하는 것이었다. 그가 원한 것은 서로 다른 줄들(차이)이라기보다는 차라리 서로 다른 줄들의 생산(차이의 생산)이었던 것이다.

서로 다른 줄들을 무한히 생산하는 기계! 따라서 만약 우리가 들뢰즈의 의도에 충실하다면 이 표현은 들뢰즈적 인간을 정의하는 또 다른 표현이 될 수 있다. 포스트모더니즘에 속하는 사유자들이 일반적으로 공유하는 논제 가운데 하나가 보편성에 대한 거부다. 이들에 따르면, 근대성이 차이를 무시하는 폭력 이데올로기로 발전해나가게 될 보편성을 중시한다면, 반대로 포스트모더니즘은 보편성 이데올로기를 완강히 거부하며, 따라서 보편성의 폭력으로부터 해방된 차이를 주장한다. 우리는 보편성에 대한 이 같은 거부를 들뢰즈적 인간에게서도 똑같이 발견할 수 있다. 들뢰즈에게 있어서 우리가 내재성의 순수 평면 위에서 산다는 말, 또는 내재적인 삶을 산다는 말은 평면을 이런저런 영토로 분할하는 깊게 패인 줄(보편성)과 전쟁을 벌여서 그 줄에 포획되었던 우리의 삶을 해방시키는 일,

그리하여 우리의 삶으로 하여금 서로 다른 줄들을 무한히 생산하는 진정한 전쟁기계가 되도록 하는 일을 말한다.

　실제로 인간을 정의하는 사건-줄들의 평면 또는 내재성의 순수 평면은, 이렇게 말할 수 있다면, 단 하나의 지류만을 따라 흐르는 일이 결코 없는 분열적 흐름이라고 할 수 있다. 한편으로 보면 이 분열적 흐름은 자신의 분열 작용을 통해서 어떤 한 지류가 형성되도록 길을 내는 일을 한다. 하지만 다른 한편으로 보면 이 분열적 흐름은 이렇게 형성된 지류를 그 바닥에서부터 무너뜨리는 하부의 분열적 흐름이기도 하다. 따라서 이 분열적 흐름은 자신이 길을 낸 하나의 지류에 결코 자기 자신을 가두는 법이 없다. 들뢰즈는 바로 이런 식의 분열적 흐름을 가리켜 특별히 반시대적이라고 표현한다. 한 시대가 또 다른 시대로, 한 체제가 또 다른 체제로 바뀌는 일이 계속해서 일어난다. 그것은 앞선 시대, 기존의 체제를 무너뜨리는 하부의 분열적 흐름이 언제나 존속하기 때문이다. 바로 이런 의미에서 분열적 흐름은 그 자체가 반시대적 흐름이라고 할 수 있는 것이다. 따라서 우리는 이제 이 모든 것을 고려하면서 분열적 흐름으로서의 인간, 내재성의 순수 평면인 인간을 다음과 같이 새롭게 정의할 수 있을 것이다. 즉 인간은 그 자체가 반시대적 전쟁기계다.

# **5** | 실천의 유일한 원칙—최대치 원칙

들뢰즈의 이 같은 인간관은 우리로 하여금 자연스럽게 실천의 문제를 생각토록 한다. 그것은 이 글의 관심사인 정치와 관련된 실천 문제일 수도 있고, 윤리와 관련된 실천 문제일 수도 있으며, 사회적 모임이나 가족 같은 집단에 관련된 실천 문제일 수도 있다. 하지만 우리는 적어도 실천 문제와 관련해서는 들뢰즈로부터 그 어떤 일반화된 원칙도, 그 어떤 보편적인 해결책도 기대해서는 안 된다. 왜냐하면 개별 사건 속에서 맞닥뜨리게 되는 다양한 실천 문제를 그 어떤 일반화된 원칙에 비추어서 해결한다는 것은 차이를 무시하는 보편성 이데올로기로, 즉 보편성의 폭력이라는 근대적 폭력으로 우리가 자발적으로 되돌아가는 일에 해당하기 때문이다. 이뿐만이 아니다. 발견되고 인식된 차이를 배제하거나 뭉개버리는 보편성의 폭력도 문제지만 애초부터 차이를 보지 못하는 보편성의 인식 무능력 또한 문제다. 일반화된 원칙과 그에 따른 보편적인 해결책은 개별 사건 속에서 매 경우마다 차이가 나는 다양한 실천 문제를 결코 정확하게 인식할 수 없다. 왜냐하면 다양한 차이를 인식하기에는 일반화된 원칙이 지닌 인식의 그물망이 너무나도 헐렁하기 때문이다. 즉 차이가 인식되지 못한 채 다 빠져나가버리는 것이다. 이처럼 실천 문제 자체를 정확하게 인식하지 못하는 일반화된 원칙이 결과적으로 실천 문제에 대하여 올바른 답변을 내어놓을 수 없음은 물론이다.

따라서 우리가 들뢰즈의 존재론과 들뢰즈적 인간관에 충실할 경우 실천 문제와 관련해서 내놓을 수 있는 원칙이라는 것이 있다면 그것은 결코 일반화된 원칙이 아니다. 그것은, 이렇게 말할 수 있다면, 구체적인 실천 문제 속에서 매 경우마다 개별 차이의 실존과 발생을 보장해주는 '순수 차이' 또는 '절대적 차이'를 겨냥한 원칙일 것이다. 앞에서 우리는 이미 들뢰즈적 인간관이 그리는 삶, 즉 내재성의 순수 평면 위에서 사는 삶 또는 내재적인 삶이란 무엇인지를 보았다. 그것은 평면을 분할하는 깊게 패인 줄로부터 우리를 해방시키는 삶, 그리하여 우리로 하여금 서로 다른 줄들을 무한히 생산하는 반시대적 전쟁기계가 되도록 하는 삶이었다. 반시대적 전쟁기계로서의 삶, 그것은 더욱 구체적으로 다음과 같은 삶의 모습으로 표현될 수 있을 것이다. 즉 구체적인 실천 문제를 만날 때마다 평면을 이런저런 영토로 분할하는 깊게 패인 줄이 없는지 살펴본 다음, 만약 있다면 그 줄을 지우고 분할된 평면을 흐트러뜨리는 구체적인 방안을 강구하는 삶, 하지만 강구된 이 방안이 결코 평면을 다시 이런저런 영토로 깊게 분할하는 일이 없도록 해야 하는 삶이 그것이다. 예를 들어 막강한 힘에 의지해서 정치, 경제, 문화적 폭력을 행사하는 강대국(대기업, 지배 집단, 지배자…)의 지배적인 줄, 다시 말해 영토화 정책에 대항해서 내놓은 각국(중소기업, 피지배 집단, 피지배자…)의 탈영토화 정책이 마치 강대국이 그랬던 것과 꼭 마찬가지로 자기의 영향력이 미치는 영역을 힘에 의지해서 재영토화하는 또 다른 지배적인 줄이 되어서는 안 되는 것처럼 말이다. 따라서 이러한 삶의 모습으로부터 우리는 내재성의 순수 평면을 건설하는 일과 관련해서 니체가 말한 영원회귀의 원칙(무엇을 그것의 최상의 형식에로, 즉 n

제곱에로 올려놓는 원칙)과도 같은, 일종의 들뢰즈식 최대치 원칙을 소묘할 수 있게 된다. 즉 내재성의 순수 평면을 '최대한으로' 건설하는 일, 또는 반시대적 전쟁기계를 '최대한으로' 작동시키는 일이 우리가 따라야 할 최우선의 원칙이자 유일한 원칙이 되어야만 하는 것이다.

이렇게 해서 칸트의 도덕법칙(너의 의지의 준칙이 동시에 보편적인 입법의 원리로서 타당할 수 있도록 행위하라)과 마찬가지로 들뢰즈 또한 실천 문제와 관련해서는 순수하게 형식적인 원칙(내재성의 순수 평면의 건설을 동시에 그 일의 영원회귀를 원하는 방식으로 하라)을 제기하기에 이른다. 하지만 칸트와 들뢰즈 양자 모두가 순수하게 형식적인 법칙과 원칙을 내놓는다고 해서 이 유사함이 양자 간의 결정적인 차이를 가려서는 안 된다. 칸트에 따르면 모든 개별성을 뛰어넘은 순수 보편의 세계 또는 절대적 보편의 세계가 존재하며, 바로 이 절대적 보편의 세계로부터 울려오는 소리에 맞추어 실천할 때 행위의 올바름이 보장된다. 그러나 들뢰즈에게 칸트식의 순수 보편의 세계 또는 절대적 보편의 세계란 있을 수 없다. 설령 있다고 하더라도, 그것은 이미 존재하는 개별 차이들에 인격적 주체가 개입해서 이성적이고 합리적인 방식으로 빚어낸 나중의 허상에 불과한 것이다. 따라서 들뢰즈는 칸트와 정반대로 나아갈 수밖에 없다. 즉 그는 순수 차이의 세계 또는 절대적 차이의 세계에 매달리며, 바로 이 절대적 차이의 세계로부터 실천의 원칙을 찾는 것이다. 비록 그 결과가 칸트의 도덕법칙과 같은 순수하게 형식적인 원칙으로 나타난다고 할지라도 말이나.

요컨대 칸트의 순수하게 형식적인 도덕법칙이 구체적인 모든 개별 내용을 뛰어넘은 순수 보편 또는 절대적 보편 위에 근거한다면, 들뢰즈의 순수하게 형식적인 실천 원칙은 구체적인 모든 개별 내용을 다 담은 순수 차이 또는 절대적 차이 위에 근거하는 것이다. 어쨌든 순수하게 형식적이라는 점에서, 따라서 겉으로 보아 여기에는 그 어떤 구체적 내용도 있을 수 없다는 점에서 들뢰즈의 이 실천 원칙이 공허해 보이고 무의미한 것처럼 보이는 것은 사실이다. 하지만 그렇다고 해서 이 원칙이 이래도 좋고 저래도 좋은 무차별한 원칙, 그냥 아무렇게나 따라도 좋은 쉽고 단순한 원칙은 결코 아니다. 오히려 정반대다. 매 순간 매 경우마다 보편적인 행위가 무엇인지, 지금의 내 행위가 과연 보편적인 행위인지를 따져야 하는 칸트의 도덕법칙과 다시 한 번 더 마찬가지로 이 원칙은 가장 엄격하면서도 가장 준엄한 삶의 원칙이라고 할 수 있다. 왜냐하면 어떻게 해야 하는지를 구체적으로 명시한 일반화된 원칙과 그에 따른 보편적인 해결책을 조건 없이 따르는 일은 차라리 쉽고 단순한 일인데 반해서, 매 순간 매 경우마다 평면을 분할하는 깊게 패인 줄이 없는지 살피고 그 줄에 대항해서 반시대적 전쟁기계를 최대한으로 작동시키는 일은 끊임없는 숙고와 고통을 요구하는 지극히 엄격하며 준엄한 과정이기 때문이다.

# 6 | 들뢰즈의 자본주의 정의

그럼 이제 들뢰즈의 이 실천 원칙, 즉 최대치 원칙을 이 글의 관심사인 정치와 관련된 실천 문제에 적용해보도록 하자. 먼저 이 적용은 그 자체로 정합적임을 인식하자. 왜냐하면 이 글의 처음에 명시된 등식 '들뢰즈 정치학의 출발점=존재론'을 상기할 때, 들뢰즈의 존재론과 인간관으로부터 도출된 실천 원칙 또는 그에 따른 삶을 정치와 관련된 실천 문제에 적용하는 것은 들뢰즈의 사유 체계 내에서 극히 자연스러운 일에 해당하기 때문이다. 심지어 우리는 최대치 원칙을 정치와 관련된 실천 문제에 적용했을 경우의 결과까지도 들뢰즈의 사유 체계의 자연스러운 흐름에 기대어서 그것이 과연 어떤 모습이 될지 큰 틀에서 미리 예견해볼 수 있다. 그것은 어떤 형태가 되었든 보편성 이데올로기에 대한 거부가 될 것이다. 또 그것은 우리의 삶을 보편성의 폭력으로부터 벗어나게 하는 해방을 주장할 것이며, 따라서 그것은 결코 보편적인 하나로 묶을 수 없는 순수 차이와 우리의 삶이 소통하는 일을 겨냥할 것이다. 그렇다면 이처럼 정합적이고 자연스러운 적용을 들뢰즈 자신이 직접 행하지는 않았을까? 더구나 프랑스의 포스트모던한 철학자들 대부분이 정치와 관련된 실천 문제에 적극적으로 참여해온 시대 분위기를 감안할 때, 들뢰즈 또한 자신의 존재론에 기초한 자기 고유의 방법으로 동료 철학자들이 했던 일과 동일한 일을 하지 않았을까? 실제로 들뢰즈는 자신의 실천 원칙을 정치와 관련된 실천 문제에 적용한 저서 두 권을 발표했다. 그것은 '자본주의와 분열증'이라는 부제를 가진 두 권의 책 『안티 오이디푸스』와 『천 개의 고원』이다.

들뢰즈는 이 두 권의 책에서 자본주의를 정의하고 자본주의의 문제점을 정확하게 파악하기 위해 욕망의 개념을 들여온다. 겉으로 보아 프로이트 정신분석학의 그것과 유사해 보이는 이 욕망 개념은 사실 앞에서 존재와 인간을 가리키는 것으로 거론되었던 생산 역능의 개념과 다른 것이 아니다. 들뢰즈에 따르면 이성적으로 재단되지 않은 비인격적이고 선인격적인 생산역능으로서의 욕망, 규정할 수 없는 분열적 흐름인 욕망, 바로 이 욕망이 모든 것을 생산한다. 들뢰즈에게 있어서는 욕망의 평면 또는 욕망의 장이 내재성의 평면을 일컫는 또 다른 이름인 것이다. 따라서 우리는 들뢰즈가 프로이트 정신분석학의 욕망 이론을 비판하는 핵심이 어디에 있게 되는지 어렵지 않게 알 수 있다. 만약 들뢰즈가 고려하는 것처럼 욕망의 평면이 곧 내재성의 평면이라면, 욕망의 평면은 내재성의 평면과 마찬가지로 어떤 것 속에 있지도 않고, 어떤 것에 대하여 있지도 않게 된다. 욕망의 평면은 자기 이외의 그 어떤 대상에도 의지하지 않는 것, 따라서 자기 외적인 요소를 철저하게 배제하는 완벽하게 긍정적인 것이다. 하지만 프로이트의 정신분석학은 이 절대적으로 긍정적인 욕망을 오이디푸스 콤플렉스를 동원해서 가정 '속에' 갇힌 부정적인 욕망으로 축소시켜 버렸다. 즉 절대적으로 긍정적인 욕망, 규정할 수 없는 분열적 흐름인 욕망을 개별 인격체 속에 가두고(어떤 누구의 욕망), 가정의 삼각형(아버지-어머니-나) 속에 가누어버린 것이다. 반면에 들뢰즈에게 있어서 욕망은 전혀 갇힌 욕망, 축소된 욕망이 아니다. 들뢰즈에게 있어서 욕망은 존재의 또 다른 이름이요, 욕망의 평면은 내재성의 평면의 또 다른 이름에 해당한다. 들뢰즈가 자본주의를 인식하는 지평, 자본주의의 문제점을 진단하는 지평이 바로 이 욕망의 평면, 즉 내재성의 평면인 것이다.

따라서 우리가 들뢰즈의 눈으로 자본주의를 인식하기 위해서는 무엇보다도 먼저 자본주의를 포함한 모든 사회 체제의 성립과 소멸을 욕망의 평면을 통해 바라보는 들뢰즈 고유의 인식 방식을 이해해야 한다. 이미 앞에서 이야기했듯이 들뢰즈에게 있어서 욕망의 평면은 곧 내재성의 평면이다. 따라서 내재성의 평면 위에서 그런 것처럼 욕망의 평면 위에서는 끊임없이 영토화로부터 탈영토화로의 운동, 탈영토화로부터 영토화로의 운동이 이루어진다. 언제나 욕망의 평면 위에는 중심으로부터 벗어나려는 운동(탈영토화 운동)과 중심을 향해 가려는 운동(영토화 운동)이, 따라서 이렇게 말할 수 있다면, 원심적 운동과 구심적 운동이, 분열증적 운동과 편집증적 운동이 존재하는 것이다. 들뢰즈에 따르면 역사 속에서 어떤 특정한 사회 체제가 결정되는 일, 또 결정된 한 사회 체제가 또 다른 사회 체제로 바뀌는 일이 일어나는 것은 이 두 운동의 상호 관계를 통해서이다. 이것을 줄의 개념을 가지고서 다시 말하자면, 욕망의 평면 위에 그어지는 줄, 그리고 이미 그어진 줄을 흐트러트리면서 새롭게 그어지는 줄이 바로 어떤 한 사회 체제의 결정과 변화의 원동력을 이루는 것이다. 그리고 사회 체제의 결정과 변화를 이런 방식으로 인식할 때, 자본주의는 이제 다음과 같이 정의된다. 자본주의는 욕망의 평면 위에서 분열증과 편집증 사이를 진동하는 체제다.

자본주의에 대한 일반적 정의(이윤 획득을 목적으로 하는 자본이 경제를 지

74

배하는 체제)에 익숙한 사람에게는 낯설기만 한 이 등식(자본주의=욕망
의 평면 위에서 분열증과 편집증 사이를 진동하는 체제)은 과연 어떻게 성립하는
가? 그 과정을 들뢰즈의 논의를 따라 정리해보면 다음과 같다. 당
연한 이야기지만, 들뢰즈는 결코 마르크스의 시각으로 자본주의를
보지 않는다. 그는 욕망의 평면을 지평으로 삼아 자본주의를 본다.
먼저 들뢰즈는 자본주의를 욕망의 평면 위에서 모든 욕망이 제한
없이 분출토록 하는 체제로 본다. 자본주의는 욕망의 제한 없는 분
출을 가능케 하며, 결과적으로 사회를 지배해왔던 이전의 모든 체
제와 가치를 이 제한 없는 분출을 통해 무너뜨린다. 들뢰즈가 특별
히 자본주의 시대를 가리켜 탈코드의 시대라고 부르는 것은 이 때
문이다. 새로운 욕망을 제한 없이 분출함으로써 이전의 지배적 체
제와 가치를 무너뜨려 나가는 무한한 탈주, 바로 이 탈코드화의 현
상을 자본주의가 보여주고 있으며, 자본주의 자체가 이 현상을 가
능케 한다는 것이다. 그렇다면 과연 자본주의의 무엇이 이 탈코드
화 현상을 가능케 하는 것일까? 그것은 돈이다. 즉 자본주의의 규
칙 역할을 하는 돈이 모든 욕망의 제한 없는 분출과 그에 따른 탈
코드화를 가능케 하는 것이다.

들뢰즈에 따르면 돈은 이전의 모든 제한을 무너뜨림으로써 사회
구성원 모두를 공평하게 만드는 강력한 분열적 힘을 지닌다. 돈은
자본주의 이전의 모든 장벽, 예를 들어 신분이나 계급 같은 장벽을
가뿐히 넘어서버린다. 자본주의 이전에는 우리나라의 조선 시대 사
회처럼 신분이 절대적인 때가 있었다. 조선 시대에 신분이라는 규
칙은 넘을 수 없는 절대적 장벽이었으며, 따라서 이 규칙을 깨는 사

건은 설령 그것이 사랑에 관계된 일이라 할지라도 범죄가 되었다. 그러나 자본주의에서는 돈으로 안 되는 일이 없다. 아니, 이렇게 말할 수 있다면, 돈이 곧 새로운 신분이 된다. '개같이 벌어서 정승같이 쓴다'는 말의 변형된 의미, 현대의 자본주의적 의미가 바로 이것이다. 이처럼 돈은 자본주의 이전의 신분이라는 장벽을 무너뜨리는 강력한 분열적 힘으로 작용한다. 이뿐만이 아니다. 돈은 과거의 사회를 지배했던 모든 형태의 공동체를 무의미하게 만들어버린다. 지난 반세기 동안 자본주의 체제에 편입된 우리나라가 전형적인 실례를 보여주고 있는 것처럼 돈은 사회 구성원 모두의 대이동을 야기한다. 물리적 공간의 이동, 가정의 이동, 직업의 이동, 문화의 이동, 교육의 이동 등, 이 모든 대이동의 바탕에는 돈의 분열적 힘이 자리 잡고 있다. 따라서 우리나라에서 물리적 공간상의 공동체, 가정 공동체, 직업 공동체, 문화 공동체, 교육 공동체 등을 지난 반세기 이래로 무너뜨리면서 새롭게 재편해왔고 또 지금도 여전히 무너뜨리면서 새롭게 재편 중인 것은 궁극적으로 돈이다. 요컨대 돈은, 또는 돈을 규칙으로 갖는 자본주의는 언제나 사회 전반의 틀을 지우면서 동시에 새롭게 포맷 중인 것이다. 이와 같이 돈이 지닌 분열적 힘에 의해서 모든 장벽이 무너지고 모든 공동체가 새롭게 재편되기 때문에 자본주의는 욕망의 분열적 흐름에 가장 적합한 체제로서 등장한다. 즉 자본주의는 그 어떤 모순도 없이, 그 어떤 제한도 없이 자기 스스로를 무한히 확장시켜 나가는 극단적 탈영토화와 탈코드화의 운동기계로서 나타나는 것이다.

하지만 이와 동시에 돈은 자신의 분열적 힘을 가지고서 무너뜨린 모든 장벽과 공동체를 새롭게 재편하되 궁극적으로 이 모든 것을 돈 자기 자신에게 쏠리게끔 재편해나가는 강력한 편집적 힘 또한 지닌다. 돈은 이전의 모든 제한을 무너뜨림으로써 사회 구성원 모두를 공평하게 만들지만, 또한 돈은 돈 없이는 그 어떤 것도 의미를 가질 수 없도록, 돈 없이는 그 어떤 것도 존재할 수 없도록 만들어버린다. 얼핏 보면 자본주의 사회는 사회 구성원 모두에게 공평한 기회를 제공하는 이상적인 사회처럼 보인다. 그러나 자본주의 체제에서는 사회 구성원 그 어느 누구도 돈이라는 규칙을 피할 수 없고, 어길 수 없다. 돈 없이는 사회의 그 누구와도, 그 어떤 것과도 소통할 수 없으며, 따라서 사회 구성원 모두가 돈을 벌지 않을 수 없다. 즉 돈이라는 규칙에 종속되지 않고서는 도대체 살아갈 수가 없는 것이다. 예를 들어 우리는 자본주의 체제 아래에서 노동자 계급의 앎과 행위가 왜 많은 경우 일치하지 않는지 물을 수 있다. 왜 노동자 계급 모두가 혁명적이지 않은가? 계급의 착취가 무엇 때문인지, 계급의 해방을 위해서는 어떻게 해야 하는지 알고 있음에도 불구하고, 왜 노동자 계급 모두가 아는 그대로 행동하지 못하는가? 노동자 계급의 앎과 행위가 일치하지 않는 이유, 그것은 노동자 계급 역시 돈에 종속되어 있기 때문이다. 즉 자본주의 체제에서는 노동자를 포함한 사회 구성원 모두가 돈이라는 규칙에 종속되어 있고 또 종속되지 않고서는 살아갈 수 없기 때문에, 노동자 계급의 해방이라는 욕망 또한 궁극적으로 보면 자본가 계급의 이윤 극대화 욕망과 크게 다르지 않은 것이다. 요컨대 노동자 계급은 앎의 차원에서는 자본가 계급에 분명히 대립하지만, 욕망의 차원에서는 자본가 계급과 거의 동일한 배를 타고 있는 것이다. 바로 이것이 자본주의 사회에서 돈이라는 규칙이 지닌 아주 강력한 편집적 힘이다.

이렇게 볼 때 자본주의는 서로 모순되는 양면성을 갖는다. 즉 자본주의라는 체제 자체가 강력한 분열적 힘과 그에 못지않게 강력한 편집적 힘을 동시에 지니고 있는 것이다. 자본주의는 분열적 힘을 발휘하여 사회의 모든 영역에서 옛 체제와 가치를 끊임없이 무너뜨린다. 하지만 이와 동시에 자본주의는 무너뜨린 모든 체제와 가치를 편집적 힘을 발휘하여 새롭게 재편함으로써 자본주의 속으로 끌어들인다. 들뢰즈가 자본주의는 욕망의 평면 위에서 극단적 탈영토화의 운동을 하면서도 여전히 영토화의 운동 속에 머문다고 말하는 이유, 따라서 자본주의는 욕망의 평면 위에서 분열증과 편집증 사이를 진동하는 체제라고 정의하는 이유가 바로 이것이다.

# 7 | 들뢰즈의 자본주의 비판

욕망의 평면 위에서 분열증과 편집증 사이를 진동하는 자본주의는 사회 구성원들에게서 계속해서 결핍(특히 자본주의의 규칙인 돈에 대한 결핍)을 만들어낸다. 예를 들어 우리가 미디어를 통해 매일 접하는 뉴스와 소비 지향적 광고는 돈의 소유 정도에 따른 우리의 상대적 박탈감을 끊임없이 들추어낸다. 더 큰 집, 더 큰 차를 소유하고 싶다는 결핍, 더 좋은 직장에 다니고 싶다는 결핍, 너 고급스런 문화를 향유하고 싶다는 결핍, 더 수준 높은 교육을 받고 싶다는 결핍, 더

건강하게 오래 살고 싶다는 결핍, 심지어는 더 멋지고 아름다운 외
모를 갖고 싶다는 결핍까지, 자본주의는 이런저런 가공된 정보와
소비 지향적 광고 등을 통해 계속해서 우리의 결핍을 만들어낸다.
이렇게 해서 자본주의 사회의 구성원들은 언제나 결핍에 어쩔 줄
몰라 하는 사람들이 되고, 그들의 다양한 욕망은 결핍에 의해 단순
하게 가려진 욕망, 결핍에 의해 획일화된 욕망이 되고 만다.

그런데 다름 아닌 바로 이런 결핍과 획일화된 욕망을 자본주의
는 이윤 추구의 장, 이윤 극대화의 장으로 삼는다. 타워펠리스라는
상징적 단어로 표현되는 주거 서열, 연봉으로 순위가 매겨지는 직
장 서열, 지역과 소득 수준에 따라 갈리는 문화 서열, 강남학군을
정점으로 하는 교육 서열, 웰빙이라는 접두어가 붙은 수많은 어휘
들, 얼짱과 몸짱 만들기 프로젝트, 그리고 '부자되세요!'라거나 '특
별한 당신을 위하여'라는 식의 덕담형 구호에 이르기까지, 우리에
게 너무나도 익숙한 이 모든 것은 사실 사회 구성원들의 다양한 욕
망을 결핍으로 가리는 일, 더 나아가 사회 구성원들의 다양한 욕망
을 삶의 획일화된 척도이자 자본주의의 규칙인 돈을 향한 욕망으
로 축소시키는 일, 그리하여 궁극적으로는 자본주의의 이윤 극대
화에 봉사토록 하는 일만을 겨냥한다. 다시 말해 이 모든 것은 이윤
극대화를 목적으로 하는 자본주의가 사회 구성원들을 뒤흔들면서
그들에게 삶의 획일화된 척도를 강요하기 위해 고안해낸 치밀하고
세련된 기획과 프로파간다에 다름 아닌 것이다. 자본주의가 욕망
의 평면 위에서 분열증과 편집증 사이를 진동하며 성장하는 것은
이처럼 자본주의가 끊임없이 결핍을 양산하고 또 획일화된 욕망을

조종하면서 이윤을 극대화해나가기 때문이다. 요컨대 자본주의는 결핍으로 인해 정신적으로 황폐해진 사회 구성원들과 그들의 획일화되고 억압된 욕망 위에서 이윤을 극대화하며 번창해가는 것이다.

그리고 바로 여기에 자본주의에 대한 들뢰즈의 비판의 핵심이 자리 잡고 있다. 즉 들뢰즈가 자본주의, 욕망, 파시즘, 이 세 단어가 서로 깊게 연결되어 있음을 발견하는 지점, 자본주의에 감추어진 파시즘적 욕망의 구조를 밝혀내는 지점이 바로 여기이다. 들뢰즈에 따르면 자본주의의 욕망은 본질적으로 파시즘적이다. 왜냐하면 자본주의는 치밀하게 준비된 세련된 기획과 프로파간다를 통해 사회 구성원들에게서 계속해서 결핍을 만들어내고 또 이 결핍으로 인해 획일화되고 억압된 욕망을 조종하면서 이윤을 끊임없이 극대화해나가기 때문이다. 이렇게 볼 때 자본주의 사회에서 파시즘적 욕망은 결코 병리적 현상이 아니다. 그것은 자본주의 사회에 내재하는 욕망이자 자본주의 체제 자체의 성립 조건인 것이다.

한편 우리가 프로이트 정신분석학의 욕망 이론이 자본주의 체제 유지를 위해 은밀하게 봉사하고 있다고 하는 들뢰즈의 비판을 정확하게 이해하는 것 또한 이와 같은 맥락 속에서이다. 들뢰즈에 따르면 자본주의 체제의 부르주아와 가정의 아버지는 서로 대응관계에 있다. 다시 말해 자본주의 체제 속 부르주아가 상징적 아버지에 해당한다면, 가정 속 아버지는 상징적 부르주아에 해당한다. 따라서 규정할 수 없는 분열적 흐름인 욕망을 프로이트의 정신분석학이 가정의 삼각형 속에 가두어 억압된 욕망으로 만든 일, 그리하여 아버지의 권리를 보장한 일은 결국 자본주의 체제 속에서 상징적 아버지의 역할을 하는 부르주아의 권리를 보장하는 일과 밀접한 관계가 있다. 마치 사회 구성원들의 다양한 욕망을 자본주의가 결핍을 통해 획일화되고 억압된 욕망으로 만든 일이 결국에 가서는 부르주아의 파시즘적 권리를 보장하는 일에 연결되는 것처럼 말이다. 한마디로 말해서 들뢰즈는 프로이트의 욕망 이론이 자본주의의 파시즘적 욕망 구조와 은밀하게 손을 잡고 있다고 보는 것이다. 따라서 『안티 오이디푸스』에서 들뢰즈가 욕망을 세 가지 형태의 억압으로부터, 즉 개별 인격체라는 억압으로부터, 가정이라는 억압으로부터, 자본주의라는 억압으로부터 해방시켜야 한다고 주장한 것은 극히 당연한 귀결이다. 절대적으로 긍정적인 욕망, 규정할 수 없는 분열적 흐름인 욕망은 개별 인격체에 갇힌 욕망도 아니고, 가정의 틀 속에 갇힌 욕망도 아니다. 그것은 자본주의 체제에 순응할 것을 요구하는 아버지의 파시즘적 법에 발이 묶인 욕망도 아니다. 그것은 결코 하나의 체제로 포획될 수 없는 분열적 흐름으로서의 욕망, 따라서 언제나 반시대적인 욕망이요 창조적인 욕망인 것이다.


## 8 | 자본주의 비판 이후의 실천 문제

그렇다면 자본주의에 대한 이 같은 비판에 뒤이어 등장하게 될 들뢰즈 고유의 대안은 무엇일까? 자본주의에 감추어진 파시즘적 욕망의 구조를 밝힘으로써 자본주의를 비판했으면, 그다음에는 자신의 존재론에 근거하여 자본주의를 대체할 구체적 대안을 내놓는 것이 자연스러운 순서겠지만, 안타깝게도 들뢰즈가 명시적으로 언급한 자본주의 이후의 구체적인 대안은 그의 저서 어느 곳에서도 보이지 않는다. 들뢰즈의 이 침묵은 그가 마치 자본주의의 파시즘적 욕망 현상을 불가피한 것으로 여기는 것처럼, 그리하여 생각하기에 따라서는 그가 자본주의에 정당성을 부여하는 것처럼 보이도록 함으로써 그에 대한 많은 오해의 실마리를 제공하기도 했다.

그러나 들뢰즈가 이렇게 침묵할 수밖에 없었던 데에는 그에 합당한 존재론적 이유가 있다. 앞에서 이미 우리는 들뢰즈의 실천 원칙을 거론하면서 들뢰즈로부터는 그 어떤 일반화된 원칙도 기대할 수 없다고 말한 적이 있다. 왜냐하면 개별 사건 속의 다양한 실천 문제를 그 어떤 일반화된 원칙에 비추어서 해결한다는 것은 차이를 배제하거나 뭉개버리는 폭력적인 보편성으로, 애초부터 차이를 전혀 인식할 능력이 없는 인식 무능력의 보편성으로 우리가 자발적으로 회귀하는 일에 해당하기 때문이다. 하지만 들뢰즈가 실천 문제와 관련해서 무언가 일반화된 원칙을 내놓지 못한 것, 자본주의를 비판한 다음 자본주의를 대체할 구체적인 대안을 내놓지 못한 것에는 이런 이유 말고도 더욱 깊은 존재론적 이유가 있다. 그 이유는 단순하고도 분명하다. 그것은 분열적 흐름인 욕망은 어떤 한 체제(이 체제는 자본주의일 수도 있고 사회주의일 수도 있으며 기타 또 다른 체제일 수도 있다)가 구성되도록 하지만, 그렇다고 해서 이 욕망 자체가 욕망 자신을 어떤 하나의 체제로 묶이도록 하지는 않기 때문이다. 즉 들뢰즈에게 있어서 욕망이란 말 그대로 결코 하나의 체제로 포획될 수 없는 분열적 흐름이기 때문이다. 따라서 들뢰즈에게 자본주의 이후의 구체적인 대안이 없는 것은 존재론적으로 볼 때 당연한 일이다. 또 똑같은 이유로 해서 들뢰즈가 자본주의 이후의 구체적인 대안을 내놓지 않았다고 해서 그를 친자본주의자가 아니냐고 비판하는 것은 결코 옳은 일이 아니다.

결국 우리가 들뢰즈에게서 구해야 할 것은 자본주의 이후의 구체적인 대안이 아니다. 자본주의 사회 속에 사는 우리가 들뢰즈에게서 구해야 할 것은 자본주의 체제 속에서 내재적인 삶을 삶으로써 그 모습 그대로의 욕망을 회복하는 일, 그리하여 자본주의 체제의 이런저런 폭력으로부터 우리가 해방되는 일이다. 본래의 욕망 회복과 자본주의의 폭력으로부터의 해방! 이 회복과 해방을 21세기 초반 자본주의 국가 대한민국에 사는 우리의 경우를 예로 들어서 더욱 구체적으로 살펴보도록 하자. 21세기 초반 대한민국에 사는 우리가 들뢰즈에게 던져야 할 실천적 물음은 방금 지적했듯이 자본주의 이후의 대안 역할을 할 새로운 체제에 대한 물음이 아니다. 우리의 물음은 다음의 두 가지여야 한다.

첫째, 그것은 21세기 초반 현재 돈의 편집적 힘을 통해 자본주의가 전 지구적으로 획일화된 형태인 신자유주의로 나타나면서 행사하는 폭력을 이곳 대한민국에서 구체적으로 인식하는 일에 대한 물음이어야 한다. 둘째, 그것은 전 지구를 지배하는 신자유주의가 이곳 대한민국에 행사하는 폭력으로부터 벗어나되 이 해방의 과정 속에서 분열적 흐름인 욕망을 결코 어떤 하나의 체제 아래 묶이도록 해서는 안 되는 일에 대한 물음이어야 한다. 이 두 물음 중에서도 들뢰즈에게서 정치학이라고 할 만한 것을 찾아 담론화하고자 하는 우리에게 특히 더 중요한 것은 두 번째 물음이다. 즉 전 지구를 지배하는 신자유주의와 그것의 폭력에 대한 인식이 이루어졌다고 할 때, 우리가 들뢰즈 고유의 방식을 따라서 신자유주의의 폭력으로부터 벗어나기 위해서는 도대체 어떻게 해야 하는가라는 실천과 관련된 물음이 더 중요한 것이다. 우리는 묻는다. 신자유주의의 폭력으로부터 벗어나되 이 벗어남의 과정 속에서 욕망을 어떤 하나의 체제 아래 포획되지 않도록 하기 위해서는 어떻게 해야 하는가? 이 물음에 대한 들뢰즈의 정확한 답변을 듣기 위해서는 앞에서 이미 거론된 바 있는 들뢰즈의 실천 원칙인 최대치 원칙을 이 물음에 적용해야만 한다. 왜냐하면 '들뢰즈 정치학의 출발점=존재론'을 상기할 때, 들뢰즈의 존재론으로부터 도출된 실천 원칙을 신자유주의의 폭력으로부터의 해방이라는 정치적 물음에 적용하는 것은 극히 필연적인 일일 뿐 아니라 극히 자연스러운 일이기도 하기 때문이다. 내재성의 평면을 최대한으로 건설한다는, 또는 반시대적 전쟁기계를 최대한으로 작동시킨다는 들뢰즈의 실천 원칙을 신자유주의의 폭력으로부터의 해방이라는 정치적 물음에 적용하는 작업은 크게 보아 다음과 같이 두 부분으로 나뉜다. 우선 욕망을 어떤 하나의 체제 아래 포획되지 않게 하는 일을 정치적 물음 속에서 실현하는 작업이 그 첫 번째고, 그다음 욕망의 분열적 운동을 최대한으로 보장하는 일을 정치적 물음 속에서 실현하는 작업이 그 두 번째다.

먼저 욕망을 어떤 하나의 체제 아래 포획되지 않게 하는 일을 신자유주의의 폭력으로부터의 해방이라는 정치적 불음 속에서 실현하는 작업을 생각해보자. 들뢰즈의 방식을 따라서 신자유주의의 폭력으로부터 해방되기 위해서는 욕망을 어떤 하나의 체제 아래 포획되지 않게 하는 일이 절대적으로 요구된다. 왜냐하면 들뢰즈에게 있어서는 어떤 줄이 되었든, 설령 그것이 지배적인 줄을 벗어나는 탈영토화의 줄이라 할지라도, 그 자체가 또 다른 보편적인 줄이 되어서 폭력을 행사하는 일이 있어서는 결코 안 되기 때문이다. 따라서 우리는 신자유주의에 대항하며 신자유주의의 폭력으로부터 벗어나려고 하는 우리의 시도가 여전히 돈의 힘에 포획되어서 또 다른 종류의 폭력을 행사하고 있지는 않은지 언제나 주의해야만 한다. 즉 한편으로 우리는 신자유주의의 폭력도 주의해야 하지만, 또 다른 한편으로 우리는 우리가 벗어나고자 하는 바로 그 신자유주의의 폭력 논리에 우리가 여전히 붙잡혀 있지는 않은지에 대해서도 주의해야 하는 것이다.

사실 하나의 체제 아래 포획되지 않으려 하는 이런 식의 자기 검증 노력은 들뢰즈의 존재론에서 항구적으로 나타나는 현상이다. 심지어 우리는 이 자기 검증의 노력이 들뢰즈의 이런저런 개념들에도 예외 없이 그 모습 그대로 적용됨을 볼 수 있다. 예를 들어 우리는 전쟁기계 같은 들뢰즈의 개념을 처음부터 그 어떤 확정된 절대적 가치가 부여된 것처럼 고려해서는 안 된다. 들뢰즈가 전쟁기계의 개념을 제시한 것은 국가장치의 기능(사회 구성원을 국가 체제에 포섭시키는 기능)을 해체시키게 될 주체를 설명하기 위해서이다. 따라서 엄격히 말하자면 국가장치에 대항하는 것이라면 무엇이든지 모두가 다 전쟁기계가 될 수 있다. 심지어는 들뢰즈가 비판하는 자본주의

마저도 만약 그것이 국가장치에 대항하는 것이라면 전쟁기계가 될 수 있다. 전쟁기계는 이처럼 가치가 배제된 개념이며, 따라서 우리는 그것을 절대적 가치를 지닌 것으로 고려해서는 안 된다. 또 이와 마찬가지 이유로 우리는 이원론의 구도 아래 서로 대립하는 개념들을 절대적 가치의 차이를 지니는 것처럼 고려해서도 안 된다. 예를 들어『천 개의 고원』에서 들뢰즈는 마치 리좀을 가치가 있는 것으로, 나무를 가치가 없는 것으로 고려하면서 이 두 개념을 서로 대립시키는 것처럼 보인다. 하지만 들뢰즈가 여기에서 이 두 개념의 대립을 통해서 말하고자 한 것은 이원론에 근거한 두 개념 간의 절대적 가치의 차이가 아니라, 서로 다른 이 두 개념이 실제로는 분간이 안 되게 존재한다는 사실이다. 리좀과 나무는 따로 분리되어서 존재하지 않는다. 리좀과 나무는 분간이 불가능한 상태로 우리의 세계를 구성한다. 따라서 중요한 것은 리좀과 나무의 절대적 차이가 아니라 리좀과 나무 사이의 분간불가능성 속에서 행하는 우리의 해방을 위한 실천이다. 왜냐하면 오로지 해방을 위한 실천을 통해서만 우리는 나무로부터 리좀으로, 즉 본래의 욕망 회복으로 나아갈 수 있기 때문이다. 개념은 결코 절대적 가치를 갖지 않는다. 개념은 차라리, 이렇게 말할 수 있다면, 도구적 가치를 갖는다. 즉 전쟁기계, 리좀, 유목주의 같은 개념은 자본주의의 대안이 될 수 있는 절대적 가치를 지닌 무엇이 아니라, 우리가 신자유주의의 폭력으로부터 해방되기 위하여 이러저러하게 이용할 수 있는 무엇인 것이다. 이와 같이 개념은 절대적 가치를 갖지 않는다. 마찬가지로 우리의 해방 노력 또한, 설령 그것이 신자유주의의 폭력으로부터 벗어나기 위한 노력이라 할지라도, 또 다른 하나의 체제 아래 포획되어 절대적인 무엇인 것처럼 굳어져서는 안 되는 것이다.

이제 우리에게는 욕망의 분열적 운동을 최대한으로 보장하는 일을 신자유주의의 폭력으로부터의 해방이라는 정치적 물음 속에서 실현하는 작업을 생각해보는 일이 남아 있다. 앞에서 우리는 들뢰즈가 중요하게 생각하는 것은 발생한 차이라기보다 차라리 차이의 지속적 발생이라고 말했다. 다시 말해 들뢰즈에게 있어서는 신자유주의라는 보편적이고 폭력적인 줄에 대항해서 또 다른 줄을 긋는 일도 중요하지만, 계속해서 줄들이 그어지는 순수 평면의 상태를 최대한으로 유지하는 일 또한 그에 못지않게, 아니 그 이상으로 더 중요한 것이다.

이것을 앞에서 우리가 이야기했던 노동자 계급의 앎과 행위의 불일치의 경우를 예로 들어서 좀 더 구체적으로 살펴보도록 하자. 앞에서 우리는 노동자 계급의 앎과 행위가 일치하지 않는 것은 노동자 계급 또한 돈에 종속되어 있기 때문이라고 했다. 즉 자본주의 체제에서는 노동자를 포함한 사회 구성원 모두가 돈이라는 규칙에 종속되어 있고 또 종속되지 않고서는 살아갈 수 없기 때문에, 노동자 계급의 해방이라는 욕망 또한 궁극적으로 보면 자본가 계급의 이윤 극대화 욕망과 크게 다르지 않다고 말했다. 상황이 이렇다면 결국 노동자 계급이 해방될 가능성은 없다는 말인가? 만약 있다면 그 해방의 단초를 과연 어디에서 찾아야 하는가? 해방을 위해 도대체 우리는 무엇을 어떻게 해야 하는가? 이 물음에 대한 들뢰즈의 답변은 앞에서 줄곧 이야기되어 왔던 그의 최대치 원칙과 결코 다른 것일 수가 없다. 그의 답변은 욕망의 분열적 운동을 최대한으로 보장하는 일, 또는 내재성의 평면을 최대한으로 건설하는 일, 또는 반시대적 전쟁기계를 최대한으로 작동시키는 일이다. 따라서 중요한 것은 노동자 계급 그 자체가 본성적으로 해방적이냐 아니냐가 아니다. 중요한 것은 노동자 계급의 욕망이 과연 해방적 욕망이냐 아니냐이다. 해방을 향한 역능은 어느 누구 또는 어떤 계급에게 본성적으로 주어진 것이 아니다. 해방을 향한 역능은 그 어떤 보편적이고 지배적인 규칙도 받아들이지 않고 벗어나고자 하는 욕망, 따라서 욕망의 분열적 운동을 최대한으로 유지하고 실천하겠다는 욕망 그 자체에 있는 것이다. 결국 노동자의 욕망이 욕망의 분열적 운동을 최대한으로 유지하고 실천하겠다는 욕망으로 있을 때, 오로지 이럴 때만 노동자 계급이 해방될 가능성이 열리는 것이다.

실제로 우리가 들뢰즈의 절대적 탈영토화 개념을 제대로 이해하게 되는 것은 바로 이런 의미, 즉 욕망의 분열적 운동을 최대한으로 보장한다는 의미에서이다. 들뢰즈에 따르면 우리는 탈영토화라는 개념 못지않게 상대적 탈영토화 개념과 절대적 탈영토화 개념 간의 차이 또한 주목해야 한다. 상대적 탈영토화가 지배적인 줄에 대항해서 평면 위에 그어진 줄이라고 한다면, 절대적 탈영토화는 끊임없이 줄이 그어지도록 하는 생산역능이다. 상대적 탈영토화가 현실화된 사건이요 차이라고 한다면, 절대적 탈영토화는 사건의 발생역능, 즉 순수 사건이요 순수 차이이다. 절대적 탈영토화는 이처럼 상대적 탈영토화의 하부에서 작용하면서 다양한 상대적 탈영토화를 가능케 하는 자유로운 역능, 언제나 새롭게 상대적 탈영토화의 물꼬를 트는 반시대적 역능과 같은 것이다. 이렇게 볼 때 신자유주의의 폭력으로부터 해방되기 위하여 우리가 욕망의 분열적 운동을 최대한으로 보장해야 한다는 말이 뜻하는 것은 다른 것이 아니다. 그것은 우리가 절대적 탈영토화의 입장을 유지할 때, 오로지 이럴 때만 우리가 신자유주의의 폭력으로부터 해방되어 진정한 순수 차이로 존재하게 된다는 것을 뜻한다. 즉 우리가 크건 작건 폭력을 행사하는 줄(집단, 제도, 정체성 등)에 묶여서 서로 차별하고 서로 차별받는 닫힌 차이로 존재하는 것이 아니라, 서로 다른 다양한 줄들과, 사회의 다른 구성원들과, 더 나아가 모든 사람들과 소통하는 개방된 차이로 존재하는 일에 이르게 되는 것이다. 그리고 바로 이런 순수 차이, 개방된 차이 위에서만 비로소 신자유주의의 폭력으로부터 해방되기 위한 다양한 형태의 협조(사회 구성원 간의 협조, 집단 간의 협조, 기업 간의 협조, 국가 간의 협조 등)가 이루어질 것이고, 궁극적으로 신자유주의를 넘어서는 새로운 정치적 가능성 또한 열리게 될 것이다.

# III

# MICHEL FOUCAULT

# 3  푸코
### 진리게임식 인정 질서에 대한 비판[1]

문성훈

미셸 푸코(Michel Foucault, 1926~1984)는 1926년 파리에서 태어나 철학과 심리학을 수학했고 클레르몽페랑 대학, 튀니스 대학, 뱅센 대학 등지에서 강의했다. 그리고 1969년부터 콜레주 드 프랑스에서 사상사 교수를 역임하다 1984년 파리에서 사망했다. 그의 핵심 저서로는 박사학위 논문인 『광기의 역사』(1961)를 비롯하여, 『말과 사물』(1966) 『지식의 고고학』(1969) 『담론의 질서』(1971) 『감시와 처벌』(1975) 『성의 역사 I: 앎의 의지』(1976) 『성의 역사 II: 쾌락의 활용』(1984) 『성의 역사 III: 자기 배려』(1984) 등이 있으며, 그는 흔히 포스트모던 철학의 대표적 인물로 알려져 있다.

물론 푸코는 데리다, 들뢰즈 등 여타의 포스트모던 철학자와는 다르다. 그의 저서는 광기, 병원, 감옥, 성 등 비철학적으로 보이는 주제들을 탐구하고 있고, 그 탐구 방식도 개념적이라기보다 역사적 방법을 따르고 있기 때문이다. 그럼에도 푸코가 포스트모던 철학자로 규정될 수 있는 것은 그가 근대 철학적 주체관의 토대인 자기반성적 '인간' 개념을 해체하고 있기 때문이다. 즉 그에 따르면 이러한 인간관은 단지 근대적 지식 조건하에서 권력이 만들어낸 임의의 산물일 뿐이기 때문에, 이제 우리는 "인간이 마치 해변의 모래사장 위에 그려진 얼굴이 파도에 씻기듯 이내 지워지게 되리라고 장담"할 수 있다는 것이다.[2] 바로 이러한 입장이 푸코를 또한 이성의 비판가, 계몽주의의 비판가, 결국 근대성의 비판가로 만들어놓는다. 자기반성적 인간이란 이성적 원칙에 따라 자신의 사유와 행위를 반성하는 주체를 말하며, 계몽주의란 이러한 주체관에 근거하여 인간의 자유 실현을 역사의 진보로 규정하는 근대의 시대정신이기 때문이다.

이렇듯 푸코는 계몽주의에 대한 비판가로, 근대성을 넘어서려는 탈근대주의의 대표자로 각인되어 있지만, 역설적이게도 그는 「계몽이란 무엇인가?」라는 짧은 글에서 자신을 계몽주의 전통에 위치시키는 데 주저하지 않는다.[3] 하지만 그렇다고 그의 이론적 작업이 이성의 실현을 통한 인간 해방과 자유 실현, 그리고 궁극적으로 이에 기초한 역사의 진보를 추구한다는 것은 아니다. 그의 작업은 이성의 실현이 아니라, 이성에 대한 비판을 통해 이성이 야기하는 사회적 지배와 억압 효과에 주목하고 있기 때문이다. 이런 점에서 오늘날 푸코가 이성 비판 전통의 대표자로, 그리고 더 나아가 이성 실현과 인류의 진보를 동일시하는 계몽주의의 적대자로 규정되는 것은 일견 당연한 일일 것이다. 그러나 그가 계몽주의 전통에 서 있다는 것과 이성이 야기하는 사회적 억압에 주목한다는 것이 양립 불가능한 것은 아니다. 오히려 푸코는 이성주의적 계몽주의와는 다른 방식으로 인간 해방과 자유 실현을 모색한다고 할 수 있기 때문이다. 즉 미셸 푸코는 자신의 연구를 '비판적 존재론'으로 지칭하면서 현재 우리 자신의 존재 방식을 사회적 지배의 산물로 비판할 뿐 아니라, 이를 넘어설 가능성을 탐색한다는 점에서 그 역시 인간 해방과 자유 실현을 추구하고 있다는 것이다.

여기서는 이러한 푸코의 비판적 작업을 해명하기 위해 세 가지 단계를 밟을 것이다. 첫째, 푸코에게 비판의 대상이 되는 사회적 지배란 무엇인가를 다룰 것이다. 그리고 이를 통해 사회적 지배가 결국 진리와 허위를 구별하듯 개인을 정상과 비정상으로 구별하고, 이를 기준으로 누가 완전한 사회 구성원인가를 결정하는 일반적 사회 질서, 즉 진리게임식으로 구조화된 사회적 인정 질서로 해석될 수 있음을 주장할 것이다. 둘째, 푸코가 이러한 사회적 인정 질서를 어떤 방식으로 비판하고 있는지를 다룰 것이다. 이에 대한 필자의 입장은 푸코가 고고학과 계보학이 결합된 비인지주의적 비판 방식을 통해 사회적 인정 질서가 보편타당성을 주장할 수 없는 임의적 질서임을 폭로한다는 것이다. 셋째, 푸코가 인간 해방과 자유 실현에 대한 비전을 제시하기 위해 어떤 시도를 하고 있는가를 다룰 것이다. 그리고 이를 통해 '존재의 미학'이라는 주권적 자아 형성의 자유가 사회적 지배로부터의 해방을 의미하는 새로운 주체화 양식임을 밝힐 것이다.

# **1** | 사회적 지배—진리게임식 인정 질서

푸코가 자신의 전체 기획을 '비판적 존재론'으로 규정할 때 염두에 두었던 것은 현재 우리 자신의 존재 방식을 사회적 지배의 산물로 폭로하는 것이었다.[4] 그렇다면 여기서 말하는 사회적 지배란 과연 무엇을 의미할까? 우선 푸코가 인간의 존재 방식과 사회적 지배와의 연관성을 이야기할 수 있다면 이는 무엇보다도 인간과학을 토대로 우리 자신을 특정한 존재 방식에 묶어두는 권력 때문이다. 즉 오늘날 우리에게는 우리 자신에게 특정한 정체성을 부여하고, 이러한 정체성을 우리 모두가 참된 존재 방식으로 간주하게 만드는 권력이 행사되고 있다는 것이다. 이런 점에서 정신병, 감옥, 성과 관련된 푸코의 연구에서 볼 수 있는 것은 단적으로 말해서 권력이 인간과학과 결합됨으로써 특정한 유형의 개인을 만들어내는 사회적 메커니즘에 대한 분석이다.

푸코는 이러한 권력을 '개인화하고 총체화하는 권력'이라고 규정하면서 이를 종래의 권력 개념과 구별한다.[5] 흔히 권력은 국가 기구에 집중되어 있고, 법과 제도적 폭력을 통해 현존하는 사회 질서를 해치는 행동을 금지한다는 점에서 강압적이며, 이를 통해 인간의 본성을 억압함으로써 사회적 지배관계를 형성하는 것으로 이해되고 있다. 그러나 푸코의 권력 개념은 이 세 가지 요소 모두를 부정한다. 즉 권력이란 첫째, 국가 기구에 집중된 것이 아니라 사회적 관계 전체에 미세하게 침투함으로써 탈집중화되어 있다. 즉 권력관계가 경제적 생산 기구, 사회 제도, 가족, 개별 집단, 다양한 인간관

계 속에서 증식되면서 이제 권력은 한 사회의 생활세계와 제도적
행위 모두에서 관철된다는 것이다. 그렇다고 푸코가 국가 기구가
아무런 권력도 행사하지 않는다고 생각한 것은 아니다. 그의 입장
에 따르면 국가는 전체 권력망을 장악하고 있는 것이 아니라, 현존
하는 권력망의 토대 위에서 작동한다는 점에서 일종의 "상부 권력"
인 셈이다.[6] 둘째, 푸코가 사회적 관계 전체에서 행사된다고 보는
권력은 생산적이다. 그에 따르면 강압적 권력 개념은 왜 권력이 수
용되는가에 대해 충분한 설명을 제시할 수 없다. 즉 강압적 권력 개
념은 "전적으로 부정적이고, 제한적이고, 근시안적 권력관"이라는
것이다.[7] 이에 반해 푸코는 권력이 수용되는 이유를 그것이 갖는 생
산성에 있다고 본다. 즉 권력은 우리에게 진리 생산, 행위 수행, 자
아 형성의 공간을 마련해준다. 다시 말해 권력은 "현실을 생산한다.
권력은 대상 영역과 진리 의례를 생산한다. 이런 점에서 개인과 그
의 인식은 권력의 산물"이라는 것이다.[8] 셋째, 푸코에 따르면 인간
은 근원적으로 무규정적이란 점에서 인간의 본성에 대해서 이야기
할 수 없다. 즉 인간의 자아란 이미 주어진 것이 아니며 어떤 현실
태를 필요로 하는 질료에 불과하다는 것이다.[9] 따라서 자아는 다양
한 방식으로 존재할 수 있는 가능성의 영역이다. 이런 점에서 권력
은 인간의 본성을 억압하는 것이 아니라 인간에게 진리로 참칭된
특정한 현실태를 부과한다.[10]

　이런 형태의 권력은 역사적으로 볼 때 기독교의 사목 활동에 기
원하며, 이 활동의 이념에 따르면, "모든 개인은 자신의 나이나 지
위와 관계없이 자신의 삶 전체를 하나하나의 행동에 이르기까지

다스려야 하며 또한 다스려지도록 해야 한다. 그리고 개인은 자신을 구원에 이르게 해야 하며, 그것도 포괄적이고 세밀한 복종관계에 있는 누군가를 통해서 그래야 한다".[11] 이러한 사목 활동은 세속적 쾌락을 포기함으로써 영혼의 피안적 정화에 이른다는 이상적 삶을 전제하고 있으며, 신부는 영혼의 관리자로서 이러한 이상을 모든 개인에게 주입시킨다. 그리고 그는 이를 위해 일반적 규칙과 특수한 지식, 그리고 탐색, 고백, 대화를 유도하는 다양한 방법을 포함한 반성적 기술을 사용한다. 개인은 바로 이러한 기술을 통해 자신의 삶의 주체가 됨으로써 스스로 고행, 금식, 독신과 같은 실천을 행하며 영혼의 완전한 정화에 도달하려고 한다. 우리가 이로부터 일종의 권력 형태를 도출할 수 있다면, 그것은 바로 특정한 이상에 따라 자신의 삶을 수행하는 특정한 유형의 개인을 생산하는 권력이다.

푸코에 따르면 이런 형태의 권력은 15세기 이후부터 종교적 영역을 넘어서 점차 다양한 사회 영역으로 확산되었으며, 근대에 이르러 일종의 '통치 기술' 형태로 첨예화되었다. 예를 들어 어린아이, 여성, 극빈자, 병자, 가족, 군대, 사회집단, 도시, 국가, 인간의 신체와 정신 등이 인간에 대한 진리를 동원하여 특정한 행위를 유도하는 교육, 의료, 경제, 정치와 관련된 다양한 통치 기관을 통해 다스려진다는 것이다. 따라서 개인에게 인간에 대한 진리의 법칙을 부과하기 위해 권력이 행사되는 곳에서는 어디서나, 그것이 자식에 대한 부모의 권력이든, 여성에 대한 남성의 권력이든, 학생에 대한 교사의 권력이든, 정신병자나 환자에 대한 의사의 권력이든, 아니

면 주민들에 대한 국가 행정부의 권력이든 이제 통치 기술은 근대
사회 도처에 존재하게 된다.

　이렇게 개인화하면서 총체화하는 권력이 근대의 일반적 통치 기
술로 확산된 배경에는 근대 사회의 합리화 과정이 존재한다. 푸코
에 따르면 근대 사회는 자본주의, 시민사회, 국가 체제, 실증과학과
이에 상응하는 기술적 장치들을 통해 특징지워지는 사회로서 사회
적 합리화란 실증과학이 생산력 발전에 점차 결정적 영향을 발휘
하면서 국가 권력 기구, 경제 체제 그리고 사회 조직들을 점차 정교
하게 합리화시키는 일반적 현상을 말한다. 그리고 개인화하고 총체
화하는 권력의 확산은 개인의 행위에 대한 사회적 통제 수단이 인
간에 대한 실증적 과학을 통해 합리화되고, 따라서 인간의 자아 형
성 역시 과학적 척도에 따라 합리화되는 특수한 현상을 말한다.

　푸코에게서 사회적 지배를 이야기할 수 있다면 이는 분명 이러
한 권력의 확산과 밀접한 연관성을 가질 것이다. 그러나 사회적 지
배 자체가 권력과 동일시될 수 있는 것은 아니다. 왜냐하면 사회적
지배가 사회 구조적 차원에서 일종의 억압적 사회 질서를 말한다
면, 푸코가 말하는 권력이란 행위론적 차원에서 개개인이 서로에게
영향을 미치는 방식을 의미하기 때문이다. 그럼에도 이러한 권력이
사회적으로 확산된다는 것은 사회 조직과 개인적 자아 형성을 필
연적으로 결합시키는 사회적 질서가 존재하기 때문이며, 따라서 권
력이란 바로 이러한 질서가 개개의 인간관계 속에서 관철되고, 또
한 작동하는 방식으로 이해될 수 있을 것이다.

　이 글에서는 이러한 질서를, 비록 푸코가 한 번도 사용한 적이 없

는 용어이지만, 진리게임식으로 구조화된 사회적 인정 질서로 규정한다. 권력이 인간에 대한 실증적 과학을 토대로 합리화되면서 진리로 간주된 특정한 존재 방식에 우리 자신을 묶어둔다는 것은, 흡사 참과 거짓을 구별하는 이원적 게임처럼 이러한 존재 방식을 기준으로 정상과 비정상을 나누고 비정상인은 단죄하고, 정상인은 우리 사회의 완전한 구성원으로 인정하는 일반적 사회 질서를 전제할 때 가능하기 때문이다. 이러한 해석이 설득력을 가질 수 있는 것은 푸코가 말하는 사회적 진리게임 개념 때문이다. 왜냐하면 이는 지식과 결합된 권력이 특정한 방식으로 주체를 형성할 뿐 아니라, 정상인과 비정상인을 구별하는 일반적 사회 질서가 작동되는 메커니즘을 보여주고 있기 때문이다.

우선 푸코에게 사회적 진리게임이란 우리가 발견하고 받아들여야 하는 미지의 진리를 인식하는 과정이 아니라, 우리의 사고, 행위 그리고 정체성과 관련하여 올바른 말과 잘못된 말을 구분하고, 올바른 말에는 진리의 권위를 부여하고, 잘못된 말은 허위로 단죄하는 담론의 절차를 말한다. 그러나 사회적 진리게임이 말의 진위를 따지는 절차라고 해서 이것이 어떤 특별한 상황에서만 이루어지는 것은 아니다. 오히려 사회적 진리게임은 우리가 타인과 언어적으로 상호작용하는 상황에서 항상 일어나는 일이라고 할 수 있다. 왜냐하면 타인과 무엇인가에 대한 의미 있는 이야기를 주고받을 때 비록 명시적이지는 않더라도 서로의 이야기의 옳고 그름이 문제시되지 않는다면 사실 이는 언어적 상호작용이라기보다 일방적 독백이 불과하기 때문이다. 이런 점에서 사회적 진리게임은 언어적 상호작용이 이루어지는 곳에서는 항상 전제되어 있고, 또한 진행된다고 할 수 있다. 그러나 문제는 단지 옳고 그름을 구별하는 것이 아니라, 이것이 어떻게 가능한가 하는 점이다. 단적으로 말해서 무엇이 옳고 그른지를 어떻게 구별할 수 있느냐는 것이다. 푸코가 『담론의 질서』에서 서술하고 있듯이 사회적 진리게임으로 지칭된 담론의 절차가 성공적으로 진행되기 위해서는 무엇이 이야기 대상이 될 수 있으며, 누가 이 대상에 대해 잘 알고 있는가 하는 것뿐 아니라, 무엇이 이에 대한 의미 있는 말이며, 무엇이 옳고 또 무엇이 그른 말인지를 결정할 수 있어야 한다.[12]

이것을 가능하게 하는 것이 바로 권력, 지식, 주체화 양식의 결합이다. 첫째, 권력은 누가 담론 대상에 대해 더 잘 아느냐에 따라 위계화된 인간관계에서 행사된다. 부모가 자녀에게, 교사가 학생에게, 의사가 환자에게, 성직자가 신도들에게, 교도관이 수형자에게, 행정 관료가 시민들에게 권력을 행사한다는 것은 바로 해당 담론 과정에서 이들이 지식 소유자로서의 우월한 지위를 갖기 때문이다. 따라서 둘째, 이런 위계적 관계에서 권력은 지식을 기반으로 형성된 것일 뿐 아니라, 오직 지식에 기초해서만 행사될 수 있다. 이는 지식이 바로 구체적 담론 과정에서 무엇이 옳고 그른 말인지를 판정하는 합리적 기준 역할을 하기 때문이며, 이런 점에서 지식을 갖고 있는 사람은 바로 담론 과정에서 권력을 행사할 수 있다. 마찬가지로 지식은 권력관계를 통해 비로소 그것이 적용될 수 있는 실제적 공간을 확보하게 된다. 권력은 바로 위계화된 관계 속에서 우월한 위치에 있는 사람의 지식을 보편타당한 것으로 유통시키기 때문이다. 즉 지식은 권력 행사의 가능 조건이며, 권력은 지식 적용의 가능 조건이라는 것이다. 셋째, 지식과 결합된 권력이 유통되기 위해서는 이에 대한 개인의 복종이 필요하다. 그러나 이에 대한 복종이 가능한 것은 단지 권력이 개인에게 복종을 강제하기 때문이 아니다. 오히려 개인은 권력에 복종함으로써 비로소 자기반성의 합리적 틀을 획득할 수 있다. 즉 개인은 역설적이게도 권력이 제시하는 합리적 기준에 복종함으로써 자신의 사고, 행동, 정체성을 스스로 반성할 수 있는 합리적 주체가 된다는 것이다. 이런 점에서 푸코는 "주체란 바로 복종 행위를 통해 형성된다"고 말한다.[13] 따라서 권력은 지식과 결합됨으로써 권력 행사를 합리화시킬 뿐 아니라, 개인들의 자발적 복종을 유도함으로써 이들을 사고와 행동 그리고 정체성 형성의 주체로 만드는 생산적 기능을 한다.

이런 점에서 우리 자신의 존재 방식을 결정하는 것은 근본적으로 권력, 지식, 주체화 양식의 결합을 통해 작동되는 사회적 진리게임이라고 할 수 있다. 물론 푸코의 이론적 작업이 분석 대상으로 삼은 것은 사회적 진리게임의 일반적 형태가 아니라, 인간과학에 근거한 사회적 진리게임의 특수한 형태이다. 즉 푸코는 권력이 인간과학을 사회적으로 유통시키면서 인간의 참된 존재 방식과 잘못된 존재 방식을 구분하고 참된 존재 방식에는 정상의 지위를, 잘못된 존재 방식에는 비정상의 지위를 부여하는 특정한 진리게임을 분석하고 있다는 것이다. 이런 점에서 정신병리학 체계, 교도 행정 체계, 그리고 성의 관리 체계에 대한 푸코의 역사적 연구는 인간이 정신병자로, 범죄자로 그리고 욕망의 존재로 인식되고 또 인정될 때 작동되는 사회적 진리게임에 대한 예시적 분석이라고 할 수 있다. 정신병자 수용소, 교도소, 그리고 성의 관리 체계에서 행사되는 권력은 인간의 영혼, 신체, 욕망을 다스리면서 단지 개인을 억압하는 것이 아니라, 개인을 정상적 인간으로 만들어내는 것을 목표로 하며, 이러한 권력은 그것이 정신병자를 감금하고 감시하고 통제하고 치료할 때이든, 재소자의 행동을 감시하고 교련하고 심사하고 평가할 때이든, 혹은 출산, 사망, 수명을 통제하거나 변태를 규정하며 개인의 성적 생활을 규율할 때이든 항상 정상과 비정상을 구분하는 진리게임의 형태를 띠고 있기 때문이다.

인간에 대한 다양한 지식을 제공하는 인간과학은 이러한 권력 행사에서 환자와 건강한 사람, 시민과 범죄자, 그리고 정상과 변태 성욕자를 구분하는 과학적 기준을 제시함으로써 권력 행사를 합리화시킬 뿐 아니라 자신의 적용 영역을 확보하게 된다. 또한 이러한 권력과 지식의 순환적 결합은 계속해서 '복종으로서의 주체화' 양식과 결합함으로써 정상적 인간을 만들어내려는 권력 본래의 목적을 달성하게 된다.[14] 즉 개인은 권력을 통해 작동되는 사회적 진리게임에 복종함으로써 자신의 욕구, 사고, 행동이 어떤 의미를 갖는지를 이해하게 된다. 그리고 또한 이를 통해 자신이 누구인가에 대한 인식에 도달할 수 있을 뿐 아니라, 진리게임에서 끊임없이 등장하는 정상과 비정상의 구분을 통해 한 사회의 정상적 인간으로 인정받기 위해서는 자신이 어떤 사람이어야 하는가를 알게 된다는 것이다. 따라서 개인은 권력이 인간과학과의 순환적 결합 속에서 제시하는 이른바 '참'된 인간상에 복종함으로써 자신이 누구이고 또 누구이어야 하는가를 스스로 반성할 수 있는 정체성 형성의 주체가 된다.

이렇게 권력과 지식, 그리고 복종이라는 주체화 양식이 순환적 복합체를 이루면서 사회적으로 결과하는 것이 '정상적인 것과 병리적인 것의 구분 체계'이다.[15] 즉 지식을 통해 합리화된 생산적 권력이 개인의 자발적 복종을 유도하면서 확대 강화될 때 첫째, 특정한 지식이 정치적, 경제적, 문화적 영역 등 제반 사회적 영역에서 옳은 말을 생산하고, 분배하고, 순환시키는 헤게모니를 장악하게 된다. 이른바 진리 지배 체제 또는 지식의 권력 체계가 형성된다는 것이다.[16] 이에 따라 둘째, 권력이 사회적 구성원들을 범주적으로 분류하고 정체성을 부여하는 데 근거가 되는 표준적 인간상이 모든 개인이 인식하고 인정해야 하는 '진리의 법칙'으로 절대화된다.[17] 셋째, '참'된 것으로 절대화된 표준적 인간상에 따라 누가 한 사회의 주체로, 즉 정상적 구성원으로 인정받고 누가 사회적 인정에서 배제되어야 하는가를 결정하는 이원적 인정 질서가 형성된다. 이에 따라 표준적 인간상에 맞는 사람은 스스로를 진리의 법칙에 따라 반성할 수 있는 주체의 지위를 획득하게 되고, 이에서 벗어난 병리적 인간은 정상적 인간의 생활공간에서 배제되며, 결국은 보이지 않는 곳에서 감금, 관찰, 교정, 치료의 대상으로만 자신의 모습을 드러내게 된다.

이렇게 정상과 비정상을 눌러싼 진리게임이 사회적으로 관철된다면 이제 진리게임은 진리와 허위라는 이원적 코드에 따라 구조화된 사회적 인정 질서를 형성하게 되며, 그 결과 한 사회의 구성원들은 정상과 비정상으로 구별된다. 인간의 영혼, 신체, 욕망을 겨냥한 근대 권력이 생산적이라는 것은 바로 이러한 사회적 인정 질서 하에서 특정한 유형의 주체를 만들어내기 때문이다. 이런 점에서 진리게임식으로 구조화된 사회적 인정 질서는 개인의 자아 형성의 가능 조건일 뿐 아니라, 완전한 사회 구성원으로 인정받기 위한 가능 조건이기도 하다. 왜냐하면 바로 이를 통해 개인은 자기 자신이 어떤 존재이며, 한 사회의 정상적 구성원으로 인정되기 위해서는 어떤 존재가 되어야 하는가를 인식할 수 있기 때문이다.

## 2 | 사회적 인정 질서 비판—고고학과 계보학

이렇게 진리게임식으로 구조화된 사회적 인정 질서가 개인의 자아 형성의 가능 조건이라면 이제 불가피하게 제기되는 문제는 과연 이를 사회적 지배라고 비판할 수 있겠는가 하는 점이다. 왜냐하면 사회적 인정 질서는 오히려 사회구성원들을 정상적 인간으로 만드는 사회적 규율 질서라고 반론할 수 있기 때문이다.

이에 대한 푸코의 대답은 무엇보다도 인간의 근원적 상태에 대한 그의 사고에서 찾을 수 있다. 이미 지적했듯이 푸코는 억압적 권력이 그 실현을 훼손한다는 식의 인간 본성에 대한 가정을 받아들이지 않는다. 반대로 그에 따르면 인간은 근원적으로 그 본성이 결정되어 있지 않은 존재이며, 따라서 인간은 다양한 방식으로 존재할 수 있는 가능성의 존재이다. 우리는 이러한 상태를 인간이 갖는 일종의 근원적 자유 상태라고 파악할 수 있으며, 여기서 인간은 자신의 본성이 결정되어 있지 않기 때문에 항상 자신의 존재 방식에 대한 개인적 결단을 내려야 한다. 즉 인간은 항상 다양한 가능성 중 어떤 실존 형태를 자신에게 부여할지를 결정해야 한다는 것이다. 물론 푸코가 어떻게 해서 이러한 인간의 근원적 자유 상태에 대한 관념에 도달했는지는 분명치 않다. 다만 이러한 근원적 상태가 반-사실적 상태를 나타낸다고 추측할 수 있을 뿐이다. 즉 푸코가 말하는 인간의 근원적 자유 상태는 제반 인간관계가 등장하기에 앞서 존재했던 역사적 상태가 아니라, 인간의 삶으로부터 모든 제도화된 사회적 관계를 추상화시킬 때 비로소 도출해낼 수 있는 자연 상태라는 것이다.

흥미롭게도 푸코는 이러한 자연 상태의 인간이 이제 다른 인간과 맺는 관계를 힘의 관계로 이해한다. 즉 그에 따르면 근원적으로 자유로운 인간은 "자신의 삶의 영역에 자리 잡고 있고 이를 조직화시키는 다양한 힘의 관계 속에 존재한다. 즉 끊임없는 싸움과 대립을 통해 이 힘의 관계를 변화시키고, 강화하고, 전도시키는 게임 속에 말이다."[18] 여기서 푸코가 관심을 기울이는 것은 자유로운 인간이 힘의 관계에서 행사하는 권력의 작용 방식이다. 물론 여기서 말하는 권력이란 싸움에서 승리했을 때 갖게 되는 성과물을 의미하지 않는다. 여기서 말하는 권력이란 한 개인이 타인에 대해 가하는 "행동들의 총제"를 말한다. 푸코에 따르면 "권력이란 가능성 영역으로 존재하는 행동 주체의 태도에 작용을 가하는 것으로서 고무하기도 하고, 권고하기도 하고, 편하게 하기도 하고, 어렵게 하기도 한다."[19] 즉 권력은 다양한 가능성을 지닌 타인의 개인적 결단에 대해 행사되는 것일 뿐 아니라, 타인의 행동에 영향을 미치고 또한 타인의 행동을 특정한 방향으로 이끄는 것을 목적으로 한다. 우리가 이러한 행위 주도를 권력이라 지칭할 수 있는 것은, 바로 타인을 근원적으로 자유로운 인간으로 전제하기 때문이다. 푸코가 지적하듯이 "권력은 오직 '자유로운 주체'에 대해서만 행사되며, 바로 이런 한에서 주체는 '자유로운' 존재이다."[20]

이렇게 인간의 근원적 자유 상태를 전제한다면 사회적 인정 질서는 우리에게 특정한 존재 방식을 부과하면서 여타의 가능성을 부정한다는 점에서 사회적 지배 질서로 간주할 수 있을 것이다. 하지만 문제가 이렇게 간단한 것은 아니다. 왜냐하면 진리게임식으로 구조화된 사회적 인정 질서는 단지 특정한 존재 방식을 우리에게 부과하는 것이 아니라, 이 존재 방식을 참된, 혹은 올바른 존재 방식으로 유통시키고 있기 때문이다. 만약 올바른 존재 방식이 있다면 비록 이것이 인간의 근원적 자유를 훼손한다고 해도 정당성을 가질 수 있으며, 이를 우리에게 부과하는 사회적 인정 질서 역시 정당성을 가질 수 있다. 비록 이것이 우리를 특정한 존재 방식에 얽어 맴으로서 여타의 다른 존재 가능성을 배제하더라도 말이다. 하지만 그렇다고 푸코가 현재 올바른 존재 방식으로 유통되는 특정한 정상성 기준을 잘못된 것으로 폭로하면서 대안적 존재 방식을 올바른 존재 방식으로 주장할 수도 없다. 왜냐하면 이렇게 되면 그가 전제한 근원적 자유 상태에 대한 관념을 부정해야 하기 때문이며, 또한 대안적 존재 방식 역시 진리로 간주된 특정한 존재 방식을 우리에게 부과한다는 점에서 여전히 권력을 행사하기 때문이다. 즉 새로운 정상성 기준이 제시된다 하더라도 여전히 사회적 인정 질서가 진리게임식으로 구조화된다면, 이는 동일한 사회적 지배 효과를 갖는다는 것이다.

이런 점에서 사회적 인정 질서에 대한 푸코의 비판은 사회적 인정 질서가 전제한 특정한 존재 방식이 잘못된 것임을 폭로하고, 따라서 이와 결합된 권력의 행사가 부당한 것이며, 복종을 통한 주체화 양식 역시 참된 존재 방식에 대한 억압이라는 식으로 진행되지 않는다. 푸코는 사회적 인정 질서 내에서 정상성의 합리적 기준을 제시하는 인간과학을 비판함으로써 이를 토대로 한 권력 행사와 주체화 양식 역시 무력화시키려고 하지만, 이는 진리와 허위를 나누는 인지주의적 비판 방식이 아니라, 고고학과 계보학이라는 특수한 형태의 역사적 비판 방식을 따른다.

푸코가 『지식의 고고학』에서 상술하고 있듯이, 과학이 진리 주장을 하는 것은 과학적 성과가 참된 진술들이 지속적으로 증가된 결과라거나 인식의 진보에 따른 것이라는 신념 때문이다.[21] 이런 점에서 과학의 역사란 점차 잘못된 인식에서 벗어나 참된 인식에 도달하는 과정이다. 이런 직선적이고 연속적인 과학사관은 세 가지 형이상학적 가정에 토대를 둔다. 첫째, 인식의 대상은 항상 이미 존재한다. 둘째, 인식 주체는 이를 서술한다. 셋째, 인식이 참인 것은 이것이 바로 인식 대상에 대응하기 때문이다. 그리고 과학은 이러한 세 가지 가정을 충족할 때 보편타당성을 갖는다. 분명 우리가 이러한 가정을 따른다면 진리게임식 인정 질서에 대한 비판은 인간의 참된 존재 방식에 대한 기준을 제시하는 인간과학적 지식이 인식과 대상의 대응 원칙을 충족시키지 못함을 보여주어야 한다. 즉 비판은 인간과학이 진리가 아님을 밝혀야 한다는 것이다. 이것이 가능하다면 우리는 논리적으로 이러한 지식에 토대를 둔 권력 행사가 부당함을, 그리고 이러한 권력 행사를 통해 형성된 주체화 양식이 이데올로기적임을 폭로할 수 있을 것이다.

그러나 푸코는 과학의 진리 주장에 전제된 형이상학적 가정을 수용하지 않는다. 반대로 그에 따르면 대상을 순수하게 서술할 수 있는 초월적 인식 주체란 존재하지 않으며, 인식으로부터 독립해서 항상 이미 존재한다는 식의 인식 대상도 없다. 따라서 인식과 대상의 대응 원칙에 기초한 진리란 불가능하다. 푸코가 전제하는 것은 인식 주체와 대상을 포괄하는 경험 가능 구조로서 이는 역사적으로 등장하고, 변화하고, 소멸한다. 그리고 한편으로 이는 특정한 현상을 경험의 대상으로 규정함으로써 비로소 인식 대상을 구성한다. 또한 다른 한편 이는 주체의 인식 범주를 규정함으로서 주체의 인식 자체를 자신에 종속시킨다. 인식이란 다양한 경험을 보편적 범주에 따라 질서지음으로써 등장하며, 이는 인식 주체와 대상을 포괄하는 경험 가능 구조에 통합 가능할 때 진리로 간주된다. 물론 인식에 대한 이러한 이해에서 드러나는 점은 푸코가 모든 인식의 가능 조건으로서의 인식 범주에 대한 칸트적 이념을 따르고 있다는 사실이다. 그러나 푸코에게 인식 범주란 칸트에게서처럼 초월적인 것이 아니다. 이는 역사적으로 등장하는 경험 가능 구조, 즉 푸코가 '에피스테메'(épistémè)로 지칭하는 것에 연관되어 있기 때문이다. 따라서 현존하는 과학은 인식의 직선적 발전의 산물이 아니라, 과학적 경험 가능 구조의 역사적 재구조화나 변화로부터 등장한다.

우리가 이러한 비연속적 과학사관을 따른다면 인식의 대상에 해당되는 인간의 본질, 즉 항상 이미 존재하는 것으로서의 인간의 근원적 본질이란 존재하지 않는다. 따라서 인간에 대한 참된 인식이란 이미 어불성설이며, 인간의 본질에 대한 이데올로기적 억압뿐 아니라, 인간의 참된 존재 방식에 대해 이야기하는 것 자체가 무의미하다. 이러한 과학사관은 인간과학적 지식에 대한 푸코의 비판이 어떤 방법을 취할지를 이미 보여주고 있다. 즉 이는 참을 토대로 허위를 비판하는 방식이 아니라, 진위라는 이원적 코드와는 무관하게 인간과학이 바로 역사적으로 특정한 경험 가능 구조하에 구성된 우연적 지식 체계라는 것을 폭로하는 데 있다. 즉『말과 사물』에서 밝히고 있듯이 푸코는 "어떤 질서 공간 내에서 지식이 구성되었으며, 어떤 역사적 아프리오리에 근거하여, 그리고 어떤 실증성의 영역 내에서 관념이 출현하고, 학문이 구성되었으며 (⋯) 얼마 후에 해체되고 소멸해버렸는가를 탐구한다."[22] 그리고 이를 통해 푸코는 인간과학이 역사적으로 볼 때 고전 시대와의 근본적 단절을 통해 등장한 특정한 에피스테메에서 구성된 우연적 지식 체계라는 점을 보여준다는 것이다.

푸코에 따르면 고전 시대의 인식은 '재현'이라는 에피스테메에 의해 구성된다. 이에 따르면 과학의 과제는 사물의 질서를 기호의 질서로 재현하는 데 있으며, 이는 동일성과 차이에 따라 세계를 가장 단순한 요소로 분리하고, 이를 다시 조립하면서 세계의 질서를 묘사하는 분석적 방법을 통해 충족된다. 따라서 고전 시대 과학에서 중요한 것은 언어적 기호와 사물의 연결일 뿐 이를 수행하는 인간의 행위 자체는 주제가 되지 않는다. 이에 반해 푸코가 '인간'이라고 지칭하는 근대의 에피스테메는 18세기 말부터 경제학, 생물학, 언어학 등 실증과학이 인간을 노동, 생명, 언어라는 범주를 통해 인식 대상으로 만들 뿐 아니라, 인식의 대상이자 주체라는 인간의 특수한 존재 방식이 철학적 반성의 대상이 되면서부터 등장한다. 이에 따르면 인간은 단지 살아 있고, 노동하고, 말하는 존재가 아니라, 생명, 노동, 언어의 법칙에 따라 살고, 일하고, 말하는 개인이면서도 이러한 제반 법칙을 인식하면서 자신의 삶을 반성하는 인식의 대상이자 자기 인식의 주체로 상승한다.

근대적 에피스테메로서의 '인간'이 인간과학을 비로소 가능하게 했다는 것은 바로 이것이 인간과학적 탐구의 대상과 범주를 제공하기 때문이다. 즉 인간과학의 대상은 항상 존재했던 인간이 아니라, 근대의 역사적 구성물인 '자기반성적 인간'을 말하며, 이 인간관은 이제 기능과 규범 또는 갈등과 규칙 같은 범주를 통해 이에 대한 탐구를 가능하게 한다는 것이다. 푸코가 고고학이라 지칭한 이러한 연구 방법을 인간과학에 대한 비판으로 이해할 수 있는 이유는 바로 이것이 인간과학이 인식 발전의 필연적인 산물이 아님을 입증할 뿐 아니라, 인간과학이 아무런 보편타당한 진리의 지위도 주장할 수 없는, 즉 특정한 시기에 우연적으로 등장한 역사적 산물임을 밝히고 있기 때문이다.

우리가 인간과학이 갖는 역사적 우연성을 근거로 인간과학의 진리 주장을 거부한다면, 이제 문제가 되는 것은 도대체 어떻게 인간 과학이 근대 시대에 진리로 간주될 수 있었는가 하는 점이다. 푸코의 대답은 근본적으로 특정한 유형의 인간을 산출하려는 근대 권력과 인간과학 사이의 연관성에 있다. 즉 인간과학이 수용된 이유는 그것이 진리이기 때문이 아니라, 오히려 진리와는 전혀 다른 차원인 권력이 행사된 결과라는 것이다. 이제 푸코는 근대 권력과 인간과학의 연관성을 해명하기 위해 인간과학에 대한 계보학적 연구, 즉 그 역사적 기원에 대한 연구로 이행한다. 다시 말해 푸코는 역사적 차원에서 인간과학의 등장이 근대 권력의 등장에 의존하고 있으며, 인간과학의 사회적 수용은 근대 권력에 의해 이미 예비된 것임을 보여준다는 것이다.

인간과학과 근대 권력의 연관에 대한 푸코의 역사적 연구는 다양한 주제를 통해 이루어지지만 단적으로 양자 간의 연관성은 바로 근대 권력의 특징 속에 내재해 있다. 예를 들어 푸코가 광인의 감금,[23] 범죄자에 대한 신체적 파괴 행위,[24] 성 행위에 있어서 금지와 허용[25]이라는 도덕적 코드 속에서 관찰했던 고전 시대의 권력 행위는 근본적으로 광기, 부정의, 부도덕한 성을 차단함으로써 위협받는 사회 질서, 훼손된 사회적 권위, 그리고 자연 법칙을 회복하는 것일 뿐이었다. 이에 반해 근대 권력은 다른 목적과 전략을 갖고 등장한다. 즉 근대 권력은 단지 사회 질서 훼손 행위를 차단하는 것을 목적으로 하지도 않고, 단지 훼손된 질서를 복구하는 것을 목적으로 삼지도 않는다. 따라서 근대 권력의 전략은 사회 질서를 훼손하는 사람들을 격리하거나, 사회 질서에 어긋나는 행동을 금지하는 것으로 축소되지 않는다. 근대 권력은 사회 질서를 훼손하는 인간을 정상인으로 복구하는 것을 목적으로 한다. 즉 근대 권력에서 중요한 것은 이러한 인간을 사회에 재통합시키는 것이다. 따라서 근대 권력의 전략은 근본적으로 인간을 효과적으로 규율할 수 있는 기술에 토대를 둘 수밖에 없다. 근대 권력이 인간과학 출현의 필연적 조건을 만들었다는 것은 바로 근대 권력이 단지 행동이 아니라, 행위자인 인간 자체를 대상으로 삼기 때문이다. 따라서 이제 중요한 것은 단지 인간의 행동이 아니라, 인간의 정체성이다. 근대 권력이 행사되는 척도는 어떤 행동이 기존 사회 질서를 훼손하고, 따라서 그 행위자가 사회로부터 배제되어야 하는가에 있지 않다. 근대 권력의 척도는 사회 질서를 훼손하는 인간이 어떤 인간이며, 이런 인간을 사회 질서에 재통합시키기 위해서는 어떻게 훈육해야 하는가에 있다. 이런 점에서 근대 권력이 행사되기 위해서는 정상적 인간과 비정상적 인간을 구별할 수 있는 합리적 기준이 필요하다. 인간을 연구 대상으로 삼는 인간과학은 바로 이러한 근대 권력을 위해 필수적이다. 왜냐하면 바로 인간과학이 이 기준을 제공할 수 있기 때문이다. 따라서 푸코가 지적하듯이 근대 권력의 출현은 "과학적 담론을 위한 인식 대상으로서의 인간의 탄생"을 결과하게 된다.[26]

이렇게 인간과학의 등장을 근대 권력의 특징으로부터 해명함으로써 인간과학이 사회적으로 누리는 진리로서의 지위가 어떤 보편 타당성 때문이 아니라 권력 행사를 위해 가장된 것임을 폭로할 수 있다면, 이제 인간과학에 대한 계보학적 연구는 인간과학에 대한 비판이 될 수 있다. 따라서 계보학은 인간과학이 역사적으로 구성된 산물임을 폭로하는 고고학적 비판과 함께 사회적 인정 질서를 단지 권력 행사가 만들어낸 임의적 질서로 비판하는 데 있어서 효과적 방법이 된다.

## **3** | 사회적 지배로부터의 해방―존재의 미학

앞서 살펴보았듯이 푸코에게서 발견할 수 있는 사회적 지배란 진리게임식으로 구조화된 사회적 인정 질서라고 할 수 있다. 이러한 인정 질서는 진위를 구별하듯 인간과학이 함축하는 특정한 인간상을 기준으로 정상과 비정상을 구별하고, 정상인에게는 완전한 사회적 주체로서의 지위를 부여하며, 비정상인을 교정의 대상으로 삼는 사회적 질서라는 점에서 근본적으로 인간의 근원적 자유 상태에 반한다. 또한 고고학과 계보학이라는 역사적 연구가 밝히고 있듯이 진리게임식으로 구조화된 사회적 인정 질서가 근거하고 있는 인간과학은 아무런 보편타당성도 주장할 수 없는 역사적 구성물이며, 인간과학의 사회적 수용 역시 진리성과 무관한 권력 행사의 결과이다. 따라서 사회적 인정 질서는 아무런 보편타당성도 주장할 수 없는 특정한 인간상을 참된 인간상으로 절대화함으로써 여타의 존재 방식을 배제할 뿐 아니라, 이를 강제하는 억압적 질서가 된다.

그렇다면 이러한 사회적 지배로부터 벗어나 인간의 근원적 자유를 실현시킬 수 있는 방법은 무엇일까? 푸코는 진리게임식으로 구조화된 사회적 인정 질서의 지배로부터 벗어날 수 있는 해방의 가능성을 "새로운 형태의 주체성" 속에서 찾는다.[27] 앞서 지적했듯이 사회적 인정 질서는 역설적이게도 개개인을 자기 자신의 주체로 만듦으로써 복종을 유도한다. 즉 개개인은 권력이 진리의 법칙으로 부과하는 인간과학적 지식에 복종함으로써 자기 자신이 어떤 존재이고, 또 어떤 존재가 되어야 하는지를 스스로 문제 삼을 수 있는 자기 형성의 주체가 된다는 것이다. 이런 점에서 정상적 인간으로 인정된다는 것은 바로 이러한 척도에 따라 스스로를 반성할 수 있는 주체의 지위를 획득한다는 의미를 갖는다. 푸코가 말하는 새로운 형태의 주체성이란 이렇듯 진리게임식 인정 질서에 내재된 '복종을 통한 주체화 양식'에 대한 대안이 될 수 있는 '자유를 통한 주체화 양식'을 말하며, 이는 푸코의 윤리학적 연구에서 나타난 '존재의 미학'에서 그 가능성을 찾을 수 있다.

푸코는 한 인터뷰에서 존재의 미학을 다음과 같이 정의한다. "도덕적 주체가 되고자 하는 의지와 존재의 윤리에 대한 탐색은 고대 그리스에서 특히 자신의 자유를 긍정하고, 자신의 삶에서 스스로를 재확인할 수 있고, 타인으로부터 인정받을 뿐 아니라, 후세에 모범이 될 수 있는 형태를 부여하려는 노력 속에서 존재했다. 이렇게 자신의 삶을 개인적 예술 작품처럼 만들어내려는 노력은 비록 그것이 집단적인 교범을 따른 것이었지만, 고대 그리스의 도덕적 경험, 도덕적 의지의 핵심을 이룬다."[28] 우리는 이러한 정의를 통해 존재의 미학이 갖는 일반적 구조를 대략 세 가지 구성요소로 나눌 수 있다. 즉 자기 주도로서의 자유, 미적 자아 형성, 그리고 타인을 통한 인정이 바로 그것이다.[29] 이러한 존재의 미학의 일반적 구조는 다름 아닌 '자유를 통한 주체화 양식'이라 할 수 있는 개인적 자아 형성의 자유를 보여주며, 이를 통해 우리는 '복종을 통한 주체화 양식'과 구별되는 새로운 주체화 양식을 제시할 수 있다.

첫째, 존재의 미학이 함축하는 자기 주도로서의 자유란 타인에 의한 행위 주도에 대립한다는 점에서 일종의 자율성 개념으로 이해될 수 있다. 푸코에게 권력이란 행위 이론적으로 볼 때 행위자의 행위 주도를 특정한 방향으로 주도하는 제반 행위들의 앙상블이다. 이런 점에서 푸코는 권력을 실천적 의미에서 타인의 행위 주도를 주도하는 행위로 규정한다. 이렇게 권력을 행위 이론적으로 이해한다면, 이는 이른바 타율성이라는 고전적 개념과 일치한다. 왜냐하면 타율이란 비록 한 개인이 행위 수행의 주체로 등장하지만 행위 규정 주체는 자신이 아니라 타인인 상황을 말하기 때문이다. 즉 행위 수행자와 행위 규정자가 다를 때 이를 타율이라 한다는 것이다. 그렇다면 이와 반대되는 자율이란 행위 수행자와 행위 규정자가 일치하는 경우를 말하며, 이는 결국 타인에 의한 행위 주도가 아니라, 자신에 의한 행위 주도를 말하게 된다. 따라서 푸코에게서 자기 주도로서의 자유란 다름 아닌 자율성을 의미한다고 할 수 있다.

그러나 이러한 자기 주도로서의 자유란 칸트의 도덕적 자율성 개념과 다른 것일 뿐 아니라, 이런 점에서 복종으로서의 주체화 양식과도 구별된다. 물론 칸트의 자율성 개념 역시 자기 주도로서의 자유 개념처럼 행위 수행자와 행위 규정자가 동일한 경우를 의미한다. 왜냐하면 칸트에게 자율성이란 개인 스스로가 자기 자신에게 부여한 법칙에 복종하는 것을 의미하기 때문이다. 그러나 문제는 여기서 말하는 법칙이란 다름 아닌 이성 법칙으로서 이것 자체는 행위 주체에 의해 구성된 것이 아니라, 선험적으로 부과된 것이라는 점에 있다. 즉 인간은 이성적 존재로서 이성 법칙에 따라 자신의 행동을 규정하고 이를 수행할 때 자율적이라는 것이다. 따라서 칸트가 말하는 자율성이란 역설적이게도 이성 법칙에 대한 복종과 동일하며, 이런 점에서 푸코가 '복종을 통한 주체화 양식'으로 규정한 주체성 형태와 차별화되지 않는다.

존재의 미학이 함축하는 자기 주도로서의 자유가 칸트의 자율성 개념과 구별될 수 있는 것은 존재의 미학이 이성 법칙이나 그 어떤 진리 법칙도 전제하지 않기 때문이다. 그뿐 아니라 존재의 미학은 인간의 자아를 이미 주어진 어떤 것으로 보지 않으며, 우리가 찾아야 할 어떤 진정한 자아가 있다고 생각지도 않는다. 존재의 미학이 전제하는 자유란 다름 아닌 창조적 행위를 말하기 때문이다. 따라서 자기 주도로서의 자유란 인간이 자신을 창조적 행위의 소재로 삼을 뿐 아니라, 이를 통해 자기 자신의 저자로서 자신과 관계하는 특수한 자기 관계 방식을 전제한다. 그러나 이러한 자기 창조에서 핵심적인 것은 뭔가 새롭게 자신을 만들어낸다는 데 있는 것은 아니다. 존재의 미학이 말하는 자기 창조로서의 자유란 다름 아닌 미적 자기 창조를 말하기 때문이다.

둘째, 존재의 미학이 의미하는 미적 자아 형성이란 인간의 삶을 예술 작품에 유비시킨 결과이다. 즉 푸코는 다음과 같이 질문하고 있다. "내게 특이하게 보이는 것은 오늘날 예술 작품이 개인이나 삶이 아니라 일반적 대상물과 관계하는 것, 그것도 전문가, 즉 예술가가 만들어낸 무언가 특수한 것이 되고 말았다는 점이다. 그러나 모든 사람 각자의 삶이 예술 작품이 될 수는 없는가? 도대체 램프나 집은 예술적 행위의 대상이 된다면서도, 왜 우리의 삶은 그렇지 않다는 것인가?"[30] 이런 점에서 존재의 미학은 바로 개인이 자기 자신을 예술 작품처럼 만들려는 의식적이고 의도된 실천 행위이다. 따라서 여기에 함축된 자기 형성 방식을 도출한다면, 그것은 도덕적 정당성이나 참된 자아상에 따라 자신을 형성하는 것이 아니라, 자기 자신을 아름다운 존재로 만들기 위해 자기 자신에 창조적으로 관계하는 것을 말한다.

이렇게 존재의 미학을 미적 자기 창조로 규정한다면 아마도 존재의 미학의 핵심적 특징을 이해하는 데 관건이 되는 것은 인간의 삶과 정체성에 관련된 미적 가치, 또는 아름답다는 표현의 의미가 무엇인가 하는 점일 것이다. 그러나 푸코가 과연 미적 존재에 대해 말하면서 무엇을 염두에 두고 있는지는 매우 불분명하다. 왜냐하면 푸코는 미학에서 핵심 개념인 '아름답다'라는 말을 단 한 번도 체계적으로 분석하지 않았기 때문이다. 그럼에도 불구하고 한 가지 분명한 사실은 푸코가 미학적 존재를 단지 '아름답다', '추하다'라는 이원적 구조에서 사용하고 있지는 않다는 점이다. 왜냐하면 푸코는 존재의 미학을 제시하면서 특정한 존재 형태를 절대화하고 다른 존재 형태를 부정하는 이원적 코드를 포기하기 때문이다. 그렇지 않다면 우리는 불가피하게 복종과 동일시되는 주체화 양식을 전제할 수밖에 없으며, 이때 미학적 자기 형성이란 결국 아름다움을 자기 삶에서 실현하려는 개인적 노력으로 축소되기 때문이다.

미학적이라는 술어는 칸트에게서도 나타나듯이 진리에 대한 인식이나, 감각적 쾌락, 그리고 도덕적 옳음에 대한 관심과는 무관하며, 상상력과 오성적 능력의 발휘를 통해 이루어진 창조적 행위와 관련된다. 더구나 미학적 경험은 우리가 대자연의 압도적 힘 앞에서 말할 수 없는 큰 두려움을 느끼면서도 동시에 이를 넘어서려는 인간의 위대함을 경험할 때 느끼는 숭고성의 체험으로까지 이어진다. 푸코가 분석한 미적 자아 형성의 실례로 이해될 수 있는 고대 그리스인의 쾌락의 활용 방식은 이러한 미적 경험과 거의 일치하고 있다. 즉 인간이 자기 자신을 미적으로 창조한다는 것은 그 어떤 인간의 본성에 대한 진리나, 도덕적 옳음을 실현하는 것이 아니며, 본능적 욕구 충족이 주는 쾌락과도 무관하며, 오히려 이 모든 것으로부터 자유롭게 됨으로써 자기 자신에 대한 완전한 주권성을 행사할 수 있을 때 느끼는 희열과 관계된다. 이런 점에서 존재의 미학이란 인간이 자신 자신을 그 어떤 것에도 복종하지 않는 주권적 존재로 만드는 것을 의미한다.

셋째, 존재의 미학이 타인의 인정과 결합되어 있다는 것은 존재의 미학이 타인과의 관계가 배제된 채 철저히 자기 관계 속에서만 일어나는 유아론적 행위가 아님을 말해준다. 다시 말해 푸코에게 존재의 미학이란 자기 자신만의 고독한 활동이 아니라, 타인과의 의사소통과 결합되어 있는 사회적 실천이라는 것이다.[31] 그러나 이러한 타인과의 상호작용이 진리게임식 상호작용을 말하는 것은 아니다. 진리게임에서 타인이란 권력자로 등장한다. 그는 우리가 정상적 인간으로 인정받기 위해 복종해야 하는 절대적 기준을 제시하기 때문이다. 이에 반해 푸코가 말하는 의사소통 속에서 타인은 조력자로 등장한다. 즉 그는 우리가 특정한 형태의 삶을 살아야 한다는 것을 목표로 하지 않고, 우리가 스스로 자신을 염려하고, 자율적이 되고, 또 무엇이 좋고 나쁜지를 신중하게 선택할 수 있는 능력을 갖게 하기 위해 노력한다는 것이다.

그렇다면 이런 조력자로서의 타인으로부터 인정을 받는다는 것은 무슨 뜻일까? 이는 분명 타인이 미적 가치를 부여할 수 있는 어떤 인간상을 나에게서 발견한다는 뜻일 수는 없다. 만약 이렇게 된다면 타인은 나에게 자신이 생각하는 어떤 인간상을 절대화시키고 있는 셈이기 때문이다. 그렇다고 타인의 인정이 내가 나의 존재 방식의 타당성을 논증적으로 주장하고 설득함으로써 얻어지는 것도 아닐 것이다. 이 경우는 내가 역으로 나의 존재 방식을 타인에게 보편화시키는 것이 되기 때문이다.

고대 그리스인의 쾌락 사용 방식에서 알 수 있는 것은 존재의 미학이란 타인의 평가를 매개로 한 자기 경험이었다는 점이다. 즉 개인은 타인이 자신의 존재 방식을 아름답다고 인정할 때, 스스로도 자신의 존재 방식을 아름답다고 느낀다는 것이다. 그러나 이러한 타인과의 공감은 결코 서로가 공유하는 어떤 보편적 인간상에 근거한 것이 아니다. 오히려 이러한 인정은 일회적인 공감에 기초하고 있디. 즉 다인이 나의 존재 방식을 아름답다고 인정하는 것은 타인이 나의 존재 방식을 나라는 특수한 조건 아래서 택할 수 있는 주권성 행사의 한 가능성으로 바라볼 때 가능하다는 것이다. 즉 인정이란 나라는 특수한 존재의 특수한 조건과 결부된 것이며, 따라서 이러한 인정은 타인에게 절대화될 수 있는 그 어떤 보편성도 행사하지 않는다. 결국 존재의 미학이 함축하는 타인의 인정이란 개인적 특수성을 전제한 하나의 가능성에 대한 공감이며, 이제 이를 통해 개개의 자유의 주체들은 서로를 고유한 존재 방식의 창조자로 인정할 뿐 아니라, 서로에게 긍정적으로 반응하는 상호주관적 관계를 형성한다고 할 수 있다.

푸코는 진리게임식으로 구조화된 사회적 인정 질서를 사회적 지배 체제로 비판하면서 이에 대한 해방의 가능성을 존재의 미학에서 찾는다. 그러나 여기서 볼 수 있는 것은 푸코가 사회적 지배를 비판하지만 단지 이를 자아 형성의 차원에서만 주제화하고 있다는 점이다. 다시 말해 푸코가 비록 개인에게 근거 없고 임의적 권력을 행사하는 사회적 인정 질서를 비판하지만 이를 허용하는 사회 자체에 대해서는 아무런 비판적 관심도 기울이고 있지 않다는 것이다. 따라서 푸코는 비록 그가 사회적 인정 질서로부터의 해방 가능성을 존재의 미학에서 찾는다 하더라도 과연 이를 허용하고 보장하는 사회가 어떤 사회일까에 대해서는 아무런 대답을 할 수 없다. 그렇다면 과연 존재의 미학은 진리게임식으로 작동하는 사회적 인정 질서가 온존하는 상황 속에서 개인이 감행해야 하는 모험적 삶을 말하는 것일까? 아니면 존재의 미학은 이를 가능하게 하는 새로운 사회를 향한 사회 변혁을 전제한 것일까?

# IV

# JACQUES DERRIDA

# 4 데리다
## 보편성을 넘어 정의로

박영욱

자크 데리다(Jacques Derrida, 1930~2004)는 1930년 7월 15일 프랑스의 식민지였던 알제리의 엘비아르에서 태어났다. 데리다의 부모는 스페인·포르투갈계 유대인이었으므로, 그 역시 유대인의 피가 흐르고 있었다. 그럼에도 불구하고 그는 유대교의 전통적인 메시아주의를 거부하며, 후에 메시아주의와 메시아적인 것을 구분하여 그것을 재해석하기도 한다. 데리다는 고등학교 때까지는 알제리에서 교육을 받고 그곳에서 성장하였으며, 1950년에 이르러 비로소 프랑스 파리로 유학길에 오른다. 그는 프랑스 최고의 명문인 파리 고등사범학교 철학과를 졸업하고 대학교수자격까지 취득했다. 1960년부터 4년간 소르본 대학에서 강의하였으며, 1965년부터는 자신의 모교인 고등사범학교에서 철학사를 가르쳤다.

데리다의 철학적 여정은 현상학으로부터 출발하였는데, 물론 이 출발점은 현상학의 무비판적 수용이 아닌 비판적 독해를 의미하였다. 그의 첫 주저인『목소리와 현상』(*La Voix et le phénomène*, 1967)은 후설의 현상학적 전제를 언어적인 패러다임에서 비판적으로 접근하는 것이었으며, 이는 텍스트에 대한 그의 해체론적 분석을 보여준다. 같은 해에 발표한『그라마톨로지에 대하여』(*De la grammatologie*)나『에크리튀르와 차이』(*L'Écriture et la différence*)는 초기 대표 저작으로 손꼽히는데, 여기서 그는 자신이 서구 형이상학의 원류로 꼽는 플라톤으로부터 시작하여 루소, 심지어 자신의 스승이었던 레비스트로스까지 비판의 대상으로 삼는다. 이 비판 작업은 그의 고유한 철학적 방법이자 핵심 주제이기도 한 '해체'와 맞물려 있다.

그의 해체 작업은 주로 언어의 유희에 의해서 이루어지는데, 언어에 대한 유희적 분석은 분명 하이데거를 계승한 것이라 할 수 있다. 그러나 하이데거가 언어를 존재의 집으로 간주하여 존재를 드러내기 위한 가교로 보았던 반면, 데리다는 언어의 철학자들의 주요 개념에 숨겨진 허상들을 들춰내고 그 개념을 한갓 유희물로 해체시키고자 하였다. 이러한 해체의 작업은『철학의 여백』(*Marges – de la philosophie*, 1972)이나『산종』(*La dissémination*, 1972)과 같은 철학 분야의 저서에서 계속 전개되었을 뿐 아니라,『회화에서의 진리』(*La vérité en peinture*, 1978)와 같은 예술비평 분야에서도 전개되었다. 또한 미국에서는 폴 드 만을 비롯한 이른바 예일 학파의 해체비평 그룹을 탄생시키는 네 결정석인 이론적 역할을 하기도 하였다.

데리다의 해체 작업은 주로 그가 음성중심주의라고 부르는 전통적인 형이상학에 대한 비판에 집중된 것이었다. 그리하여 그의 해체론은 현실 정치나 사회적 현상보다는 문화나 예술 분야에만 거의 국한하여 적용이 되었다. 20세기 후반 이후 기호학이나 미술, 영화, 건축, 문학 분야에서 데리다의 철학이 지닌 영향력은 거의 절대적인 것이었다. 이에 반해서 그의 해체론은 현실 정치나 구체적인 사회 현상에 대해서는 거의 침묵하는 것으로 여겨져왔다. 그러나 데리다는 1980년대 이후 현실 정치에 대한 철학적 발언을 하기 시작하였으며, 이러한 발언을 곧 자신의 해체론을 사회철학적 지평으로 확장하는 것으로 여겼다. 『마르크스의 유령들』(*Spectres de Marx*, 1993) 『법의 힘』(*Force de loi*, 1994) 『불량배들』(*Voyous*, 2003) 등의 후기 저서들은 바로 이러한 사회철학적 관심을 대변하는 저서들이다. 여기서는 그의 일관된 철학적 전략인 해체론이 갖는 사회철학적 의미에 초점을 맞추어서 데리다의 사상을 조명해나가고자 한다.

## 1 | 현전의 형이상학을 넘어서

디지털 카메라의 보급으로 리터치 작업이 일반적인 관행이 되어버린 오늘날, 사진은 더 이상 진실을 담은 매체가 아니다. 하지만 디지털 카메라가 널리 보급되기 이전인 불과 10년 혹은 20년 전까지만 하더라도 사진은 생생한 현장을 담는 매체로 여겨졌다. 가령 신문 보도기사의 경우에 취재기자의 기사보다 한 장의 생생한 사진이 현실을 그대로 보여주는 현전(présence)의 기록으로 받아들여진 것이다. 20세기 사진의 주류가 포토저널리즘이었다는 사실은 그 자체가 '사진은 곧 현실이다'라는 태도를 잘 보여주는 것이다. 현실의 생생한 모습을 그대로 보여줘야 한다는 이른바 스트레이트 사진의 대가 앙리 카르티에 브레송의 주도로 창립된 사진가 집단 '매그넘'의 일관된 태도 역시 그러하다. 사진 자체를 다른 어떤 매체와도 비교할 수 없는 현전성의 매체로 간주하는 그들의 한결같은 입장으로는 인위적이고 조작적인 광고의 대중적 이미지를 사진에 도입한 마틴 파(Martin Parr)와 같은 작가를 받아들일 수 없었다. 후에 그들이 그의 매그넘 가입을 허용한 것은 결국 포토리얼리즘의 신화가 무너졌음을 알리는 신호였던 셈이다.

전통적인 의미에서 보자면 사진은 데리다가 말하는 '말' 혹은 '음성'(voix)에 해당한다. 음성은 말하는 사람의 발화 현장 자체를 드러내는 현전성의 의미를 담고 있기 때문이다. 음성은 글(문자)과 달리 말하는 사람의 현전을 전제하므로 진정성이 담보된다. 이와는 정반대로 '글'(lettre)을 읽는 것은 그것을 쓰는 사람이 없는 상황을 전제하므로 그 사람의 진실과 멀어진다. 이러한 발화자의 현전성은 말의 진실성과 문자의 허위성을 구분하는 기준이 된다. 분명 포토저널리즘이 지향하는 사진은 문자가 아닌 말에 가까운 것이다. 왜냐하면 사진은 현실 그대로를 정직하게 드러내는 현전성의 담지자로 간주되었기 때문이다. 전통적인 사진이 데리다의 '말'에 부합한다는 사실은 납득하기 어렵지 않다.

그런데 사진은 또 다른 측면에서 데리다의 말과 문자의 구분을 암시한다. 데리다는 발화자의 현전을 전제한 진실의 담지자로서의 말을 하나의 허구적 신화에 불과한 것으로 본다. 그러한 허구적 신화가 어떠한 방식으로 만들어져서 어떻게 무너지는지를 사진의 역사는 너무나도 잘 보여준다. 가령 사진이 현실의 생생한 모습 자체를 담아야 한다는 포토저널리즘의 전제 자체가 역설을 담고 있다는 데서 이러한 사실이 명확하게 드러난다. 흔히 스트레이트 사진이라고 불리는 포토저널리즘의 원칙은 카메라에 필터나 광학적 왜곡을 배제하고 현상 및 인화 과정에서 어떠한 변형의 과정도 배제하는 것으로, 말 그대로 어떤 인위성도 배제한 현실 자체를 직접적으로 담아내는 것이다.

스트레이트 사진의 기원은 앨프리드 슈티글리츠(Alfred Stiglitz)의 유명한 일화에 바탕을 두고 있다. 그는 눈이 내리는 뉴욕 거리의 모습을 찍기 위해서 거리에 카메라를 설치한 채 하루 종일 추위와 싸워야 했다. 사람들에게 감명을 줄 만한 순간을 포착하기 위해서였다. 엄청난 시간이 지난 후에야 쓸 만한 사진을 찍을 수가 있었다. 눈보라 치는 한겨울의 뉴욕 거리를 마차가 질주하는 모습을 담은 이 사진은 바로 스트레이트 사진이 탄생하는 신화적인 순간을 나타내는 것이었다. 아무런 인위적 가공이 없이 순수하게 카메라의 렌즈에 담아낸 이 순수한 사진은 아름다운 순간의 현전성을 그대로 담고 있는 것이다. 현실 세계에 존재하는 아름다움을 어떠한 왜곡도 없이 있는 그대로 드러내는 슈티글리츠의 사진은 포토리얼리즘의 신화일 뿐 아니라, 현전성을 담지한다는 점에서 현실 자체의 순수한 음성을 담고 있다고 볼 수도 있을 것이다.

그러나 아이러니하게도 진정한 현전의 순간이 가장 진실한 현실의 모습을 담은 생생한 음성은 아니다. 슈티글리츠는 힘든 시간을 견딘 끝에 생생한 현실의 순간을 담았으므로 분명 그 사진은 현전의 음성임에 틀림없다. 그렇지만 정작 그 현전의 순간은 우리가 현실에서 발견할 수 있는 뉴욕의 일상적인 순간이 아니다. 매우 극적이고도 격정적인 감정을 일으키는 이 순간은 이례적이고도 예외적인 순간일 뿐, 일상적인 뉴욕의 현실을 대변하는 순간이 아니라는 사실이다. 이 한 장의 스트레이트 사진이 뉴욕의 현전성을 담은 목소리가 되는 순간, 한겨울 뉴욕의 거리는 마치 한 장의 그림처럼 각인된다. 말하자면 사람들이 이 진실한(?) 사진을 보고 뉴욕 시의 겨울 모습이 그러하다고 믿게 되는 것이다. 이 사진에 담긴 뉴욕의 거리는 현실 속에 존재하는 뉴욕의 생생한 목소리이기 때문이다. 그러나 실상 이 사진에 담긴 뉴욕의 거리는 매우 추상적인, 아니 인위적으로 한 순간을 도려낸 장면일 뿐이다. 사진은 생생한 현실을 담는다는 사람들의 통념이 곧 사진에 담긴 뉴욕을 일상적인 현전의 뉴욕으로 착각하게 만드는 것이다.

데리다식으로 표현하자면 사진의 모습을 현실의 실체로 보는 것은 일종의 허상이자 이데올로기이다. 데리다는 플라톤 이래 서구의 사상이 이러한 음성중심주의(phonocentrisme)에 빠져 있다고 보았다. 음성은 진실과 내면을 담은 '현전하는 것'의 목소리이며, 서구의 전통적인 사상은 그러한 현전하는 것의 목소리(음성)야말로 누구도 부정할 수 없는 확실한 것이자 동시에 보편적인 것으로 간주한다는 것이다. 데리다는 이러한 음성중심주의의 전통을 다른 말로 '현전의 형이상학'(métaphysique de la présence)이라고도 부르고 있다. 현전의 형이상학은 음성중심주의적 전통을 비꼬아서 표현한 것이다.

# **2** | 초월적 음성의 해체

디지털 시대에 사진은 더 이상 데리다가 말하는 음성이 아니다. 디지털 사진의 등장 이후 사진은 진실한 순간을 담고 있는 충실한 음성이 아닌, 합성과 리터치의 변형 과정을 거친 조작된 어떤 것으로 간주된다. 증명사진의 경우만 해도 그러하다. 19세기 말 파리 경시청에서 범죄자를 잡기 위해 알퐁스 베르티옹(Alponse Bertillon)이 초상사진을 활용한 것이 증명사진의 기원과 관련이 있다. 사진에 박힌 얼굴은 곧 실물과 동일한 것으로 간주되었다. 프로이트의 스승이었던 샤르코(Jean Martin Charcot)가 히스테리 여성 환자들의 증상을 증명하기 위해서 조작된 사진을 제시했을 때, 사람들은 오히려 눈앞에서 샤르코가 환자를 시연한 것보다 사진을 훨씬 더 신빙성 있는 것으로 믿었다. 그는 사진을 통하여 히스테리 증세가 사실임을 증명하고자 하였고, 이러한 시도는 사람들에게 통하였다. 이 모든 것이 사진에 대한 사람들의 통념 때문이다.

하지만 오늘날의 상황은 다르다. 프로필에 담긴 사진을 보았을 때 그 사진이 주인공의 생김새와 일치할 것이라는 믿음은 어리석은 것이 되었다. 리터치와 합성이 일반화되었기 때문이다. 사진은 있는 그대로가 아니라 보이고 싶은 대로 나타내는 매체가 되었다. 그것은 보도사진의 경우에도 마찬가지이다. 가령 LA타임스 기자였던 브라이언 월스키(Brian Walsky)는 이라크 난민들을 저지하고 있는, 총을 든 미국 병사의 모습을 사진에 담아서 충격을 주었다. 이 사진은 금방 조작된 것임이 드러났다. 그는 극적인 효과를 내기 위해서 두 장의 사진을 하나로 합친 것이었다. LA타임스는 월스키를 해고하였고 그 해고는 정당한 것처럼 보였다. 하지만 월스키 자신은 해고를 정당한 것으로 인정하지 않았다.

여기서 우리는 두 진영, 즉 월스키의 행위를 비윤리적으로 보는 진영과 월스키처럼 사진의 각색이나 합성이 당연하다고 보는 진영의 대립을 목격한다. 월스키의 행위를 비윤리적으로 보는 진영은 사진이 현실 자체의 진실한 목격자가 되어야 한다고 믿기 때문에 사진의 합성이나 조작을 비윤리적인 것으로서 용납하지 않는다. 이는 보도의 사명 혹은 사진기자의 임무를 수긍하는 사람이라면 대부분이 가질 생각이다. 그러나 이는 어디까지나 사진이 현전하는 것의 생생한 목소리가 될 수 있고 그래야 한다는 믿음의 산물이다. 이러한 믿음 자체가 일종의 신화일 수도 있다.

데리다는 서구의 전통적인 형이상학이 유지해온 신화를 '백색 신화'(la mythologie blanche)라고 부른다. 백색 신화란 아주 간단히 말하자면 오랜 세월 동안 서구 백인의 사상에 기초한 신화를 지칭하는데, 이는 다름 아닌 플라톤 이래 지속된 부동의 절대적인 이데아 혹은 현전의 목소리에 대한 믿음을 의미한다. 그런데 데리다의 지적에 따르면 이 이데아 혹은 목소리가 어떠한 실체도 없기 때문에 이 실체에 관해서는 항상 은유나 수사로서만 접근할 수 있을 따름이다. 실체가 없는 것에 대한 은유나 수사는 항상 과장되거나 부풀려지기 마련이다. 이 초월적인 이데아나 목소리에 대한 무수히 많은 수사나 은유의 발생은 그것의 인플레이션을 유발한다.

데리다가 보기에 이러한 인플레이션 현상은 긍정적인 것도 부정적인 것도 아닌 상반된 두 측면을 모두 포함하는 것이다. 인플레이션은 보통 수요의 증가와 맞물려 있기 때문에 광범위한 유통 범위의 증대와 확산을 전제한다. 말하자면 신화의 인플레이션은 그것이 훨씬 더 광범위하게 전개되고 확산되는 것을 의미한다. 하지만 자본주의 시장 경제의 위기가 그러하듯이 시장의 확장과 공급의 과잉은 위기를 초래하기 마련이다. 실체 없는 보편적 목소리의 확장 또한 그러한 운명을 피할 수는 없다.

데리다는 이러한 인플레이션의 과정을 고리대금(usure)에 의한 이자 증식에 비유한다. 왜냐하면 고리대금은 서구의 음성중심주의 신화가 지닌 가치 증식의 전개 과정을 그대로 함축하고 있기 때문이다. 원래 고리대금은 빌려준 돈보다 더 많은 돈을 받게 되는 가치 증식 과정으로서 그 차액인 이자(intérêt)를 전제한다. 적절한 이자를 기대할 경우 원금은 가치 증식으로 이어지지만, 무리한 이자 증식을 추구할 경우 이는 곧 원금의 잠식이나 탕진으로 이어진다. 데리다가 강조하듯이 백색 신화의 기반인 초월적인 진리 혹은 목소리는 어떤 방식으로든 기호로 나타나야 하며, 이 기호는 진리나 목소리 자체를 드러낼 수 없으므로 항상 은유의 방식으로 나타날 수밖에 없다. 이 과정에서 은유의 과잉이 나타나며, 이 과잉의 은유는 적절한 이자의 가치 증식 범위를 벗어나서 원금 자체를 잠식하는 고리대금의 운명을 피할 수가 없다.

데리다가 직접적으로 언급하지는 않지만 이는 결국 자본주의 사회의 딜레마와 일치한다. 자본주의 사회에서 가치는 실체가 아닌 은유, 즉 교환가치로만 드러나게 되는데 이 교환가치라는 은유는 시장의 메커니즘을 통하여 무한 증식하고자 한다. 말하자면 상품의 가치는 상품 혹은 사물의 실체로서 전제되지만, 교환가치의 현상 형태인 가격의 인플레이션이 발생할 경우 이는 곧 가치의 하락으로 이어진다. 여기서 문제가 되는 것은 단지 상품의 가격, 즉 교환가치의 하락이 아니다. 더욱 근본적인 것은 상품의 가치 자체에 대한 회의가 발생한다는 사실이다. 말하자면 상품이 더 이상 팔리게 되지 않을 경우 상품의 교환가치는 전혀 의미가 없지만, 그렇다고 상품인 사물 자체의 가치가 없어지는 것은 아니다. 이렇게 인플레이션을 통해서 우리가 알고 있던 상품의 교환가치가 가치 자체의 실체, 즉 목소리는 아니었음을 깨닫게 되는 것이다. 어쩌면 나아가서 상품의 내재적인 가치의 존재 자체가 존재하지 않는 것임을 깨닫게 되는지도 모른다. 말하자면 가치의 실체로서의 '교환가치'라는 은유의 과잉이 가치 자체가 존재하는 것인지에 대한 의문과 위기를 초래하는 것이다.

초월적 진리, 이데아, 목소리의 신화는 일상적인 영역에까지 확장되었다. 하지만 바로 그러한 이유 때문에 신화의 권위가 위협받을 수밖에 없다. 사진의 경우에 디지털 사진은 사진 자체의 인플레이션뿐 아니라 현전의 형이상학 자체를 위협한다. 디지털 사진은 단지 사진의 저장과 인화의 편리를 제공하는 것에 그치지 않는다. 디지털 사진의 등장 이후 리터치와 합성은 사진 작업의 일부가 되었다. 그렇기 때문에 사진은 더 이상 현재의 순간을 진실하게 대변하는 목소리일 수가 없다.

데리다는 자신의 제자인 스티글레르(Bernard Stiegler)와의 대담을 묶은 책인 『에코그라피 - 텔레비전에 관하여』(*Échographies – de la télévision*, 1996)에서 이러한 사실을 분명하게 언급한다. 그는 사진보다 더 생생한 이미지인 비디오 영상물과 텔레비전 영상이 제기하는 철학적인 문제를 부각시킨다. 시나리오에 의해서 인위적으로 만들어진 영화와 달리 스포츠 생중계나 대담과 같은 텔레비전 방송은 '생생함'을 특징으로 한다. 그러나 데리다에 따르면 그러한 생생함은 어디까지나 정도의 차이일 뿐 절대적인 것은 아니다. 뉴스의 현장성이나 대담 프로그램의 현재성 역시 만들어진 인위적인 현재성에 불과하기 때문이다.

여기서 데리다는 매우 흥미로운 사건을 지적한다. 다름 아닌 1984년 미국 LA 폭동의 시발점이 되었던, 경찰의 로드니 킹 구타 장면을 담은 비디오 영상물에 관한 것이다. 폭동은 한 시민이 비디오카메라로 찍은 장면이 뉴스에 보도되면서 시작되었다. 그는 부모님이 사준 비디오카메라를 가지고 돌아다니다가 밤중에 길에서 몇 명의 백인 경찰들이 한 흑인을 구타하는 모습을 찍게 되었다. 아무런 조작도 거치지 않은 이 필름은 방송사의 손에 들어가고 방송사는 뉴스를 통해서 이를 전역에 방송하였다. 누가 보아도 백인 경찰들이 흑인을 무자비하게 구타하고 있는 장면이었다.

그러나 명백하게 현실을 담고 있는 것처럼 보이는 영상물은 법원의 증거물로 인정되지 않았다. 법원에서 1초 단위로 영상물을 세밀하게 분석하였지만 검찰 측과 경찰의 변호사 측 의견이 달랐기 때문이다. 검찰은 이 영상물이 경찰들이 로드니 킹을 구타하는 장면을 명백하게 보여주는 증거라고 주장하였지만, 경찰의 변호사 측은 로드니 킹이 폭력적으로 저항하려 하자 이를 제압하는 장면이라고 주장하였다. 사진 혹은 영상물이 현실을 말해주는 목소리가 아닌 것이다. 말하자면 이 영상물은 그 사건에 대해서 어떠한 증언도 하고 있지 못한 셈이다.

데리다는 ‘증언’(témoignage)과 ‘증거’(preuve)를 구분해야 한다고 말한다. 증언이란 증인 선서의 어떤 절차 위에서만 확립될 수 있는 것이다. 엄밀한 의미에서 증언이란 ‘나는 맹세한다’라고 말하는, 진실을 말하겠다고 서약하는 누군가에 의해서 1인칭으로 제시되는 것이다. 그런 점에서 증언은 증거가 될 수 없다. 왜냐하면 증언이란 그 자체가 객관적이고 확고부동한 음성이 아닌, 발화자의 태도에 의해서 얼마든지 그 진위가 조작되거나 의미가 변경될 수 있는 담론의 결과물이기 때문이다. 언어학자 에밀 벤베니스트에 따르면 담론(discours)은 이미 청자를 염두에 두고 화자에 의해서 발화되는 어떤 상황적인 발화 활동이다. 증언이 담론의 결과물이라면 증언은 어디까지나 어떤 전략적인 발화의 결과물인 셈이다. 그런 점에서 증언 자체가 완벽한 증거가 될 수 없는 것은 너무나도 당연하다.

그런데 모순적인 사실은 법원이 증거물인 비디오테이프를 찍은 시민을 증인으로 출석시켜서 증언을 요구했다는 것이다. 증거는 그 자체가 확고부동한 사실로 간주되어야 하므로 증언이 될 수 없다. 그럼에도 불구하고 이 증거물이 증언에 밑바탕을 두어야 한다는 점은 역설적이다. 역사가의 경우에 그는 증거와 증언을 적절하게 대조하고 비교함으로써 진위를 가려내고 역사를 기록한다. 그러나 증거와 증언을 둘 다 참조한다는 것은 증거나 증언 자체가 독자적으로 사실을 보증할 수는 없다는 사실을 나타낸다. 사진이 현실에 대한 목소리일 수 있는 것은 그것이 그 자체로 증거가 아닌 증언이 될 경우이다. 따라서 사진은 이미 인위적으로 발화된 어떤 것이지 현전성을 담은 목소리가 아니다. 데리다에 따르면 우리가 현전하는 것의 음성이라고 믿는 어떠한 것도 발화된 것, 즉 인위적인 것에 불과하다. 그리하여 현전성을 담고 있는 것으로 여겨지는 초월적이고 도 보편적인 목소리는 자연스럽게 해체된다.

## 3 | 만들어진 현재성과 사건들

데리다의 해체 전략의 범위는 단순히 어떤 절대적이고도 보편적인 목소리를 해체하는 것에 제한되지 않는다. 그의 해체 전략은 단지 현재의 순간을 담고 있는 목소리가 인위적인 것에 불과하다는 사실을 넘어서 현재 자체가 인위적인 것임을 보여주고자 한다. 누구도 의심하지 않고 받아들이는 현재라는 이 순간 자체는 어떠한 가공도 없는 그 자체로 우리에게 주어질 수 없다. 데리다의 표현에 따르자면 "현재성(actualité)이 준거하고 있는 현실(réalité)이 아무리 독특하고 환원 불가능하고 완강하며 고통스럽거나 비극적이라 하더라도, 이는 항상 허구적인 조작 과정을 통하여 우리에게 도달"하기 마련이다.

이미 보았듯이 우리가 절대적인 현전의 목소리로 간주하는 것들도 이미 현전하지 않는 다른 것들이 뒤섞여진 불순한 것들이다. 데

리다의 해체 전략이란 절대적으로 존재하는 순수한 존재들(실상은 순
수한 것으로 간주될 뿐인 존재)이 이미 다른 것들의 흔적을 그 자체에 내
포한 불순한 것일 뿐이라는 사실을 밝히는 것이다. 이는 헤겔의 변
증법적 태도와도 매우 흡사해 보인다. 실제로 해체 전략의 출발은
변증법과 거의 유사하다. 헤겔은『대논리학』(*Logik der Wissenschaft*)의 첫
부분에서 '순수한 존재'(das reine Sein)는 '순수한 무'(das reine Nichts)와
동일한 것이며, 궁극적으로 존재는 자신의 타자인 무를 자신의 내
부에 포함한다고 주장한다. 데리다는 헤겔 변증법의 논리를 절대적
으로 수용하며, 자신을 어떠한 의미에서는 철저한 헤겔주의자라고
자칭하기도 한다.

　헤겔에 따르면 세상에 어떤 것이 존재하거나, 혹은 그것을 인식
하기 위한 최초의 단서는 적어도 그것이 존재한다는 사실이다. 이
때 존재란 그저 있음을 뜻할 뿐이며 어떠한 규정도 결여한다. 왜냐
하면 존재가 어떤 특정한 규정에 의해서 존재한다고 한다면 그것
은 독립적으로 존재하는 것이 아니기 때문이다. 가령 흰색 분필의
존재가 흰색이라는 규정에 의해서 확인될 수 있을 뿐이라면 그것
은 이미 분필의 존재 자체를 순수하게 확정짓는 것이 아니다. 흰색
이라는 규정 자체는 이미 인간의 시각 체계를 전제한 상태에서 행
해진 임의적인 분류 체계에 지나지 않다. 헤겔은 순수한 존재란 어
떠한 규정도 내릴 수 없는 그저 '있음'일 뿐이라고 말하는데, 이러
한 '있음'은 그 특성상 실제로 없음과도 같다. 만약 누군가가 자신
과 방을 함께 쓴다고 치자. 분명 그 사람은 존재하지만 자신은 어
떠한 경우에도 그 사람의 존재성을 느낄 수 없다면, 그 사람은 실상

존재하지 않는 것이나 마찬가지이다.

헤겔에게 존재란 이미 자신이 아닌 다른 것(없음, 무)을 포함한 것이다. 말하자면 존재란 이미 순수한 존재가 아닌 타자라는 불순물이 섞여 있는 불순한 존재에 지나지 않는다. 이런 점에서 어떤 순수한 것 혹은 순수한 출발이나 기원이 존재하지 않으며 존재할 수도 없다는 것을 밝히고자 하는 해체의 전략은 지극히 변증법적이다. 데리다가 자신을 헤겔주의자로 자청하는 것이 결코 과장은 아닌 것처럼 보인다. 그러나 헤겔의 변증법이 곧 데리다의 해체주의와 일치하는 것은 아니다. 헤겔에게 존재란 해체되어야 할 어떤 것이 아닌 구체적인 종합을 통해서 고양되어야 할 어떤 것이기 때문이다. 실제로 헤겔의 변증법에서 존재의 타자들, 즉 불순한 것들은 단지 타자로서의 불순한 것으로 머물지 않는다. 그것은 존재를 고양시키기 위한 계기들이다.

설혹 타자가 악한 것 혹은 추한 것이라 하더라도 사정은 다르지 않다. 헤겔주의자인 로젠크란츠(Johann Karl Friedrich Rosenkranz)는 『추의 미학』(*Aesthetik des Häßlichen*)에서 미(아름다움, das Schöne)의 타자인 추(das Häßliche)의 역할에 대해서 변증법적으로 설명한다. 로젠크란츠에 따르면 전통적으로 순수한 아름다움만 강조하던 미학과 달리 헤겔의 미학은 추(醜)가 미학의 한 계기임을 인정한다. 추란 미학적으로 추방되어야 할 어떤 것이 아니다. 추 자체는 마치 음악의 경과음이나 계류음과 같은 불협화음처럼 협화음을 극적으로 빛내는 어떤 것이다. 말하자면 작품의 극적인 긴장감을 위해서 절대적으로 필요한 것이다. 추라는 불순한 타자의 계기가 없이 미는 추상적이고 공허

할 따름이다. 따라서 순수한 미란 추상적이고 공허한 미일 따름이므로 사실상 어떤 미학적 감흥도 줄 수 없는 무일 뿐이며, 추라는 타자를 포함함으로써 미는 공허하지 않은 진정한 미가 되는 것이다. 존재는 그 자체 타자를 포함하는 것이다.

이렇게 보면 변증법은 타자의 철학이자 동시에 순수하고 절대적인 존재에 대한 부정의 철학처럼 보인다. 그러나 뒤집어보자면 변증법은 존재의 절대성을 부정하거나 해체하는 목적을 지닌 것이 아니라, 오히려 존재의 절대성을 복잡하고 구체적인 것으로 실현하는 과정이다. 가령 로젠크란츠는 추라는 불순한 타자의 존재를 인정하는 것처럼 보이지만 실상 그 존재의 가치는 미를 돋보이기 위한 역할에 국한된다. 자립적으로 존재하는 타자 자체가 아닌 미 속에 구체화되는 계기로서의 추만이 인정될 뿐인 셈이다. 그렇지 않은 타자들, 즉 추악한 것 자체 혹은 타자 자체는 무의미한 것이다. 그래서 뒤집어놓고 보자면 추악한 것 혹은 타자는 아름다운 것 혹은 존재의 층위에 흡수되고 만다. 결국 변증법에서의 존재는 타자를 배척하지는 않지만 자신 속으로 타자를 삼켜버리는 존재이다. 변증법에서 존재는 타자의 무덤인 셈이다. 타자는 존재라는 동일성의 층위에서 자립성을 상실하고 구체화된 동일성이라는 더 큰 동일성의 무덤 속에 매장당하고 만다.

데리다의 해체 철학은 바로 이렇게 매장당한 타자들을 무덤에서 끄집어내는 것이다. 타자라는 불순한 것 혹은 추악한 것을 인정하고 그것을 포섭하는 것이 변증법이라면, 해체의 전략은 이와 달리 순수한 존재 자체 혹은 아름다운 것 자체가 이미 불순한 것 혹은 추악한 것에 지나지 않음을 드러내는 것이다.

이는 현재성에 대해서도 마찬가지이다. 헤겔의 변증법에서 현재는 어떠한 인위적인 가공도 없는 현재 그 자체가 아니다. 말하자면 어떠한 타자의 흔적이 없는 순수한 현재성 따위는 존재하지 않는다. 헤겔에 따르면 현재란 항상 반성된 현재로서 정신적인 것이다. 현재의 순간은 항상 어떤 것이 일어나고 있는 상태로 존재할 텐데, 이때 일어나는 것을 우리는 사건이라고 부를 수 있다. 말하자면 현재란 사건이라고 할 수 있다. 헤겔의 변증법에 따르면 사건이란 그냥 절대적으로 발생하는 순수한 사건이 아니다. 그것은 항상 다른 것과의 얽힘에 의해서 발생한다. 내가 저녁 메뉴를 선택하는 것도 그냥 독립적으로 일어나는 것이 아니라, 과거에 먹었던 음식의 습성 혹은 새로운 맛에 대한 기대감 등 과거의 사건과 미래의 기대 등이 중첩되어서 발생하는 것이다. 현재의 사건에는 과거, 미래, 혹은 현재의 다른 사건들이 중첩되어 있다.

헤겔의 변증법은 현재라는 사건이 그저 발생하는 것이 아니라 인위적인 현재성에 의해서 만들어지는 것임을 보여준다. 현재의 어떤 사건도 과거 혹은 현재의 다른 사건들, 나아가 미래에 발생할 사건과 연관이 되어 있다. 말하자면 사람들은 현재성이란 과거, 미래 혹은 다른 현재와는 상관이 없는 현재의 순간 그 자체로 믿지만 그러한 현재성은 존재하지 않는다는 것이다. 현재와는 다른 순간들이라고 믿는 이 타자들을 제거하게 되면 적어도 순수한 현재가 남을 것이라고 생각할 수 있다. 현실적으로는 불가능하더라도 이론상으로는 그러한 모든 타자들을 제거하면 순수한 현재가 존재한다고 할 수 있을 것이다. 그러나 모든 규정을 제거한 존재가 공허한 무와 다르지 않듯이 현재가 아닌 것을 제외한 현재는 무와 다르지 않다.

마찬가지로 데리다에 따르면 현재하는 것은 항상 현재성으로 드러나는데 현재성은 과거와 미래, 그리고 동시대적인 것들의 관계에 의해서 만들어지는 인위적인 것이다. 우리에게 현재라는 순간은 우리에게 현재성으로 주어질 수밖에 없다. 이때 현재성은 역사적인 하나의 흐름이나 시대적인 흐름에 의해서 의미를 부여받은 것이기 때문에 헤겔은 현재를 역사적인 것으로 간주하였던 것이다. 그런 점에서 "당대의 철학자에게 날마다 신문을 읽어야 함을 환기시켰다는 점에서 헤겔은 옳았다"고 데리다는 평가한다. 그러나 헤겔은 이러한 역사적인 의미에서 창조된(혹은 인위적으로 만들어진) 현재성을 철학적인 사건으로 고양시킨다. 말하자면 현재라는 순간 혹은 사건은 어떤 다른 순간이나 사건과 독립적으로 존재한다는 의미에서 절대적인 순간이 아니라, 거꾸로 다른 역사적 계기들과의 관련 속에서 역사철학적인 의미를 획득한다는 점에서 '절대적'(absolute) 사건이 되는 것이다.

데리다의 경우에 현재성은 항상 창조된 혹은 인위적인 것에 불과하다는 점에서 그는 변증법적인 태도를 견지하지만, 이러한 인위적인 것은 헤겔처럼 역사철학적 의미를 지니는 것이 아니라 오히려 그러한 역사철학적 의미로부터 해방될 때 비로소 현재적인 것에 더 가까워진다고 데리다는 믿는다. 그는 현실 혹은 현재에 대해서 '비동시대적인 것'(intempestif)을 고려하거나, 혹은 '비연대기적'(anachronique, 시대착오적) 방식으로 접근할 때 현재적인 것에 접근할 수 있다고 말한다.

이 말의 뜻은 이러하다. 현재성으로 드러나는 현재의 순간은 헤겔이 통찰한 바와 같이 타자들과의 관계를 통해서 창조된 것 혹은 인위적으로 만들어진 것으로 주어진다. 그러나 이러한 창조된 현재성이 시대정신 혹은 역사철학적 의미를 지닌 절대적인 것으로 격상되는 것을 데리다는 철저하게 거부한다. 이러한 현재성은 오히려 동시대적인 허구적 이데올로기나 통념 또는 동질화의 논리에 의해서 만들어지는 것일 뿐이다. 가령 유럽 중심의 민족주의가 보편적 동질성의 논리로 위장되어 현재화한 것이 하나의 사례가 될 수 있다. 그러한 현재성의 논리는 과거의 전통과 미래의 당위라는 미리 정해진 역사적 서사에 바탕을 둔다. 따라서 이러한 동질성의 논리를 거부하는 것은 바로 서사적으로 짜여진 연대기적 시간의 흐름으로부터 어긋나고 벗어나는 것이다.

데리다에게서 사건이란 역사적인 서사에 의해서 의미가 부여되는 철학적인 사건이 결코 아니다. 헤겔의 경우 현재의 사건은 아직 도래하지 않았지만 결국 도래할 수밖에 없는, 아니 도래해야 할 미래의 당위에 의해서 결정된다. 데리다는 도래하지 않았지만 미래의 어느 시점에서는 이미 도래한 것으로 결정된, 이러한 이상한 시간적 구조를 불어의 전미래(futur antérieur) 시제와 관련짓는다. 말하자면 현재의 순간은 미래의 당위를 전제로 하지만, 동시에 그러한 미래의 당위는 오히려 현재의 사건에 의해서 사후적으로 정당화될 수 있을 따름이다.

데리다의 입장에서 보자면 미래의 당위성이 미리 전제된 현재의 순간은 진정한 의미에서의 사건이 아니다. 헤겔의 역사철학에서 어떤 사건은 사후적으로 다른 사건에 의해서 그 의미가 결정되며, 이는 연대기적인 거대한 서사에 통합됨으로써 다른 사건과 동일한 철학적 맥락에 놓이게 된다. 이러한 현재의 순간은 결국 당위적인 현재성이므로 순간 자체의 어떠한 독특성(singularité)도 없다. 이와 달리 데리다가 보기에 사건이란 예기치 못한 순간적인 발생이며, 이는 현재 순간의 차이를 만들어내는 것이다. 그것은 타자라고 간주하지만 사실상 이미 동질화된 어떤 것과 마주치는 것이 아니다. 타자 자체와의 조우인 것이다. 이러한 점에서 데리다의 사건은 낯선 어떤 것과의 마주침이며 타자의 환대라는 점에서 레비나스를 연상시키기에 충분하다. 그런데 사건이 완전히 나와 다른 타자 자체와 만나는 것이며 차이를 만들어내는 것이라면, 현재로 이루어진 이 세계에 보편적인 것은 존재하지 않는다고 해야 할 것인가?

## 4 | 강요된 보편성을 넘어서 정의로

물론 데리다의 해체 전략이 보편적인 것 자체를 거부하는 데 있지는 않다. 그보다는 오히려 보편적인 것이 드러나는 방식, 즉 보편적인 것이 폭력화되는 방식을 거부하고 해체하려는 것이 그의 해체 전략이라고 할 수 있다. 달리 말하면 그의 해체 철학은 사회철학적 혹은 윤리학적 측면에서 볼 때 정의(la justice) 자체를 거부하는 것이 아니라, 정의의 정의롭지 못한 구현 방식에 문제를 제기하는 것이다. 정의가 보편적인 것의 함의를 담고 있다고 전제할 때, 정의에 대한 데리다의 문제 제기는 보편성에 대한 문제 제기로 해석할 수도 있을 것이다.

이러한 문제 제기는 무엇보다도 '법'(la loi)에 대한 그의 논의에서 잘 나타난다. 『법의 힘』(Force de loi)이라는 제목으로 출간된 책에 수록되어 있는 그의 첫 번째 강연 원고인 「법에서 정의로」(Du droit à la justice)의 제목에서도 잘 암시되어 있듯이, 그는 '법'과 '정의'를 명확하게 구분하고자 한다. 데리다는 이 책을 비롯하여 『마르크스의 유령들』, 『불량배들』 등 그의 사회철학 저서의 핵심 주제가 바로 법과 정의를 구분하는 것에 있다고 술회하였다. 그에게 법은 정의 자체가 아닌, 다소 폭력적인 방식으로 정의를 관철시키는 힘의 논리와 연관되는 것이다.

사람들은 해체와 정의라는 것이 도대체 양립 가능한 것인지에 대한 의문을 가질 수 있다. 일반적으로 해체주의의 해체는 어떤 제도나 관습 혹은 의미 체계를 균열시키고 그것을 파괴하는 것으로 여겨진다. 마치 바쿠닌의 극단적인 무정부주의가 폭력 외에는 어떠한 것도 정당화하지 못하듯이, 해체주의 또한 그러한 것으로 생각될 수 있다. 혹은 20세기 초반 일부 다다이스트들의 예술이 보여준 것처럼 어떠한 의미 체계도 거부하는 극단적인 파괴주의가 연상될 수도 있다. 그러나 데리다는 해체가 정의마저도 해체하는 것은 아니라는 사실을 분명하게 언급한다. 오히려 해체란 정의의 의미를 명확하게 밝히는 작업이라고 할 수도 있을 것이다.

데리다는 본래적인 의미에서의 정의와 정의의 구현으로 간주되는 법의 구분을 통해서 이러한 작업을 수행한다. 데리다의 표현을 빌리자면 법과 정의 사이에서 애매한 미끄러짐 혹은 균열이 발생하는데, 그는 이 균열로부터 해체가 곧 정의와 무관한 것이 아님을 이끌어낸다. 법은 강제력을 동원하는 데 반해서 정의 자체는 반드시 강제력이 수반되어야 할 필요가 없다. 아니 어쩌면 강제력이 동원되어야 한다면 그것은 고유한 의미에서 정의가 아닐 수도 있다. 법은 타자를 환대하는 논리라기보다는 타자를 하나의 보편적인 틀 속에 가두는 것이다. 법은 애초에 보편성을 명시화하며 보편성을 결여할 경우 법으로서의 자격을 박탈당하게 된다. 데리다가 법을 항상 '법의 힘'(force de loi)과 관련하여 서술하는 것도 그러한 이유에서이다. 법은 강제적으로 따라야 할 어떤 것으로서 항상 그것을 위반하였을 경우 처벌할 수 있는 강제적 힘이 전제된다. 말하자면 법은 강제성을 지니는 것이다. 그러므로 '법을 적용하는 것'(appliquer la loi)은 항상 어떤 허가된 힘을 전제한다.

바로 여기서 우리는 어렵지 않게 법의 모순성을 간파할 수 있다. 개인은 특수한 존재이지만 이러한 특수한 존재의 개별성 자체를 인정할 경우 법의 보편성은 훼손된다. 법은 보편성을 지향하기 때문에 개별적 존재의 특수성과 배치될 수밖에 없다. 법이 개인의 개별적인 사정을 봐준다면 그것은 법 자체의 힘을 무력화시키는 것이다. 데리다에 따르면 법은 사신의 보편싱을 직용하기 위해서 힘이라는 수단, 즉 보충대리물(supplément)이 필요한데, 이 보충대리물은 단순한 보충대리물을 넘어서 법 자체의 토대가 된다. 데리다에 따르면 법이 지닌 이러한 역설은 이미 파스칼이나 몽테뉴에게서도 간파되었다. 파스칼은 정의로서의 법을 지탱하는 그 권위의 신비한 토대를 관습에서 찾고 있다. 이는 곧 어떠한 법도 그 법이 위력을 갖는 것은 이성 자체가 아니라 시간과 더불어 효력을 갖게 된 사람들의 공통된 습성, 즉 관습 때문이라는 것이다. 몽테뉴는 더 정확하게 "법은 정당해서가 아니라 법이기 때문에 신용을 얻으면서 존속되고 있다"고 말하였다. 여기서 데리다는 몽테뉴가 법과 정의를 구분하고 있음을 명확하게 지적한다. 법이 법이기 때문에 정당한 것이 아니라, 사람들이 그것에 무조건적으로 따르기 때문에 정당한 것이다. 즉 법은 사람들을 복종시킬 수 있는 힘을 지니기 때문에 정당한 것이다. 그리고 그러한 힘은 사람들이 법에 대해서 갖는 '신용'(crédit)에 기초해 있다.

데리다는 언급하고 있지 않지만, 이미 레닌 시기의 소비에트 법이론가인 파슈카니스(Evgenii Bronislavovich Pashukanis)는 법과 정의를 엄격하게 구분하고 있다. 파슈카니스는 법이란 결코 정의와 무관하며 오히려 정의를 가장한 폭력으로 본다. 그는 법을 자본주의의 규범 형태로 규정하였다. 법의 가장 큰 특징은 형식적인 보편성인데, 이는 정확하게 자본주의의 상품 범주와 일치한다. 그에 따르면 법은 자본주의의 상품 구조에 정확하게 조응하는 규범으로서 정의와는 무관하다. 이는 곧 정의(Gerechtigkeit)와 법(Gesetz)을 동등한 기원에서 설명하고자 하는 한스 켈젠(Hans Kelsen)의 생각과는 정면으로 배치되는 것이었다. 법에 대한 파슈카니스의 생각이 너무 급진적이고 추상적이기는 하지만, 분명한 사실은 법과 정의에 대한 그의 구분이 매우 시사하는 바가 크다는 것이다.

정의와 법은 분명히 구분된다. 법은 정의를 구현하고자 하지만 그러한 정의를 강제적으로 구현할 따름이다. 따라서 법은 강제된 정의이며, 이는 정의가 아니다. 왜냐하면 어떠한 경우에도 폭력은 상처를 수반하기 때문이다. 벤야민의 표현대로 '상처 없는 폭력'(Ge- walt ohne Verletzung)이란 존재하지 않는다. 법은 상처를 유발하는 폭력적인 어떤 것일 수밖에 없다. 법은 애초에 보편성을 강요하는 데 기초하므로 폭력 없는 법은 없으며, 법은 정의와 균열을 일으킬 수밖에 없다. 데리다의 말을 직접 인용하자면, "법을 정초하고 창설하고 정당화하는 작용, 법을 만드는 작용은 어떤 힘의 발동, 곧 그 자체로는 정당하지도 부당하지도 않은 폭력으로, 이전에 정초되어 있는 어떤 선행하는 정의, 어떤 법, 미리 존재하는 어떤 토대도 정의상 보증하거나 반박할 수 없는 또는 취소할 수 없는, 수행적이며 따라서 해석적인 폭력으로 이루어져 있다."(『법의 힘』)

따라서 법은 본질적으로 해체 가능한 것이다. 법 자체가 균열을 지니고 있으며, 법 자체가 추구하는 보편성을 법 자체가 실현하지 못하기 때문이다. 그러나 이에 반해서 데리다는 법 바깥에 또는 법 너머에 있는 정의 그 자체—만약 이런 것이 실존한다면—는 해체 불가능하다고 말한다. 정의란 힘에 의해서 강제되는 어떤 것이 아니다. 가령 데리다는 「법에서 정의로」라는 강연을 미국의 한 대학에서 행하고 있는데, 그 강연은 데리다의 모국어가 아닌 영어로 진행되었다. 데리다는 이렇게 자신의 모국어가 아닌 이방인의 언어로 강연하는 것을 폭력적인 과정이 아니라 정의의 한 사례로 간주한다. 자신을 환대하는 타자인 이방인들의 언어로 자신의 생각을 표현하는 것을 굳이 폭력으로 생각해야 할 이유는 없을 것이다. 그렇지만 만약 자신의 모국어가 아닌 영어에 완벽하게 자신의 생각을 일치시켜야 한다는 의무가 주어진다면 어떠할까? 그것이 법이라면 매우 폭력적인 것으로 느껴질 것이다.

정의란 상대방의 배려에 의해서 이루어진다. 설혹 데리다가 자신의 생각을 완벽하게 영어로 구사하지 못하더라도 듣는 사람들은 그 간격 자체에 대해서 관용적인 태도를 지닐 것이다. 정의란 그러한 불가능성을 열어놓고 타자의 한계를 인정하는 환대의 태도로부터 발생하는 것이다. 뒤집어서 말하자면 타자가 타자의 언어로 자신을 완벽하게 전달해야 한다는 이러한 강박이나 폭력적인 권위로부터 벗어날 때 강요된 법으로서의 정의가 아닌 해체할 수 없는 정의가 등장하는 것이다. 이것이 바로 진정한 의미의 보편성이다. 데리다의 해체 전략은 결코 보편성 혹은 보편적인 것을 원천적으로 거부하는 것이 아니다.

보편적인 것은 법이나 의무로서 강요되는 어떤 것이 아닌 타자에 대한 존중으로부터 발생한다. 즉 차이에 대한 인정으로부터 발생하는 것이다. 사람들이 타자와 대화에 들어서는 순간, 그들은 타자의 이야기를 듣고자 하며 어떤 기대감을 갖는다. 그 순간 이미 타자에 대한 환대와 기대감이 발생하며, 타자의 이야기를 수용하는 마음가짐이 발생한다. 타자의 발언은 내가 바라는 것, 혹은 나의 구미에 맞는 것일 수도 있고 거꾸로 나의 신경을 건드리는 것일 수도 있다. 오히려 나와 타인의 생각이 서로 일치해야 한다는 요구가 법과 같은 강제적인 폭력, 혹은 강제된 보편성의 요구일 뿐이다. 나와 타자가 서로의 차이를 인정하며 억지스러운 공감의 부담을 전제하지 않는 순간, 이미 하나의 보편적인 욕구를 교환하고 있는 셈이다. 따라서 보편적인 것은 차이의 제거가 아닌 차이 자체의 인정으로부터 발생하는 것이다.

보편적인 것이 외부로부터 부과되는 순간, 그것은 오히려 개별적인 것을 억압하는 알리바이로 둔갑한다. 가령『불량배들』에서 데리다는 도래하지 않은 '자유주의'가 지닌 폭력성을 언급하고 있다. 순수한 자유주의의 이념은 미래의 어느 시점에서 도래해야 할, 말하자면 완성되어 있어야 할 전미래적인 시제로서의 미래이다. 이러한 보편적 가치로서의 자유주의는 사실상 현실에서는 도래해야 할 어떤 것으로만 존재할 뿐이다. 자유주의가 도래한 미래의 시점에서 보자면 자유주의를 위한 현재의 부덕과 악은 사후적으로 정당화될 수 있다. 이런 식으로 보편적인 메시아 담론은 하나의 주의(ism)로서, 즉 메시아주의로서 정의롭지 못한 현실을 정당화할 따름이다.

정의 혹은 보편적인 것이 폭력이나 강제력을 띠지 않기 위해서는 유령이나 이방인, 혹은 영원한 타자의 모습으로 존재할 수밖에 없다. 그것이 실체화하는 순간 폭력적인 힘으로 둔갑하기 때문이다. 정의는 유령의 모습으로 우리 속에서 우리 주변을 배회하고 있으며, 해체의 모습으로 모든 억압적인 폭력에 맞서고 있다. 그렇기 때문에 데리다에게 마르크스주의는 억압이 존재하는 현실 속에서 해소될 수 없는 유령의 모습으로 끊임없이 나타나고 있는 것이다.

# ANTONIO NEGRI

# 5 네그리
## 제국 비판과 다중

김원식

여기서는 이탈리아 출신 정치철학자 안토니오 네그리(Antonio Negri, 1933~)가 제시한 다중 이론의 핵심 내용을 소개하고 이에 대해 검토해보고자 한다.[1] 네그리는 아우토노미아(자율) 운동의 이론적 대표자로서 이탈리아 정부에 의한 체포와 프랑스로의 망명, 귀국과 연금 등 정치적 격변의 소용돌이 속에서 자신의 이론적 작업을 수행해왔다. 특히 그는 새천년을 맞이하여 출간한 『제국』(*Empire*, 2000)을 통해 해방에 대한 낙관적인 전망을 보여주는 좌파적 지구화론을 제시함으로써 전 세계적으로 폭넓은 관심을 불러일으켰다. 또한 이후 『다중』(*Multitude*, 2004), 『공동체』(*Commonwealth*, 2009) 등의 연작을 발간하면서 자신의 다중 이론 구상을 더욱 구체적으로 발전시켜 나가고 있다.

　다중 이론은 현재의 지구화 과정을 새로운 형태의 지배와 착취

질서가 등장하는 과정으로 규정하고, 다중의 역량에 기초하여 전 지구적 차원에서 이러한 질서의 전복을 도모하는 일종의 새로운 형태의 좌파적 사회 비판 이론이라고 할 수 있다. 현실 사회주의 몰락 이후 유행했던 '역사의 종언'(후쿠야마)에 대한 선언, 그리고 전 지구적인 규모에서 가속화되고 있는 신자유주의적 지구화의 흐름 속에서 그간 좌파들의 진보 정치 기획은 문화적 차원의 담론으로 축소되거나 현실의 흐름에 대한 대안 없는 비판으로 위축되어온 것이 사실이다. 이러한 수세적 국면 속에서 네그리의 다중 이론은 그간 약화되어온 좌파 담론의 정치경제학적 논의 차원을 회복하는 동시에 전 세계적 차원에서의 급진적 전복에 대한 낙관주의적 전망을 제시함으로써 오늘날의 현실에 대해 비판적 반성을 요구하는 이들에게 커다란 반향을 불러일으켰다.

국내에서도 다중 이론은 계급 이론이나 시민사회 이론과는 구별되는 새로운 사회 비판 이론으로서 일정한 이론적 영향력을 미치고 있다. 물론 아직 다중 이론이 조직화된 대중운동과 유기적으로 연계되어 있는 것으로 보이지는 않는다. 그럼에도 불구하고 현재 다중 이론은 반세계화 운동의 부상, 일상권력(미시권력)에 대한 비판, 소수자 운동의 출현 등 다양한 사회적 흐름들과 결합하면서 우리 지식인 사회 내부에서도 이론적 관심의 대상으로 부각되고 있다. 특히 2008년의 '촛불 시위' 양상을 분석하는 과정에서 몇몇 지식인들과 언론들이 '다중', '집단지성' 등의 개념들을 차용하면서 다중 이론은 대중적 관심의 대상이 되기도 하였다.

이 글에서는 네그리의 다중 이론에 대해서 그것이 제시하고 있는 '제국'이라는 시대 진단과 '다중'의 역량에 기초한 대안 모색을 중심으로 고찰해보고자 한다. 이를 위해 먼저 다중 이론의 형성 과정을 간단히 소개한 후, 제국 개념에 대한 검토를 통해 이들의 시대 진단을, 다중 개념에 대한 검토를 통해 이들의 대안 모색 방식을 살펴볼 것이다. 그리고 마지막으로 이들의 사회 비판 이론에 대해 간략한 평가와 검토를 덧붙여보고자 한다.

## 1 | 다중 이론의 형성과 등장

다중 이론은 종합적인 사회 비판과 실천적인 대안 모색을 위한 거시 이론이라고 할 수 있다. 그런 만큼 다중 이론은 철학적 존재론, 정치·경제·문화를 아우르는 포괄적인 시대 진단, 실천적인 대안 제시 등 복합적 요소들로 구성된 유기적 이론 체계의 면모를 가지고 있다.

먼저 철학적 존재론 영역에서는 질 들뢰즈의 차이의 존재론이 다중 이론의 존재론적 기초를 제공하고 있다. 들뢰즈는 그가 '철학자들의 그리스도'라고 칭했던 스피노자 철학에 대한 재해석에 기초하여 전통적인 동일성 철학을 비판하고 개체의 역능(potentia), 차이, 특이성이 가지는 의미를 강조하고자 했다. 이러한 존재론적 기초 작업은 다중 이론에서 다중의 역능, 특이성, 창조성을 해명하는 철학적인 개념적 기초를 제공하고 있다. 탈형이상학적 사유를 강조하는 현대 사회철학의 경향을 고려할 때, 특정한 존재론에 기초한 사회 이해 및 비판 방식을 복원 혹은 유지하고 있다는 점은 다중 이론의 중요한 특징이라고 볼 수 있을 것이다.

다음으로 현대 자본주의 사회의 성격과 관련하여서는 마르크스의 정치경제학에 대한 독창적인 재해석과 지구화 과정에 대한 다양한 기존 논의들이 참조되고 있다. 네그리는 마르크스의 『정치경제학 비판 요강』에 주목하여 기존 마르크스주의의 경제주의적 결함을 비판하면서 노동자 계급의 혁명적 주체성을 강조해왔다. 그는 자본과 노동의 관계를 동질화와 양화를 추구하는 권력과, 다양성을 추구하는 역능의 관계로 재구성하면서 노동 계급의 역능의 근원성을 강조하고 있다. 이와 더불어 제국의 사회적이고 경제적인 토대에 대한 분석에서는 다니엘 벨, 피터 드러커, 마뉴엘 카스텔 등의 작업에서 등장하는 정보화, 서비스 산업, 네트워크 사회 등의 개념들을 다양한 방식으로 이용하고 있다. 이와 같은 기존 논의들에 대한 재구성과 차용을 통해서 다중 이론은 일종의 '신좌파적 지구화론'을 제시하고 있는 것이다.

네그리의 다중 이론은 이탈리아의 자율주의 노동운동을 역사적 형성 배경으로 삼고 있다. 이탈리아의 자율주의 노동운동은 자본주의 비판을 넘어서 사회주의권 국가들의 국가 관료주의에 대한 비판, 기존 서구 공산당의 관료주의적 행태에 대한 비판을 진행하였다. 자율주의 운동 및 사상의 근본적 특징은 노동자 대중의 자발성과 주체성을 강조하는 데 있다고 할 수 있으며, 이는 네그리 사상의 근간을 형성하고 있다. 네그리의 이러한 사상적 출발점에 들뢰즈의 존재론, 펠릭스 가타리의 정신분석학적 작업 등이 결합되면서 다중 이론의 전체적인 이론 틀이 형성되어왔다. 그리고 다중 이론이 형성되는 이러한 과정에는 현실 사회주의의 비민주성과 몰락, 68혁명의 경험, 전 지구적 자본주의의 확산과 포스트포디즘의 등장 등이 중요한 사회적 배경으로 작용하였다.

한국 사회의 경우 다중 이론 등장의 사회적 배경으로는 현실 사회주의 몰락과 전통 마르크스주의의 영향력 상실, 1990년대 시민사회 운동의 활성화, 소수자 운동의 등장, IMF 이후 양극화 심화 등을 꼽을 수 있을 것이다. 현실 사회주의 몰락과 민주화 과정 이후 한국 사회 내에서 기존의 1980년대식 계급주의는 그 이론적 주도권을 상실하게 되었다. 1980년대 대학가를 중심으로 한국 사회 변혁의 이념으로 등장했던 계급 이론이나 주체사상은 사회주의 몰락, 북한 사회의 파국적 침체 등을 배경으로 그 주도권을 상실하게 된다. 이후 1990년대에는 시민운동의 활성화와 더불어 시민사회 이론과 참여 민주주의 이론이 한국 사회 비판과 대안 모색에서 사회적 주도권을 장악하게 된다.

그러나 형식적인 정치적 민주화 이후 세계화의 여파 속에서 진행된 신자유주의적 개혁은 형식적 민주화를 경제적 민주화로 확장시키지 못하고 사회적 양극화를 심화시키는 결과를 낳게 된다. 또한 여성운동의 확산, 이주의 증대 및 사회적 다원화를 배경으로 분배 투쟁을 넘어서는 정체성 정치의 새로운 이슈들이 소수자 문제를 매개로 한국 사회 내에서도 새롭게 부각되기 시작하였다. 이로 인해 새로운 사회 비판과 진보의 이념에 대한 사회적 요구가 등장하였으며, 이러한 요구들을 배경으로 하여 다중 이론이 좌파의 새로운 사회 비판 모델로 등장하게 되었다고 개략적으로 평가해볼 수 있을 것이다.

민주화 과정에 대한 실망을 배경으로, 기존의 계급주의를 넘어서면서도 반자본주의적이고 낙관주의적인 성향을 지니고 있는 다중 이론이 새로운 사회 비판을 위한 이념으로서 한국 지식인 사회를 중심으로 논의되기 시작한 것은 어찌 보면 자연스러운 현상이라고 할 수도 있을 것이다. 비제도권 학술 단체 및 연구자들에 의해 부각되기 시작한 다중 이론은 현재 제도권 연구자들에게도 일정한 이론적 영향을 미치면서 한국 사회 지식인 담론의 중심 대상 중 하나로 부각되고 있다.


## 2 │ 다중 이론의 시대 진단─'제국'의 전면 지배

네그리의 다중 이론이 제시하는 시대 진단은 '제국'이라는 개념으로 압축될 수 있다. 다중 이론의 시대 진단에 따르면 오늘날에는 제국주의 시대, 냉전 시대를 넘어서 지구화를 배경으로 하는 새로운 '제국'의 시대가 도래하고 있다.

네그리는 제국이라는 개념을 통해서 현대 세계에 대한 일종의 종합적 지도를 제시하고자 하다 제국주의 개념과 대비되는 제국은 현재의 지구화하는 세계를 통치하고 있는 주권권력을 의미한다. 제국의 특징은 첫째, 혼합 정체(mixed constitution), 둘째, 중심 없음, 셋째, 외부를 가지지 않는 무제한적 지배이다. 먼저 전통적으로 군주제, 귀족제, 민주제를 혼합한 로마의 정치 체제를 지시하는 혼합 정체라는 개념을 통해서 네그리는 오늘날의 제국이 주권국가, 초국적 기업과 기구, NGO에 이르는 다양한 권력 요소들로 혼성되어 있다고 주장한다. 다음으로 제국의 권력에 중심이 없다는 것은 미국과 같은 특정 강대국을 더 이상 제국의 중심으로 이해할 수 없다는 것을 의미한다. 그리고 외부를 가지지 않는다는 것은 오늘날 제국이 더 이상 그 외부가 없는 무제한적 지배 질서를 구축하였음을 의미한다. 요약하자면 제국은 오늘날의 인류 사회가 외부도 없고 유일한 중심도 없는 혼성된 권력 질서에 의해 총체적으로 지배되고 있음을 나타낸다고 할 수 있다.

이러한 제국의 시대의 도래는 근대적 국제 질서의 근간이 되어 왔던 국민국가의 주권이 오늘날 급속하게 쇠퇴하고 있다는 사실을 함축하고 있다. 국민국가의 주권은 비록 그것이 아직은 여전히 유효하다고 할지라도 지구화 과정에 발맞추어 점차 쇠퇴해가고 있다는 것이다. 국민국가는 돈, 기술, 사람, 상품의 흐름들을 규제할 수 있는 권위와 능력을 점차 상실해가고 있으며, 오늘날 주권은 초국적 기관들로 이전되어가고 있다. 오늘날 일국적인 민주주의적 자본주의 국가는 현실적인 측면과 이데올로기적 측면 모두에서 자멸하고 있다. 이러한 국민국가의 쇠퇴가 구조적이고 불가역적인 과정일 뿐 아니라 국민국가 자체가 억압적인 구조들과 이데올로기들을 내장하고 있다는 점을 고려할 때, 오늘날 지구화에 반대하며 국민국가를 복원시키고자 하는 다양한 정치적 시도들은 무의미한 동시에 반동적이다.

과거 제국주의가 몇몇 강력한 국민국가들의 영토 확장 과정이었
다면, 오늘날 제국은 특정 국민국가를 그 중심으로 가지지 않는 탈
중심화되고 탈영토화하는 지배 장치이다. 그렇기 때문에 네그리는
더 이상 미국을 제국주의적 압제자로 또는 세계적 지도 국가로 규
정하지 않는다. 제국의 시대에는 과거와 같이 중심부와 주변부 국
가들이 영토적 경계선을 통해 구별되지 않는다. 중심부 국가들 내
부에서 주변부 국가들의 빈곤이 새롭게 출현하고 있으며, 주변부
국가들의 대도시는 현대화된 생산 기지가 되고 있다. 물론 그렇다
고 해서 이것이 사회적 불평등과 분할의 완전한 소멸을 의미하지
는 않는다. 이는 단지 제국 내에서 극도로 불평등한 지위에 있는 주
민들이 서로 등을 맞대고 살고 있다는 것을 의미할 뿐이다. 이러한
근접성은 '영구적인 사회적 위험 상황'을 만들어내며, 이를 관리하
기 위해서 강력한 새로운 통제 장치들이 요구되고 있다.

네그리는 걸프전과 관련된 논쟁에서 부각되었던 '정의의 전쟁'
개념의 등장을 국민국가의 주권을 초월하는 제국 주권의 출현을
보여주는 하나의 징후로 해석하고 있다. 이는 제국 질서의 실제적
효과를 증명하는 전 지구적 '경찰 활동'의 출현에 대한 한 사례라고
할 수 있다는 것이다. 오늘날 제국 주권의 출현은 인도주의적 개입
(humanitarian intervention)의 확대를 통해 강력히 시사되고 있다. 나아가
서 네그리에 따르면 이러한 제국의 주권은 인도주의적 NGO들에
의해 이데올로기적으로 후원되고 있다. 보편적 인권의 확대를 지향
하는 이들 NGO들은 일종의 '도덕적 경찰'로서 적을 결핍으로, 나
아가서는 적으로 정의하면서 '정의의 전쟁'을 배후에서 지원한다는

것이다.

네그리의 시대 진단은 단지 이러한 정치적 변화에 대한 분석을 넘어서 그러한 변화의 물질적이고 경제적인 기초에 대한 분석까지 제시하는 것을 그 목표로 하고 있다. 제국의 등장의 근저에는 전 지구적 규모의 새로운 자본주의 체제의 등장이라는 물질적이고 구체적인 조건이 놓여 있으며, 이러한 기초에 대한 해명을 통해서만 제국의 시대에 대한 더욱 구체적인 이해가 가능하다는 것이다. 네그리에 따르면 20세기 후반에 비로소 전 지구적 영토를 지배하게 된 거대 초국적 기업들은 오늘날 전 지구적 자본주의 체제를 형성하는 근본 조직들이다. 그리고 소통 네트워크의 발전은 이러한 새로운 세계 질서의 등장에서 중요한 계기를 제공한다. 오늘날 소통은 전 지구화 운동을 표현하고 나아가서 그것을 조직한다.

여기서 정보 경제의 출현은 결정적 역할을 수행한다. 정보 혁명은 자본의 단순한 생산성 증대를 넘어서 자본의 시대를 넘어서는 새로운 사회적 생산양식을 창출해내고 있다. 경제 영역에서 지배적 지위가 1차 산업에서 2차 산업, 3차 산업으로 순차적으로 변화한다는 일반론에 근거하여 볼 때, 오늘날 진행되는 경제 패러다임의 이행은 근대화, 산업화 이후 단계인 경제적 탈근대화 혹은 정보화 단계라고 명명할 수 있을 것이다.

네그리에 따르면 이러한 생산양식의 이행을 규명하는 데서 단지 특정 산업부문의 총생산량 증대라는 양적 기준만을 적용하는 것은 오류라고 할 수 있다. 왜냐하면 이러한 분석 방법만으로는 새로운 경향의 출현을 해명할 수 없으며, 또한 국제적인 차원에서 진행되는 경제의 위계화 구조를 파악할 수도 없기 때문이다. 3차 산업이나 정보 산업이 고용하는 노동력의 수나 총생산력이 아직 양적으로 지배적이지 않은 경우라고 하더라도 이러한 산업 분야들은 사회의 전반적 변화를 추동하는 지배적 지위를 가질 수 있다. 또한 농업이나 제조업이 지배적 지위를 차지하는 제3세계 국가라고 하더라도 이러한 국가들은 이미 전 지구적 규모의 정보화 네트워크의 한 부분으로 지구적 위계질서 속에 이미 편입되어 있는 것이다. 이러한 점들을 고려할 때 오늘날 여전히 대규모로 존재하는 산업 생산은 정보 혁명의 영향 속에서 새롭게 활성화되고 변형되고 있다고 말할 수 있을 것이다. 근대화 과정을 통해 모든 생산이 산업화되는 경향이 있었던 것처럼 탈근대화 과정을 통해 모든 생산은 서비스 생산을 향하고 정보화되는 경향이 있다.

오늘날의 새로운 자본주의 체제 아래에서는 산업적 공장 노동을 대체하는 소통적, 협동적, 정서적 노동을 중심으로 하는 새로운 전 지구적 생산 과정의 패러다임(포스트포디즘)이 작동하고 있다. 전 지구적으로 네트워크화된 오늘날의 잉여가치 생산에서 과거 대량생산 공장의 노동력이 차지했던 역할은 점점 축소되고 있으며, 지적이고 비물질적이며 소통적인 노동력이 생산의 중심적 역할을 차지하게 된다. 정보화로 인해 변형된 산업 생산에서는 물질적 노동과 비물질적 노동의 혼합이 일어난다. 서비스 생산의 경우는 노동 그 자체가 비물질적일 뿐 아니라 그것이 물질적 재화나 내구재로 귀결되지도 않는다. 서비스 생산에 포함된 소통적 노동은 의료나 엔터테인먼트 산업에서 볼 수 있는 것처럼 인간적 접촉이나 상호작용과 관련된다는 점에서 정서적 노동의 성격을 갖는다.

말벌과 난초의 사랑과도 같이 그 어떤 물질적 재화의 생산으로도 귀결되지 않는 비물질적 노동은 협동이 노동 활동 그 자체에 완전히 내재적이라는 특징을 가지고 있다. 이러한 노동들 사이의 사회적 협력은 외부로부터 주어지거나 누군가에 의해서 조직되고 관리되는 것이 아니라 이러한 노동의 일부로 자생적, 자발적으로 형성되기 때문이다. 예를 들어 우리는 정보 산업 관련 노동자가 그의 아이디어와 소통망에 기초하여 특정 프로젝트를 기안하고, 특정 기업이 이 프로젝트 수행을 위해 그를 고용하는 경우를 떠올려볼 수도 있을 것이다. 네그리에 따르면 이러한 상황은 오늘날 노동이 불변자본과 필수적으로 결합해야 하는 가변자본이기를 넘어서서, 더 이상 자본에 의존하지 않는 창조적인 언어적, 소통적, 정서적 네트워크를 형성할 수 있는 잠재력을 지니고 있음을 시사한다.

단순 노동력은 점차로 기계에 의해 대체되고 있으며, 오늘날 노동자들에게는 소통적 노동, 상호작용적 노동, 정서적 노동과 같은 비물질적 노동이 요구되고 있다. 건강, 교육, 금융, 연예, 광고 등 대표적인 서비스업들은 거기서 지식, 정보, 정서, 소통이 중심 역할을 한다는 일반적 특징을 가지고 있다.

정보화 경향은 또한 생산의 탈중심화, 탈영토화를 초래한다. 오늘날 생산은 더 이상 지역적 집중화를 필요로 하지 않고 전 지구적 차원에서의 생산 네트워크가 형성될 수 있게 만든다. 정보 네트워크의 발전을 통해서 노동자들은 제한된 공간을 벗어나 어느 곳에서나 작업하며, 세계 각국의 노동자들과 소통하며 협조하여 생산

할 수 있다. 물론 이러한 변화는 한편으로 조직된 노동자의 협상력을 약화시키고, 불안정한 고용 상황을 초래하는 것 역시 사실이다. 산업화 시대의 대규모 생산은 조직화된 정규직 노동자들과의 협상을 필요로 했지만, 네트워크화된 생산의 탈중심화는 특정한 장소에 결집된 노동자 집단을 해체하면서 다양한 고용 형태들을 활용하고 있다.

그런데 네그리에 따르면 이러한 경제적 변화를 추동한 근본 요인은 정보통신 기술과 같은 특정한 생산 기술의 발전에 있는 것이 아니라 바로 사회적 공장이라는 훈육 체제를 거부하려 했던 문화적 투쟁들에 있다. 현재의 제국의 질서를 과거에 진행되었던 노동자들, 다중들의 주체적 투쟁의 결과물로 해석하는 것은 네그리가 취하고 있는 일관된 입장이다. 훈육 체제를 거부했던 1960년대의 다양한 문화적 투쟁들이 단지 문화적 투쟁에 그치는 것이 아니라 심오한 정치적, 경제적 효과를 발휘했다는 것이다. 대학생들의 취업 거부, 젊은 여성들의 결혼과 출산 거부 등 다양한 문화적 투쟁들과 신사회운동의 출현은 단지 문화적 영역에서의 투쟁을 넘어서 경제 질서까지 변화시키는 힘을 지니고 있었다. 왜냐하면 새로운 문화적 상황들이 가치 생산 과정들과 경제 구조들을 새롭게 정의하게 되었기 때문이다.

이런 상황으로 인해 오늘날 노동 시간과 여가를 엄격히 구별하는 것은 이제 무의미해지게 되었다. 생명정치적 생산의 사회에서 생산과 소비, 노동과 여가, 생산과 재생산 사이의 구별들은 이제 사라진다. 삶은 생산을 위해 기능하게 되고 생산은 삶을 위해 기능하게 된다. 물론 이러한 경계의 소멸과 더불어 지배와 착취 역시 사회생활의 전 영역으로 더욱더 조밀하게 침투하게 된다. 경제의 정보화는 중앙집중적인 명령과 통제 체제를 동반하며 이를 통한 원격통제는 일종의 가상적 원형 감옥을 만들어내고 있다. 생산 네트워크의 중심에서는 노동자의 작업 성과와 작업 진행을 언제나 직접적으로 감시하고 통제하고 있다.

제국의 물질적 기초에서 발생하는 이러한 변화는 토대와 상부구조, 생산력과 생산관계라는 마르크스주의적 도식들을 무력화하는 효과를 갖는다. 이제 생산력과 생산관계, 가변자본과 불변자본의 구별 등은 더 이상 통용되지 않는다. 언어와 소통이라는 비물질적 노동과 사회적 협력이 지배적인 생산력이 되는 상황에서 생산력과 생산관계는 병합되고, 불변자본은 가변자본 안에서, 즉 노동자들의 두뇌와 신체들, 그리고 그들의 협동 속에서만 재현된다.

이러한 변화들에 기초한 제국의 지배가 가지는 새로운 특성은 그것이 사회생활 전체를 전면적 지배와 통제의 대상으로 삼는다는 점에 있으며, 그런 점에서 제국의 지배는 전형적인 생명권력(bio-power)의 형태를 갖는다. 네그리는 이를 푸코의 분석에 기대어 '훈육 사회'에서 '통제 사회'로의 이행으로 명명한다. 훈육 사회에서 통제 사회로의 이행은 초월적이고 외적인 제도들(학교, 감옥, 공장 등)에 의한 지배가 생활 영역 전체로 확장되면서 더욱더 '민주화'되고 '내면화'되어가는 것을 의미한다. 훈육 사회가 생산해내는 정체성이 표준화된 제도들에 의한 표준화된 정체성이라면, 통제 사회가 생산해내는 주체들의 정체성은 잡종적이고 가변적인 것이다. 물론 이러한 외형적 변화에도 불구하고 통제 사회에서 훈육의 내재적 실행은 더욱더 확장되어간다.

이러한 제국 시대의 도래는 한편으로 식민주의와 제국주의의 종식이라는 긍정적 성과를 의미하지만, 다른 한편으로는 더욱 비인간적인 잔인한 지배의 등장을 의미하기도 한다. 오늘날 부유한 소수와 빈곤한 다중은 더욱 극단적으로 분리되고 있으며, 모든 다중의 삶은 자본주의적 착취의 네트워크에 의해 더욱 철저하게 흡수되며 종속되고 있기 때문이다. 이와 같이 제국의 도래가 더욱 철저한 지배를 의미함에도 불구하고, 제국의 도래는 국민국가 시대에 향수를 느끼는 과거 지향적 전망의 존립을 더 이상 불가능하게 만든다. 우리는 제국의 시대의 도래를 인정해야 하며 이러한 새로운 조건을 과거 회귀적으로 되돌리려는 것은 반동적 시도에 불과하다.

이와 같이 네그리는 '제국'의 개념을 통해 정보 혁명이라는 새로운 기술적 조건에 기초한 전 지구적 자본주의의 확장, 국민국가를 넘어서는 중심 없는 초국적 권력의 형성, 삶의 전 영역을 식민화하는 지배의 확장이라는 새로운 현실을 포착하고자 한다. 물론 우리가 이러한 시대 진단의 정당성을 검토하기 위해서는 전 지구적 자본주의의 확장이라는 인식이 국민국가나 지역의 특수성을 사상하고 있는 것은 아닌지, 강대국의 패권과 분리된 초국적 권력이라는 것이 진정으로 실재하는 것인지, 삶의 영역의 식민화와 더불어 시민들의 자율성의 확장과 민주화 과정이 동시에 진행된다고 보는 것이 더욱 균형 잡힌 현실 인식은 아닌지 등 다양한 구체적 의문들을 제기하고 그에 대해 논의해보아야만 할 것이다.

**3** | 다중 이론의 대안—'다중'과 절대적 민주주의

이러한 시대 진단에 따르면 오늘날 제국의 지배는 외부가 없는 총체성을 형성하였으며, 따라서 이에 대한 대안 역시 제국 외부가 아니라 제국 내부에서 발견될 수밖에 없다. 제국의 지배가 총체적이고 전면적임에도 불구하고, 네그리는 그 내부에 '다중'의 역능이라는 거대한 저항의 잠재력이 존재한다고 말한다. 그가 말하는 다중은 인민(people), 대중(the mass), 노동 계급(working class) 개념과는 다른 것이다. 먼저 다중은 그것의 다원성과 복수성으로 인해서 모종의 단일성, 동일한 하나의 정체성을 전제하는 인민 개념과 구별될 수 있다. 다음으로 다중은 내적 차이를 유지하면서 적극적으로 소통한다는 점에서 무차별성과 수동성을 특징으로 하는 대중 개념과도 구별된다. 마지막으로 다중은 주로 산업 노동자 계급만을 특권화하는 배타적인 노동 계급 개념과는 달리 가난한 자, 가사 노동에 종사하는 주부와 같은 무임금 노동자, 실업자까지도 포함하는 매우 포괄적 개념이라고 할 수 있다.

네그리에 따르면 오늘날 다중의 정치적 과제는 제국적 전 지구화 과정에 대한 단순한 저항을 넘어서서 그러한 과정을 재조직하여 새로운 세계를 건설하는 것이다. 제국을 떠받치는 다중의 창조적 힘은 '대항 제국', 즉 전 지구적인 흐름과 교환에 대한 대안적인 정치 조직을 자율적으로 구축할 수 있는 능력을 보유하고 있다. 이것이 가능한 가장 근본적인 이유는 제국의 창조자가 바로 다중 자신이고 다중의 저항은 새로운 세계를 창조하는 힘이기 때문이다.

우리의 욕망과 노동이 제국을 끊임없이 재생산하는 한에서 세계의 주인은 바로 우리 자신이다.

앞서 언급한 바와 같이 네그리는 현재 제국의 질서 자체를 과거에 진행되었던 다중들의 반자본주의, 반제국주의 투쟁의 결과물로 이해하고 있다. 프롤레타리아의 계급 투쟁이야말로 자본주의 발전의 동력이었다는 것이다. 계급 투쟁은 자본으로 하여금 기술 수준 향상을 추구하도록 지속적으로 압박해왔다. 자본주의 발전의 경로를 결정하는 주도권은 항상 조직화된 노동력에 있었다. 제국의 질서, 제국의 도래가 다중의 투쟁의 산물이라는 사실은 결국 제국의 건설 과정이 자신의 전복 과정으로 이어지는 드라마를 가능하게 하는 '존재론적' 근거가 된다. '존재론적 관점'에서 보면 제국과 다중의 위계는 역전된다. 지배하는 제국은 존재론적 관점에서 볼 때 다중의 생명력에 기생하는 단순한 포획 장치에 불과하다. 그렇기 때문에 네그리는 위기를 넘어설 수 있는 수단은 주체를 존재론적으로 전위시키는 것이라고, 가장 중요한 변화는 인간성 내부에서 일어나야만 한다고 강조한다.

앞서 지적한 바와 같이 제국에 대한 다중의 저항은 먼저 그것이 제국의 도래 자체를 부정하는 방식으로, 지구화에 반대하여 지역성을 강조하는 방식으로 전개되어서는 안 된다. 이는 세계화에 대한 좌파 민족주의적 저항이나 지역적인 특수성에 근거한 반세계화론에 대한 거부를 의미한다. 지구적인 것과 국지적인 것 사이의 잘못된 이분법에 기초하고 있는 이러한 시도들은 지역적 특수성, 차이가 본래적으로 존재한다는 환상에 빠져 있으며, 그것들이 여전히 국민국가에 대한, 지구화 이전 시기에 대한 향수를 품고 있다는 점에서 '시대착오적이고 반동적'이라는 것이다. 제국의 침입에 저항하여 고립된 특정한 공동체를 보호하고자 하는 시도들은 모두 일종의 게토(ghetto)로 귀결될 뿐이다.

따라서 이제 전복과 해방의 가능성은 제국 내부에서 형성되는 국제주의적인 다중의 대항 권력 속에서 발견되어야만 한다. 이를 위해서는 들뢰즈와 가타리가 주장한 바와 같이 지구화에 저항하기보다는 그것을 더욱더 가속화할 필요가 있다. 제국의 도래를 통해 전통적 국가 주권이 해체되고 있는 만큼 근대적 주권에 대해 저항하는 대항 권력이라는 전통적인 저항의 형태는 오늘날 무의미하게 되었다. 오늘날 요구되는 것은 새로운 저항의 형태들이다. 네그리는 이것이 새로운 형식으로 역사적 해방의 목적론을 제기하는 것은 결코 아니라고 말한다. 역사 외적인 초월적 목적은 존재하지 않는다. 그렇기 때문에 필요한 것은 비판적이고 해체적인 동시에 건설적(constructive)이고 윤리, 정치적인 방법론을 기초로 새로운 권력의 구성을 해명하는 것이다.

다중의 역량에 대한 더욱 구체적인 해명을 위해 우리는 먼저 오늘날 프롤레타리아의 구성 자체가 변화되었음에 주목해야만 한다. 네그리에 따르면 오늘날 프롤레타리아는 전통적인 남성 산업 노동자에 국한되지 않고 자본주의 체제에 의해 노동을 착취당하는 모든 사람을 폭넓게 일컫는다. 그는 '프롤레타리아' 개념이 산업 노동자 계급뿐 아니라 자본의 지배 아래 종속되고, 자본에 의해 착취당하고, 자본의 지배 아래에서 생산하는 모든 사람들을 가리키는 것으로 이해하고 있다. 오늘날 산업 노동자 계급은 그 패권적 지위를 이미 상실하였으며, 존재하는 것은 다양한 차별성 속에 존재하는 다중으로서의 프롤레타리아일 뿐이다.

이러한 변화는 당연히 투쟁과 저항의 양상에서도 기존 방식과의 차별성을 야기한다. 네그리는 20세기 말의 천안문 사건, 팔레스타인의 인티파다, LA 폭동, 멕시코의 치아파스 봉기, 1995년 프랑스 파업, 1996년 한국의 노동법 반대 파업 등을 언급하면서, 이러한 투쟁들은 모두 국지적인 특수한 맥락에서 발생한 것이지만 동시에 전 지구적 제국 체제에 대한 도전을 의미한다고 주장한다. 이러한 투쟁들은 첫째, 국지적 조건에서 발생함에도 즉각적으로 제국의 질서 전반을 공격하며, 둘째, 경제 투쟁과 정치 투쟁이라는 전통적 구분을 넘어서 경제적이고, 정치적이며, 문화적인 성격을 동시에 갖는다는 특징을 가지고 있다는 것이다.

물론 이러한 투쟁들이 명확한 국제적 연대를 형성하거나 직접적으로 소통했던 것은 아니며 또 그럴 필요도 없다. 네그리는 이것이 새로운 투쟁 양식의 약점이라기보다는 강점이 될 수 있다고 말한다. 왜냐하면 도처에서 벌어지는 국지적 투쟁들이 제국의 가상적 중심을, 제국적 질서의 최고의 접합점들을 직접 타격할 수가 있기 때문이다. 제국에서는 권력의 외부도 없고, 따라서 특정한 약한 고리도 존재하지 않는다. 아마도 우리는 어느 곳에서든 한 올이 빠지기 시작하면 손쉽게 풀어져버리는 직물 구조를 떠올려볼 수도 있을 것이다. 중심이 없는 이러한 직물에서 특정한 약한 고리는 존재하지 않지만 이는 동시에 그 직물 전체가 약한 고리가 될 수 있다는 사실을 의미하기도 한다.

저항 양상의 이러한 변화는 지배 양상의 변화와 밀접하게 연관되어 있다. 네그리에 따르면 제국 시대의 지배는 특정 장소에 국한되지 않기 때문에 오늘날 우리는 적을 명확히 규정할 수 없는 상태에 처해 있다. 적을 명확히 규정할 수 없는 상태는 모두가 억압을 경험하기는 하지만 그 무엇에도 저항할 수 없는 결과를 초래할 수도 있을 것이다. 그렇지만 네그리는 역으로 이러한 상황이 오늘날 모든 장소에서의 저항을 가능하게 한다고 말한다. 네그리가 이러한 저항의 원칙으로 제시하는 것이 바로 도주, 탈출, 유목주의다.

네그리는 특히 오늘날 확대되고 있는 이주 현상에 주목하면서 이를 자유로운 이동을 위한 욕망과 연계시키고 나아가서는 탈근대적인 강력한 계급 투쟁으로까지 명명하고 있다. 구공산권 국가들로부터 탈출하려는 이주의 물결이 결국 그 체제를 붕괴시켰던 것과 같이 대규모의 탈출, 이주, 유목주의는 제국의 전체 체제를 붕괴시키는 데 기여할 수 있다는 것이다. 그렇기 때문에 네그리는 유목주의와 이종 혼합을 제국의 지형 위에서의 최초의 윤리적 실천들로, 미덕으로 규정한다. 이제 이민자들과 이주자들은 제3세계 해방의 진정한 영웅들로 명명된다. 그들은 영토적이고 인종적인 경계들을 침범하면서 특수주의(지방주의)를 파괴하고 공통 문명을 지향한다는 것이다.

이러한 장소의 이동성과 더불어 젠더나 성과 관련된 전통적인 질서들을 파괴하는 돌연변이, 혼합물, 잡종화 역시 증대하고 있다. 남과 여라는 구별에 기초한 양성적 질서를 파괴하고 새로운 신체를 창조하려는 이러한 탈출과 저항은 전통적 질서를 파괴하는 동시에 새로운 질서를 발명하는 창조적 진화를 의미한다. 새로운 신체를 창조하려는 시도들로 피어싱과 문신, 펑크 패션과 그것의 모조품들이 언급되고 있지만, 네그리는 이러한 시도들을 넘어서 새로운 생활 형식을 창조할 수 있는 철저한 신체의 변형을 요구한다. 오늘날 필요한 혁명은 단지 노동 계급만의 혁명이 아니라 삶 자체의 혁명이다.

이러한 인식들을 바탕으로 하여 네그리는 전 지구적 시민권, 사회적 임금, 재전유를 오늘날 제국에 대한 저항의 정치적 강령으로 제시하고 있다. 먼저 전 지구적 시민권은 국민국가의 영토적 경계와 분할을 넘어서는 이주의 자유와 시민권의 획득을 요구한다. 오늘날 대규모 이주는 이미 자본주의적 생산의 필수적인 조건이 되었다. 이주 노동자들의 지속적인 유입이 없이는 선진국들의 경제 운용 자체가 이미 불가능한 상황이기 때문에 자유로운 이주와 시민권 요구는 필요한 동시에 정당한 요구라는 것이다. 네그리는 이러한 운동들을 횡단적인 영토의 재전유로, 새로운 자유들이 구축되는 새로운 공간들의 재전유로 이해한다. 다중들은 이러한 공간의 횡단적 재전유를 막고자 하는 제국의 정책을 분쇄하기 위해 전 지구적 시민권을 요구해야만 한다. 인종, 성별, 언어, 문화 등의 균열들과 경계선들을 강화하는 제국에 맞서 다중이 제기해야 할 첫 번째 정치적 강령은 모든 미등록 이주 노동자들에게 완전한 시민권을 부여하라는 요구다.

사회적 임금권은 실업자, 청소년을 포함하는 전체 다중에 대한 임금 지급을 요구한다. 성별 노동 분업에 기초한 남성 노동자에 대한 가족 임금 제도를 넘어서서, 그리고 "동일 노동, 동일 임금"이라는 낡은 구호를 넘어서서 오늘날 다중의 정치적 구호는 모든 다중에게 사회적 임금, 기본 소득(basic income)을 보장하는 것이 되어야만 한다는 것이다. 이러한 요구는 노동 시간과 여가 시간이 구별 불가능해지고 생산과 재생산의 구별이 불가능해진 오늘날의 현실을 반영하고 있다. 오늘날 다중은 도처에서 언제나 생산하며, 그런 한에서 모든 다중은 사회적 임금을 요구할 권리를 갖는다. 전 지구적 시민권이 주어진다면, 그와 더불어 다중 모두에 대한 시민권 수입이 지불되어야만 한다.

마지막 궁극 목적인 강령은 생산수단에 대한 재전유권이다. 과거 사회주의자들과 공산주의자들이 생산에 필요한 기계와 원료에 대한 자유로운 접근과 통제를 요구했다면, 오늘날 다중은 지식, 정보, 소통 그리고 정서에 대한 자유로운 접근과 통제를 요구해야 한다. 왜냐하면 이것들이야말로 오늘날 생산에서 일차적인 수단이기 때문이다.

네그리가 제시하는 정치적 대안은 존재론적 관점에서 정당화되는 다중의 역능에 근본적으로 의존하고 있다. 오늘날 다중은 생산의 영역에서 자율성을 확대해나갈 뿐 아니라 정치적 삶의 영역에서도 동시에 자신의 자율성을 획득해나가고 있다. 이러한 자율적 다중들은 지휘자가 없이 박자를 맞추어나가는 오케스트라 극단과도 같이 지배 없는 협력을 스스로 창조해간다. 결국 오늘날 해방의 대안은 제국의 지배에도 불구하고 도처에서 분출되고 있는 다중의

저항을 자율적으로 조직함으로써 현재의 전 지구적 질서를 대체할
수 있는 새로운 정치적, 경제적 삶의 질서를 전 지구적 차원에서 구
축해가는 데 있다고 할 수 있다.

네그리는 이러한 대안적 정치 질서를 '절대적 민주주의'라고 명
명한다. 그는 민주주의를 일종의 미완의 기획으로 규정하면서 기존
의 주권 이론이 단일한 주권의 지배, 일자의 지배를 상정하는 위로
부터의 민주주의 개념에 속박되어 있었다고 비판한다. 따라서 이제
다중에게 필요한 것은 현존하는 모든 주권을 전 지구적 차원에서
폐지하고, 다중의 아래부터의 직접적 지배를 보장하는 새로운 세계
를 건설하는 것이다. 여기서 다중의 정치적 슬로건은 "다른 세계는
가능하다"는 것이며, 이는 기존의 모든 주권과 권위가 파괴되어야
만 한다는 것을 의미한다.


# **4** ∣ 다중 이론의 평가


네그리의 다중 이론은 현재의 지구화를 새로운 착취 질서의 등장
으로 규정하고, 다중의 역량에 기초하여 전 지구적 차원에서 이러
한 질서의 전복을 도모하는 새로운 형태의 좌파적 사회 비판 이론
이라고 할 수 있다. 다중 이론은 지구화 과정에 대한 현실적이고 구
체적인 분석을 시도하고 이에 기초하여 급진적인 실천적 대안을
제시함으로써 비판적 사회 인식을 지향하는 많은 사람들의 관심
대상으로 부각되었다.

오늘날 진보 정치의 기획이 유의미한 것이 되기 위해서는 무엇보다 먼저 지구화 현상이 초래한 정치적, 사회적, 문화적 변화에 대한 종합적이고 구체적인 분석과 이에 기초한 실천적인 대안의 제시가 필요할 것이다. 만일 오늘날 전개되고 있는 급속한 현실의 변화를 분석하고 이에 기초한 유효한 대안을 제시할 수 없다면 진보 정치의 담론은 현실에 대한 무기력한 한탄에 지나지 않게 될 것이다. 이런 점들을 고려할 때 정보 사회의 출현과 지구화하는 자본주의 현실을 종합적으로 분석하면서 과거 회귀적인 반동적 저항 노선들을 비판하고 있는 네그리의 작업은 오늘날 진보 정치의 기획에 대해 중요한 과제를 제시하고 있다. 오늘날의 새로운 도전들에 대응하기 위해 진보 정치의 기획은 기존의 국민국가 틀을 넘어 지구적 정의를 실현할 수 있는 전망을 제시할 수 있어야만 할 것이다. 나아가서 지구화 과정에 눈감고 지역적, 국가적 특수성 논의에 집착하거나 새로운 지배 방식과 불평등 구조의 출현을 무시한 채 전통적인 저항 운동 방식만을 고수하는 입장에 대해 문제를 제기하고 있다는 점에서도 네그리의 작업은 의의를 갖는다. 오늘날 진보 정치의 기획은 지배 양식의 변화와 이로 인해 다층화되고 있는 현대 사회의 사회 갈등 양상들을 정확히 분석하고 이에 대한 새로운 대응의 방식을 모색해야만 한다.

그러나 네그리의 작업이 갖는 이러한 중요한 의의에도 불구하고 그가 제시한 다중 이론은 몇 가지 중요한 제한성을 가지고 있는 것으로 보인다.

첫째, 네그리의 사회 비판은 특정한 존재론적 입장에 기초하고 있다는 점에서 그 제한성을 갖는다. 네그리는 정치 이론이 존재론을 다루어야만 한다고 강조한다. 물론 이때의 존재론은 내재성과 존재 일반의 역능을 강조하는 스피노자주의를 의미한다. 문제는 과연 이 특정한 존재론에 대한 보편적 동의가 과연 오늘날 가능한가 하는 것이다. 이미 롤즈나 하버마스가 현대적 상황에 대한 그들의 논의를 통해서 보여준 바와 같이 더 이상 특정한 포괄적 교리나 형이상학적 입장에 기초한 사회적 합의를 기대하는 것은 오늘날 무망한 시도로 보인다. 이런 상황에서 특정한 존재론에 기초한 사회철학을 수립하려는 시도는 일견 반시대적인 시도로 판단된다.

네그리는 쇼펜하우어나 하이데거와 같은 유럽의 비극적 철학자들이 마치 그것이 환상이라도 되는 것처럼 현실의 비극을 존재의 부정성에 관한 형이상학적 서사들로 바꾸어버린다고 비난하고 있다. 만일 이러한 그의 비판이 유의미하다면, 역으로 제국에 대한 다중의 저항 역능에 관한 서술이 가지는 극단적 낙관주의가 존재론적 용어를 동원하여 다중의 역능을 형이상학화하고 있다는 비판 역시 타당할 것이다.

둘째, 한 걸음 더 나아가서 네그리가 전제하는 존재론은 그것이 보편적 규범의 정초 가능성 자체를 불가능하게 만든다는 점에서도 심각한 한계를 갖는다. 제국의 지배에 대한 다중의 저항을 정당화하고, 나아가서 다중들 사이의 이해관계 충돌을 조정하기 위해서는 상충하는 요구와 이해관계의 정당성을 합리적으로 평가할 수 있는 규범적 기준이 요구될 수밖에 없다. 그러나 네그리의 견해는 자신이 함축하는 비판의 잣대를 정당화할 수 있는 규범적 기초를 부정하고 있다. 왜냐하면 그들이 제시하는 존재론적 입장 자체가 도덕적 차원의 존립 가능성을 부정하고 있기 때문이다.

네그리에 따르면 존재론이 논의되어야만 하는 이유는 정치가 순수한 내재성의 장이며, 가치 및 척도에 대한 모든 초월적, 선험적 규정이 불가능하다는 것을 보여주기 위해서이다. 그는 초월성에 대한 모든 형이상학적 환상이 거부되어야 하며, 만일 정치적 초월이 오늘날 여전히 주장된다면, 그것은 즉시 독재와 야만주의로 이어질 것이라고 경고한다. 이러한 그의 주장의 논거는 스피노자주의의 수용에 기초하고 있다. 들뢰즈에 따르면 스피노자주의에서 "선과 악은 없으며, 좋음과 나쁨이 있다. (…) 좋음은 한 신체가 우리 신체와 직접적으로 관계를 구성할 때, 그리고 그 신체의 능력의 전체 혹은 부분을 통해 우리 신체의 능력이 증가할 때를 지시한다." 이런 방식으로 도덕은 삶의 윤리학으로 대체된다. 그러나 보편적 가치나 규범적 척도를 말할 수 없는 곳에서 우리는 어떤 기준으로 상이한 요구와 이해관계의 정당성 여부를 판별할 수 있을 것인가? 물론 도덕에 대한 부정이 삶의 윤리학에 대한 긍정으로 보완된다고 말할 수 있겠지만, 자기 강화를 선으로 규정하는 윤리학으로는 강한 것이 선이라는 식의 판단 이외의 방식으로는 상충하는 요구와 이해관계들의 정당성을 평가할 수 없게 될 것이다.

셋째, 제국이라는 시대 진단에 동원되는 이러한 존재론적 전제들은 또한 그것이 경험적 분석들과 뒤섞이면서 문제들을 야기하게 된다. 네그리는 오늘날의 현실을 조명하기 위해서는 폭넓은 학제 연구들이 요구된다고 정확히 지적하면서 자신들의 주장이 철학

적이자 역사적이고, 문화적이자 경제적이고, 정치적이자 인류학적
이라고 말한다. 그러나 문제는 이러한 학제 연구가 수행되는 방식
이다. 네그리의 시대 진단은 곳곳에서 구체적이고 경험적인 상황에
대한 진술들을 '경향성에 대한 분석'이라는 미명하에 존재론적 지
평의 서술로 전환시킨다. 다중들이 처한 현실에 대한 분석이 다중
들의 역능에 관한 존재론적 논의로 전환되는 경우가 그 대표적인
사례라고 할 수 있을 것이다.

만일 우리가 다중들의 현실을 있는 그대로 서술한다면, 아마도
우리는 다중들의 수동성과 피동성, 그리고 그들이 수행하는 능동적
저항이라는 이중적 측면에 대해 서술할 수밖에 없게 될 것이다. 이
는 다중의 역능에 관한 '존재론적 전제들'이 없다면, 우리가 이러한
현실의 이중성을 넘어서 다중의 역능에 관한 일방적인 낙관주의적
전망을 유지할 수 없게 된다는 것을 의미한다.

넷째, 다중의 존재론적 역능에 대한 추상적 확신은 결국 구체적
인 연대와 변혁 전략의 부재로 귀결된다. 존재론적 관점에서 볼 때,
세계의 주인, 제국의 주인이 다중 자신이라는 논의로부터 다중 자
신이 주인이 되는 새로운 사회 체제가 건설되어야 한다는 식의 원
론적인 주장으로 나아가는 것은 어찌 보면 동어반복에 지나지 않
는다. 만일 다중이 본래 세계의 주인이라면, 문제는 어떤 연유로 다
중이 오늘날 주인의 지위를 빼앗기게 되었으며 나아가서 어떤 방
식으로 다중이 연대하여 빼앗긴 주인의 지위를 회복할 것인지를
더욱 구체적으로 검토하는 것이다. 다중이 존재론적 관점에서 세계
의 주인이라고 해서, 오늘날과 같은 복잡 사회의 조건 속에서 다중

이 자립화된 시장 질서의 주인이 될 수 있다는 말인가? 그것이 과연 어떻게 가능하다는 말인가? 이러한 구체적인 차원의 논의가 없이 존재론적 관점의 전환, 인간 내부의 변환만을 강조하는 것은 현실성 없는 추상적 논의에 지나지 않는다.

이러한 문제점들은 많은 논자들이 지적해온 다음과 같은 오류들로 귀결된다. 첫째, 다중에 대한 무분별한 포괄적 정의의 문제다. 네그리는 앞서 살펴본 바와 같이 전통적인 프롤레타리아 개념을 넘어서 자본에 착취당하는 모든 사람들을 다중으로 규정한다. 그러나 이와 같이 다중 개념의 외연을 넓히는 것은 그 속에 존재하는 다양한 이질적 요구와 대립들을 사상하는 문제를 야기할 수밖에 없다. 나아가서 다중의 다원성과 복수성을 강조하는 네그리의 논의는 그것이 공통성(the common)이라는 개념을 강조함에도 불구하고 사회적 수준에서 다중의 공동의 집합적 행동이 어떻게 가능한지를 설득력 있게 해명하지 못하고 있다. 더 나은 노동 조건과 환경 규제를 원하는 선진국의 노동자들과 일자리를 원하는 제3세계 노동자들의 요구의 대립, 한 사회 내에서 존재하는 정규직 노동자와 비정규직 노동자의 이해관계의 대립 등을 사상한 다중이 과연 어떤 공통의 요구를 제기할 수 있을지 의문이다. 둘째, 일종의 과대 지구화론을 통한 현실 무시의 문제다. 제국의 개념은 지구화 과정에서 여전히 중심적인 기능을 수행하는 국가의 역할을 무시하고 있으며, 경향성 분석이라는 미명하에 선진국과 제3세계 사이의 상이한 현실을 무시한다. 그러나 과연 해당 국가 정책의 변화를 직접적인 목표로 하지 않는 사회적 저항이 현재 수준에서 가능한 것인지, 세계화의 불균등화 효과로 인해 고통받는 제3세계의 특수성을 고려하지 않는 경우 저항이 가능한 것일지 묻지 않을 수 없을 것이다.

이러한 여러 문제점들에도 불구하고 앞서 지적한 바와 같이 다중 이론은 지구화 과정 속에서 급변하고 있는 현실에 대한 총체적 분석의 필요성을 제기하고, 나아가서 인류의 발전을 위해 국민국가 틀을 넘어서 지구적 차원에서 새로운 정의로운 질서를 모색해야 할 필요성을 우리들에게 지적해주고 있다. 지구화 과정이 야기하는 새로운 부정의들을 면밀히 분석해내고, 국민국가 내부에서, 나아가서는 국민국가 틀을 넘어서 이에 유효하게 대응할 수 있는 방안을 모색하는 것이야말로 오늘날 우리에게 주어진 중요한 과제라고 할 수 있을 것이다.

# VI

# ALAIN BADIOU

# 6 바디우
**포스트모던[1]과 마주한 새로운 합리주의**

서용순

## 1 | 포스트모던의 비판에 마주하여

모든 사유는 자신에게 주어진 계기 속에서 발전하고 실질적으로 변화한다. 역사는 수용된 변화의 계기들로 채워져 있으며, 그 계기가 현실화되는 과정을 잘 보여준다. 그러나 역사가 그 모든 변화의 계기를 전적으로 수용하는 것은 아니다. 그 변화들이란 항상 제한된 변화이고, 역사는 변화의 계기가 지니는 가능성의 일부만을 수용한다. 사유의 경우에도 그것은 마찬가지다. 모든 사유의 역사는 사유가 창조해낸 변화의 계기를 수용함으로써 구성되지만, 사유가 그 계기를 모두 드러내는 것은 아니다. 그래서 사유는 종종 과거로 돌아가는 모습을 보이곤 한다. 얼핏 보기에, 그러한 과거로의 회귀는 반동적인 성격을 보여주기도 하지만, 지나간 사유의 계기가 완전히 표출되지 않은 변화의 동력을 다시 끌어오기도 한다. 모든 사유의 역사는 그러한 반복과 회귀의 형상 속에서 파악될 수도 있다. 예를 들어 데카르트의 코기토(Cogito)는 칸트와 후설을 통해 다시 철학사의 전면에 등장하고, 라캉과 들뢰즈 등을 통해 개작되거나 반박된다. 코기토라는 사유의 계기가 미처 드러내지 못한 가능성, 그것이 담고 있는 다른 가능성은 지속적으로 철학사의 무대에 유령처럼 등장한다. 그것은 비단 철학에만 해당되는 것이 아니다. 혁명적 정치에서 공산주의라는 (사유의) 계기는 결코 사라지지 않고 마르크스라는 이름과 함께 다시 등장한다. 예술이나 과학에 있어서도 그것은 마찬가지일 것이다. 그러나 그 계기들이 과거와 같은 형상으로 다시 등장하는 것은 아니다. 그러한 사유의 계기들이 실질적이고 효과적이기 위해서는 항상 새로운 모습으로 등장해야만 한다. 그렇지 않으면 그 계기를 전유하기 위한 시도는 반동적인 복고주의에 지나지 않는 것이 될 뿐이다. 그렇게 모든 사유는 자신 안에 있는 새로운 계기를 발견함으로써 스스로를 일신하며, 그것을 동력으로 하여 자신의 세계를 변화시킨다.

그렇다면 오늘날 철학적 사유의 계기는 무엇인가? 언제나 존재했던 철학적 주석과 구태의연한 아카데미즘을 제외할 때, 오늘날의 철학이 고려할 수밖에 없는 사유의 계기는 여전히 포스트모던의 철학 비판, 다시 말해 후기-근대의 철학 비판일 것이다. 이미 오래전부터 프랑스를 중심으로 이루어졌던 이 강력한 비판은 전통 철학을 위기에 빠뜨렸고, 철학을 새로운 지형으로 이동시킴으로써 철학 그 자체에 변화를 추동하는 계기를 제공한 것으로 간주되곤 한다. 우리가 볼 것처럼 후기-근대(포스트모던)의 비판은 강력하다. 이 비판을 무시한 채 전통 철학의 길을 고수하는 것은 헛된 일이다. 실제로 후기-근대의 비판은 철학사 전체를 관통하는 전제와 개념들을 파괴했고, 철학의 근본적인 욕망을 기각함으로써 철학의 지형을 바꾸려고 시도했다. 그리고 그 시도는 어느 정도 성공을 거두었다. 오늘날 이 강력한 비판을 피해갈 수는 없다. 후기-근대에 맞서 전통 철학을 고수하고자 할 때, 후기-근대의 비판에 대해 진지하게 응답하는 일은 더 이상 피할 수 없는 과제가 되었다. 그러나 여기에는 위험이 따른다. 후기-근대의 문제의식을 비판하는 것은 자칫 그 문제의식을 무시한 채 전통 철학으로 돌아가는 퇴행에 그쳐버릴 수도 있기 때문이다. 철학을 위기에 빠뜨린 후기-근대의 비판을 극복하기 위해 요구되는 것이 마치 전통 철학을 끊임없이 확인하고 강화하는 것인 양, 끝없는 부인과 환원을 통해 후기-근대의 비판이 갖는 의미를 최소화하는 이러한 시도는, 철학적 사유의 새로운 계기를 무시하고, 철학이 그대로 지속되어야 한다고 고집하는 것처럼 보인다.

이제 철학은 갈림길에 서게 된다. 철학은 선택을 강제당한다. 전통을 옹호하고 후기-근대의 비판을 철학사의 주변부로 밀어 넣거나, 그 비판을 수용하는 동시에 그것을 사유의 계기로 삼아 철학을 일신하거나. 전자를 선택하는 것은 철학에 아무런 변화도 가져다주지 않는다. 철학은 눈을 감은 채 자기 자신에만 몰두하는 나르키소스로 남게 될 것이다. 후자를 선택하는 것은 어려운 일이다. 그 비판에 굴복하여 철학을 포기하지 않고, 오히려 철학을 더욱 풍부하게 하려는 시도는 많은 긴장과 창조성을 요구한다. 그런 점에서 우리가 주목하는 철학자는 바로 알랭 바디우(Alain Badiou, 1937~)인데, 그는 후자의 선택을 통해 철학을 살리고자 하는 대표적 인물이다.

바디우는 1937년 모로코의 라바트에서 태어난 프랑스인으로, 그의 아버지는 레지스탕스에 참여한 경력이 있고, 전쟁 후에는 남프랑스의 도시인 툴루즈의 시장을 지내기도 했다. 그는 파리 고등사범학교에서 알튀세르에게 배웠으며, 이후 같은 학교의 교수로 재직하며 알튀세르가 조직한 '과학자를 위한 철학 강의'에 참여하기도 했다. 1968년 5월 혁명 이후 그는 마오주의자가 되어 알튀세르의 이론주의를 강하게 비판하면서 열혈 마오주의자로 활동한다. 1970년대 내내 마오주의 운동에 매진했던 그는 마르크스주의가 쇠락하고 문화대혁명이 실패로 끝나자 마르크스주의에서 벗어나 다른 대안을 모색하게 된다. 그 결실로 나타난 것이 바로『존재와 사건』(*L'Être et l'événement*, 1988)이다. 이 저작에서 그는 현대 집합론에 근거하여 독창적인 수학적 존재론을 정립하고, 그것을 바탕으로 근대를 새롭게 사유할 것을 제안한다. 이 저작은 철학사에 한 획을 그을 만한 문제작으로 간주되고 있다. 그 이후 바디우는 독창적인 철학적 저작들을 속속 내놓는다.『윤리학』(*L'Éthique*, 1993)『사도 바울』(*Saint Paul*, 1997)『세기』(*Le Siècle*, 2005)『사르코지는 무엇의 이름인가?』(*De quoi Sarkozy est-il le nom*, 2007) 등은 모두 프랑스 철학계에 일대 충격을 안겨준 문제작들이다. 그런 활발한 저작 활동을 통하여 그는 영미권에서도 각광받기 시작한다. 오늘날 바디우의 저서는 출간과 동시에 영어로 번역되고 있고, 세계적으로 막강한 영향력을 행사한다. 그는 네그리, 지젝, 아감벤 등과 더불어 오늘날의 세계 자본주의 체제에 대한 가장 근본적인 비판을 가하는 철학자로 간주되고 있다.

그는 후기-근대의 철학 비판을 지렛대 삼아 철학을 혁신하기를 원한다. 분명히 바디우는 전통 철학으로 복귀하지 않는다. 그는 후기-근대의 비판을 받아들이며, 그것을 밑거름 삼아 철학을 다시 사유하려 한다. 그러한 사유의 시도를 통해 마침내 그는 독창적인 철학을 창시한다. 진리를 부인하고, 주체를 기각하는 후기-근대의 비판에 맞서 그는 진리와 주체의 범주를 재조직하고, 새로운 철학적 담론의 지평을 연다. 그는 분명 철학을 변화시키며, 변화를 다시 사유한다. 우리는 이를 '철학의 또 다른 도전'이라고  평가할 수 있을 것이다.


## 2 | 바디우와 후기-근대
### —비판의 의의와 문제의 지점들

통상적으로 알려진 후기-근대의 철학 비판은 진리와 주체의 문제에서 출발하여 일자의 형이상학에 대한 거부로 나아가고 있다. 간단히 그 비판의 일반적인 내용을 살펴본 후, 바디우의 철학적 혁신에 접근해보자. 잘 알려진 것처럼 후기-근대의 사유는 철학적 근대를 문제 삼는다. 근대에 대한 회의는 19세기 말에 등장하여, 20세기 전체를 관통하는 철학적 테마였다. 니체는 근대를 겨눈 최초의 저격수였고, 하이데거는 대상성을 비판한 시인들을 사유의 전면에 다시 등장시킨 장본인이었다. 합리주의 전통에 대한 이런 날카로운 비판들은 전후(戰後) 프랑스에서 더욱 구체적인 형태의 비판으로 발전하게 된다. 푸코는 근대 철학이 주체로 삼은 '인간'이 그저 특정한 에피스테메의 맥락에서 구성된 지적인 생산물일 뿐이라고 주장하였고, 라캉은 사유하는 합리적 인간과는 거리가 먼 무의식의 주체를 그의 분야인 정신분석학을 통해 잘 드러내었다. 또한 리오타르는 보편이라는 관념을 그저 타자를 배제하고 억압하는 폭력적인 관념으로 간주하였다. 보편적 진리는 자신을 보편으로 삼는 동시에 보편의 타자를 비-진리로 억압하고 배제하였다는 것이다. 결국 진리는 폭력으로 점철된 자기 전개 과정을 드러낼 수밖에 없었다는 결론이 나온다. 더 나아가 데리다는 진리 개념을 비판하면서 철학사 전체를 곤경에 빠뜨린다. 철학은 진리를 기준으로 삼아 텍스트의 의미를 고정시킴으로써 다른 해석의 가능성을 사전에 봉쇄하였고, 결국 진리의 전제(專制)로 나아가게 되었다는 것이다. 이는 대단히 폭력적인 과정이었고, 그 와중에 텍스트의 풍요로움은 진리의 폭력을 통해 축소되고 말았다는 것이 데리다의 탁월한 입론이다. 텍스트는 고정된 것이 아니라 항상 의미의 확정을 연기하면서 차이를 만들어낸다는 그의 주장은 진리를 추구하는 철학에 대한 강력한 비판으로 평가받는다.

　이 모든 비판과 연결되어 있으면서, 그것과는 별개로 전개되는 흐름은 레비나스의 윤리적 철학이었다.[2] 그의 공헌은 무엇보다 존재의 문제를 새롭게 사유했다는 데 있다. 레비나스는 자아의 형이상학을 비판함으로써 제1철학으로서의 형이상학을 기각하면서 윤리학을 그 자리에 올려놓는다. 사유의 주체로서 전통 형이상학의 출발점이 되는 '나'란 그에게 타자가 배제된 '자기성'(ipséité)의 주체에 지나지 않는다. 자기성의 주체로서의 '나'는 세계를 자기화함으로써 사물을 향유하는 주체이자, 그 과정을 통해 자기를 실현하는 고립적인 주체이다. 이러한 자기성의 주체가 '타자'와 대면하게 될 때 상황은 급변한다. 비참한 모습으로 '나'에게 다가온 타자의 얼굴은 자기성의 주체가 누려온 자유를 합리화할 것을 요구하며, '나'의 중심성을 파괴한다. 비참함으로 얼룩진 타자의 얼굴은 '나'에게 유죄성을 부과하고, 마침내 타자에 대한 책임의 주체로 거듭날 것을 요구한다. 이때, 주체는 윤리적인 주체로서, 타자에 대한 무한한 책임을 떠맡는 존재로 변화하는 것이다. 이러한 레비나스의 윤리적 철학은 주체의 변전을 사유한다는 점에서 철학에 새로운 전기를 부여했다고 말할 수 있다. 예컨대 그는 윤리를 통해 자기동일적인 주체와는 다른, 새로운 주체의 가능성을 드러내는 것이다. 그의 목표는 근대 형이상학이 전제하는 앎의 주체, 앎을 통해 사물을 자기화하는 주체의 형상을 기각하고, 타자에 대한 윤리를 통해 성립하는 책임의 주체를 부각시키는 것이었다. 이제 레비나스에 의해 존재의 문제는 나와 타자의 관계 속에서의 타자의 절대적 환대라는 윤리적인 문제로 전환된다. 이 과정에서 '나'의 중심성은 '타자'의 중심성으로 전환되고, 그에 따라 절대적인 존재로서의 '타자'라는 또 다른 일자(一者)가 등장한다. 다시 말해 책임의 주체는 이러한 일자로서의 타자에 의해 포획된 존재인 것이다.

이러한 모든 시도들이야말로 이른바 후기-근대의 철학 비판을 구성하는 계기들이다. 우리는 이러한 비판들이 존재의 문제, 진리의 문제, 주체의 문제와 연결된다는 것을 알 수 있다. 동일자를 기각하고 타자와 다수로 나아가는 것은 전통적인 존재의 문제에 대한 비판과 연결되고, 보편적 진리의 폭력성에 대한 비판은 진리 범주를 기각하는 것으로 귀결되며, 자기동일적인 주체에 대한 비판과 '인간'의 관념에 대한 고고학적이고 정신분석학적인 재검토는 주체를 존재와 동일시하는 것을 금지하거나, 실체로서 파악하지 못하게 만든다. 이렇게 후기-근대의 비판은 전통 철학의 중심 범주들을 겨누고 있었고, 이를 통해 철학사는 다시 새롭게 조명되기에 이른다. 후기-근대의 비판은 철학으로 하여금 또 다른 사유의 계기를 철저히 검토하도록 요구하는 것이다. 그 비판이 던진 문제들은 근대의 자기 전개 속에서 드러난 문제들이었기 때문에, 철학은 이 문제에 대해 사유하는 것을 피해갈 수 없다. 후기-근대의 비판에 굴복하지 않고, 철학을 포기하지 않기 위해서는 후기-근대라는 거센 강물을 건너가야 한다.

우리가 보게 될 것처럼 바디우의 철학적 개입은 바로 이러한 문제들에 집중되어 있다. 바디우는 존재의 문제를 사유하면서 존재를 일자가 아닌 다수로 파악하는데, 이는 현대 집합론의 성과를 계승하는 가운데 가능한 것이다. 또한 그는 철학이 더 이상 진리를 욕망해서는 안 된다는 후기-근대의 비판에 마주하여 진리를 복권시키면서, 철학의 존재 근거를 방어한다. 주체에 대해서는 실체로서의 주체라는 전통적 개념을 부정하는 동시에 주체를 진리의 효과로서 사유한다. 그는 이렇게 존재, 진리, 주체의 개념을 유지하면서 개작하는 것이다.[3] 우리가 여기서 강조해야 하는 것은 바로 이러한 긴장이다. 분명 바디우의 철학적 작업은 후기-근대의 비판과는 거리가 있다. 그는 진리를 부정하지도 않고, 주체를 추방하지도 않는다. 존재와 관련하여 그는 일자를 기각하고 다수를 승인하지만, 그 근거는 바로 플라톤에 의해 특권화된 과학이었던 수학의 발전에 있다. 이렇게 볼 때 바디우의 철학은 후기-근대의 사유와 닮아 있으면서도, 그것과의 거리를 철저히 유지하고 있다. 바디우는 일관된 어조로 철학을 옹호한다. 그러나 그는 전통 철학을 그대로 유지하려고 하지 않는다. 그는 항상 후기-근대의 문제의식을 수용하면서 그것과는 다른 방향을 택한다.

분명 후기-근대의 비판은 근대의 합리성과 대상성에 집중되어 있다. 바디우는 이러한 비판이 무의미하다고 말하지 않는다. 그것은 근대 철학의 핵심적인 문제였으며, 그 결과 근대는 과학과 정치를 중심으로 자신의 사유를 전개했다. 지난 세기의 위대한 시인들과 하이데거의 철학에서 비롯된 철학 비판은 분명 철학의 전환에 큰 공헌을 했다. 철학에 의해 배제되다시피 했던 예술이 바로 이러한 철학 비판을 통해 다시금 철학의 영토로 들어가게 되었다는 사실을 부정하는 이는 더 이상 없을 것이다.[4] 전통 철학이 주장했던 진리가 갖는 독단적이고 폭력적인 성격 또한 근거 없는 것이라고 보기 힘들다. 실제로 진리는 비-진리를 억압했으며, 진리의 이름으로 폭력이 자행되기도 했다. 바디우가 지적하듯이 진리의 힘을 과신하거나, 진리를 전능한 것으로 간주할 경우, 진리는 악으로 전환되기도 하는 것이다.[5] 그렇게 후기-근대의 비판은 상당히 설득력이 있다. 그래서 바디우는 그러한 비판을 상당 부분 수용한다. 그러나 그가 후기-근대의 비판에 투항하는 것은 아니다. 그러한 비판이 옳다고 인정하는 것과 철학의 범주들을 폐기하고 철학을 포기하는 것은 다르다. 바디우는 이른바 '철학의 종말'이라는 테마를 받아들이지 않는다. 그러한 비판에 마주하여 진리와 주체를 포기하고 철학을 부인하는 것은 그에게 지적인 태만에 불과하다. 바디우는 반대로 그러한 비판 속에서 사유의 새로운 계기를 발견한다.

이 철학자가 원하는 것은 후기-근대의 비판과 동행하는 것이다. 그 비판을 수용하면서, 그 비판의 결론과는 다른 방향으로 나아가는 것이 바디우의 철학이 겨누고 있는 것이다. 그래서 바디우는 존재의 다수성을 인정하면서 그것을 합리적 수학의 영역 내에 배치하고, 진리를 다수로 파악하면서 그 과정을 정식화하며, 실체로서의 주체를 기각하면서 주체화의 과정을 정립해낸다. 전통 철학의 방식과는 전혀 다른 방식으로 철학을 재구성하려는 바디우의 노력은 후기-근대의 비판과 대립하지만, 이 대립은 후기-근대의 사유를 동반자적 담론으로 인정하는 가운데 그어지는 경계선을 따라 이루어지는 대립이다. 이는 후기-근대의 비판에 맞서 취할 수 있는 가장 적극적인 철학적 태도일 것이다. 철학을 위해 철학 비판을 포기하거나 무시하지 않고, 철학의 새로운 가능성을 열어내려는 바디우의 시도는 이렇게 후기-근대의 비판과 가장 가깝게 움직이는 가운데 펼쳐진다. 어쩌면 모험에 가까운 이 시도는 자신의 역사에 결박당한 철학을 자신의 사슬로부터 해방시키는 절체절명의 시도이며, 새로운 도전을 열어나가려는 철학의 위대한 몸짓이다.

우리는 앞서 언급되었던 세 가지 문제를 『존재와 사건』을 통해 자세히 검토할 것이다. 바디우는 합리주의자이지만, 그의 합리주의는 전통 철학 속에서 전개되었던 합리주의와는 상당한 거리가 있다. 바디우는 존재와 진리, 주체의 범주를 전혀 다른 시각에서 개작하기 때문이다. 바디우는 1992년의 저작인 『조건들』(*Conditions*)에서 철학사를 잊어버리자고 말한다. 철학이 자신의 역사를 통해서 판단되는 것이 아니라, 철학이 자신의 역사를 판단하기 위해서는 철학에 내재하는 역사주의와 단절해야 한다는 것이다.[6] 이는 자신의 작업이 철학의 일대 혁신으로 나아가는 것이라는 점을 함축한다. 철학을 개작하는 미증유의 시도가 행해지는 것이다. 이러한 철학적 혁신의 내용은 합리적 철학을 재구축하고, 철학이 갖는 혁명적 성격을 복원시키는 데 있다. 우리는 바디우의 대표작인 『존재와 사건』을 통해 그의 철학적 혁신을 일별하고, 그 함의를 거칠게나마 드러내고자 한다.

## 3 | 존재의 다수성

존재하는 것은 일자(一者, Un)인가, 다수(多數, multiple)인가? '하나'와 '여럿'의 문제는 존재론에서 가장 근본적인 문제이다. 존재하는 것은 과연 일자의 군림 아래 있는가, 다수의 지배 아래 있는가? 바디우는 이러한 존재론의 근본 문제가 결정의 문제일 수밖에 없다는 점을 잘 알고 있다. 철학사 속에서 이 두 존재론적 입장을 적절하게 조화시킨 경우는 없다. 존재는 하나로 통합될 수 없는 다수라고 주장하거나, 존재는 기본적으로 '하나의' 존재라고 주장하는 것 외에는 어떠한 다른 선택도 있을 수 없다. 일자와 다수를 결합시키려는 시도는 사실상 일자의 우위로 귀결되거나, 다수의 우위로 나아간다. "**현시되는** 것은 본질적으로 다수이지만, 현시된 **것**은 본질적으로 일자"[7]라는 바디우의 언급은 존재의 현시 속에서 일자와 다수를 주장하는 것이 모두 가능하다는 점을 우리에게 환기시킨다. 이런 존재론의 순환적 구조를 명시한 후 바디우는 자신의 결정을 내린다. 존재하는 것은 다수로 파악되어야 한다. 다시 말해 존재하는 것으로서의 일자는 없다. 일자는 단지 작용으로서 실존할 뿐이다.[8]

이러한 바디우의 결정을 정확하게 파악하기 위해서는 그가 구조화된 상황이라고 부르는 것을 이해해야 한다. 바디우의 철학은 세계를 현시된 다수성으로 파악하고 이를 '상황'(situation)이라고 부른다.[9] 상황 속에서 존재는 있는 그대로의 다수성으로 드러나는 것이 아니라, 현시된 다수성으로, 다시 말해 구조화된 것으로 드러난다. 이 구조화된 상황이야말로 우리가 현실적으로 살아가고 체험하는 세계이다. 이 상황은 구조화되어 있기 때문에, 우리에게 특정한 '무엇'으로 다가온다. 우리는 그 상황을 무엇이라고 지칭하고, 그 상황을 체계적이고 통일적인 방식으로 파악할 수 있다. 구조화는 어떤 상황을 구체화하는 작용인 것이다. 그러나 그 상황을 구성하는 다수는 있는 그대로의 순수한 다수가 아니라 이미 상황의 통일성 속에 포섭된 다수, 특정한 셈을 통해 규정된 다수이다. 예를 들어 누군가를 '노동자'라는 존재로 만드는 것은 자본주의적 생산 체제 속에 놓여 있는 그의 위치이다. 자본주의 사회라는 특정한 상황 속에서의 규정성이 그를 '노동자'로 지칭하는 것이다. 그것은 그를 특정한 존재로 규정하는 셈에 의해 결과된 것일 뿐, 있는 그대로의 그의 존재를 드러내는 것은 아니다. 그를 '하나의 노동자'로 만드는 것은 바로 그러한 작용이다. 노동자라는 규정은 그렇게 그를 자본주의적 상황 속에서 파악 가능한 일관적인 존재로 만든다. 그런 점에서 일자는 존재가 아니라 존재의 법칙에 속한다. 바디우가 단언하는 것처럼 "일자는 없다"는 말과 "일자는 다수의 법칙"이라는 말은 정확히 같다.[10]

그렇게 모든 상황은 구조화된 것이다. 이러한 구조화 작용은 정확하게 존재의 일자를 수립하는 일자화의 작용과 일치한다. 이 작용을 바디우는 **하나로-셈하기**(compte-pour-un)라고 부른다. 다수는 그렇게 하나로-셈하기라는 구조화 작용을 통해 일자로 파악된다. 그러나 그것은 있는 그대로의 순수한 존재와는 거리가 있다. 그에게 있는 그대로의 존재, 다시 말해 '존재로서의 존재'(être en tant qu'être)란 모든 질적인 규정성에서 벗어난 존재, 감산(減算)된 존재라고 할 수 있다. 모든 상황이 구조화된 것이라고 할 때, 이 상황 속의 존재는 있는 그대로의 존재라기보다는 규정된 존재, 일자로 셈해진 존재이다. 이것이 존재의 법칙인 한, 모든 다수는 일자로만 상황 속에 실존하게 된다. 오직 이때만 우리는 다수를 모순 없는 일관적인 것으로 파악할 수 있다. 다수의 성격을 규정하고, 질적인 규정성을 부여하는 것은 바로 이러한 구조화 작용일 것이다. 그러한 규정을 통해서만 다수의 명명이 가능하며, 다수를 일관적으로 파악하는 것이

가능해진다. 그러나 이는 어디까지나 다수를 일자로 규정하는 구조
화 작용의 결과일 뿐이다. 일자를 수립하기 위한 작용으로서의 하
나로-셈하기를 통해 현시된 다수는 일자로 파악될 뿐, 일자 그 자
체는 아닌 것이다. 일관성(consistance)이 부여되기 이전의 **비일관적 다
수**(multiple inconsistant)는 사라지지 않는다. 다만 구조의 법칙에 의해
억압될 뿐이다.

　바디우가 선택하는 존재론은 일자화된(일관적인) 존재보다 있는
그대로의(비일관적인) 존재, 순수 다수로서의 존재를 향한다. 모든 다
수의 술어들이 일자화 작용을 통과한 질적 규정이라고 할 때, 이것
은 비존재론적인 영역에 속한다. 존재론이 존재로서의 존재를 다
루는 과학이라면, 마땅히 존재론의 대상은 모든 경험과 질적인 규
정이 배제된 비일관적 다수여야 한다. 바디우가 말하고 있는 것처
럼 "존재의 교설의 기축을 이루는 테마는 비일관적인 다수성"인 것
이다.[11] 여기서 한 가지 중요한 문제가 제기된다. 이러한 비일관적
다수성을 어떻게 정당화할 것인가? 존재가 비일관적이라는 사실
을 설명할 수 있는 언어가 과연 있는가? 이를 언어로 표현한다면,
다수는 특정한 술어를 통해 규정될 것인데, 이는 존재의 비일관성
과 전혀 부합하지 않는다. 일관적으로 지칭된 다수, 질적인 규정성
을 통과하는 다수는 엄밀히 말해 다수가 아닌 일자가 되기 때문이
다. 질적인 것에서 감산된 존재, 모든 질적 규정성을 벗어난 존재를
설명하고 규정하는 문제는 분명히 언어라는 한계 속에서 불가능한
것으로 단정될 수 있다. 그렇게 볼 때 이러한 비일관적 다수성은 존
재하지 않는 것으로 간주된다. 비일관적 다수성의 실존을 사유하는

문제는 이렇게 난관에 봉착한다. 이러한 문제를 해결하기 위해 바디우가 철학의 무대에 다시 등장시키는 것이 바로 수학이다.

바디우에게 수학은 존재의 교설을 정립한 단독적인(singulière) 과학이다. 수학이 순수 존재와 관련될 수 있는 것은 그것이 대상 없는 과학이라는 데 있다. 확실히 수학은 구체적인 대상을 다루지 않는다. 수학적 대상이란 사실상 없다. 수학은 [본래의] 다수(le Multiple)를 제외하면 무엇도 보여주지 않는다는 점에서 존재로서의 존재에 대한 모든 담론의 조건이다.[12] 수학을 존재의 과학으로 간주하는 순간, 바디우의 존재론은 객관적 실체, 사물, 객관성 등의 술어들과 결별한다. 수학은 존재의 사유를 가능하게 하는 형식이며, 감각적인 사물과의 단절을 통해 존재 그 자체로 우회하는 형식인 것이다. 그런 점에서 분명 바디우는 플라톤주의자이다. 수학의 엄밀성을 통해 존재에 접근한다는 점에서, 감각적인 것을 존재의 담론으로부터 배제한다는 점에서 그의 플라톤주의는 확고하다. 그러나 그 수학이 드러내는 것이 이데아와 같은 일자가 아니라, 규정성을 벗어난 다수라는 점에서 바디우는 ‘다수의 플라톤주의자’이다. 이러한 다수의 존재론이 수학 속에서 가능해진 것은 현대 집합론의 성립을 통해서이다. 일찍이 칸토어(Georg Cantor)에 의해 정초되고, 괴델(Kurt Gödel)과 코언(Paul Joseph Cohen)에 의해 발전된 현대 집합론은 확실히 존재로서의 존재에 대한 가장 근대적인 이론이다.[13]

# **4** | 집합론과 공백의 존재

존재의 과학으로서의 집합론은 존재의 질적인 차이를 제거하고, 가
장 근원적인 존재를 향해 접근한다. 그것은 바디우가 존재의 본래
모습으로 간주하는 비일관적인 다수성을 정확하게 드러낸다. 이는
수학만이 가질 수 있는 장점이다. 언어의 형식으로 규정할 수 없는
존재의 비일관성은 집합론에 의해 정확하게 표현된다. 그것은 다
름 아닌 공집합(∅)이다. 공리적 집합론은 아홉 가지 공리로 구성되
는데, 그중 가장 중요한 것이 바로 실존의 첫 번째 각인으로서의 공
집합 공리이다. 공집합이 존재한다는 공리적 단언은 존재의 출발점
을 단언하는 것과 동일한 맥락에 있다. 알다시피 공집합은 모든 집
합의 부분집합이다. 그것은 모든 상황(이는 집합과 같은 것이다)에 포함
된 것이지만 결코 하나로 셈해지지 않는 집합이다. 단적으로 우리
가 a, b, c라는 임의의 집합을 가정할 때, 분명 공집합은 이 집합의
부분집합으로 존재한다. 그러나 원소를 하나로 셈하는 구조화 작용
속에서 공집합은 누락되어 있다. 공집합(또는 공백)은 하나로-셈하기
라는 현시의 법칙에서 벗어나는 비일관적 다수성의 이름인 것이다.
그것이 구조화의 작용을 벗어나는 것은 확실하다. 공집합은 장소를
가질 수 없지만 모든 장소에 있고, 현시 속에서 현시 불가능한 것을
표현한다.[14] 이러한 공집합의 현시 불가능한 성격은 우리로 하여금
그것을 비일관적 다수성으로 간주할 수 있게 한다. 존재로서의 존
재가 갖는 비일관성은 확실히 하나로-셈하기라는 구조화 작용의
외부에 있다. 그리고 그것을 잘 보여주는 것은 바로 공백(또는 무無)

으로서의 공집합이다.

모든 구조화된 상황, 다시 말해 모든 집합은 공집합을 포함한다. 그러나 이 공백은 구조화 작용을 통해 고정되지 않기에 철저한 방황 속에 있다. 결국 이 공백은 현시되지 않지만 모든 상황 속에 내재한다. 만약 존재론이 어떤 상황의 비일관적 다수의 이론이라면 그 다수는 상황을 지배하는 특수한 법칙인 하나로-셈하기에서 벗어난 다수, 즉 비-구조화된 다수이다. 공백 또는 무(無)는 이러한 비일관성이 상황 전체 속에서 방황하는 고유한 방식이라고 바디우는 말한다. 존재론이 다루는 제1의 테마는 바로 이러한 공백인 것이다.[15] 우리는 존재론의 출발점에서 공백을 만나게 될 것이다. 이는 바디우가 주장하는 존재로서의 존재, 다시 말해 **비일관적인 다수성**과 일치한다. 이 공백은 직관이나 지각, 경험을 통해 파악할 수 없는 것이다. 공백은 현시될 수 없는 것의 현시이며, 고정할 수 없는 것이고, 상황 속에서 배회하는 구조화될 수 없는 다수이기 때문에 구조화 작용 이전의 존재라고 말할 수 있다. 그래서 바디우는 이 공백을 존재론이 출발점으로 삼는 존재의 고유명(nom propre de l'être)이라고 부른다.[16]

이러한 공백의 존재는 상황의 안정적 일관성을 위협한다. 공백은 상황의 셈이 가져오는 불안정한 결과이기 때문에, 다수의 현시로서의 상황은 항상 공백의 위협 아래에 있다.[17] 상황은 자신의 일관성과 통일성을 유지하기 위해 하나로-셈하기라는 구조화 작용을 받아들이지만, 그 구조화는 항상 공백을 자신의 셈 바깥에 남겨두기 때문에 불완전한 것으로 남는다. 상황 속에서 현시 불가능한 공백의 방황은 두 번째 셈을 요구하게 된다. 이는 구조화된 상황을 다시 구조화하는 재구조화의 셈이라고 할 수 있는데, 이런 두 번째 구조화는 구조화된 상황의 불안정성으로부터 제기되는 필연적인 요구이다. 이러한 재구조화의 작용은 첫 번째 구조화와는 다르다. 최초의 구조화가 집합의 원소를 셈하는 것이라면, 두 번째 구조화는 한 상황(집합)의 원소들이 이루어내는 부분집합을 셈하는 것이다. 다시 말해 첫 번째 구조화의 셈이 집합의 원소들에 개입하는 귀속관계(appartenance)의 셈이라면, 두 번째 구조화의 셈은 집합의 부분집합들에 관계하는 포함관계(inclusion)의 셈이다.[18] 이렇게 재구조화의 셈은 공백의 존재를 드러내는 부분집합의 구조에 관계하는 셈이다. 그런 점에서 이 셈이 갖는 목적은 명백히 구조화의 셈에서 벗어나는 공백을 고정하는 데 있다. 부분집합을 통하는 재구조화는 원소를 셈하는 구조화가 놓치고 마는 방황하는 공백을 고정시킴으로써 상황의 일관성(consistance)을 다시 보장하려는 시도인 것이다. 따라서 상황의 구조가 재구조화되고, 다수가 재차 현시되었다는(re-présentée) 점에서 이것은 현시가 아닌 **재현**(représentation)의 구조라고 말할 수 있다.[19]

이러한 재구조화는 필수적이다. 공백의 방황으로 인해 상황의 일관성은 항상 위협당하기 때문이다. 그래서 모든 상황은 재구조화되고, 상황은 구조의 구조, 다시 밀해 메타 구조를 갖게 된다. 이때 제구조화가 셈하는 부분들은 "공백이 존재의 잠재적 형상을 부여받는 장소"가 된다.[20] 다시 말해 공백은 재구조화의 셈을 통해 고정되는 것이다. 바디우는 그러한 상황의 재구조화가 만들어내는 두 번

째 구조를 **상황상태**(l'état de la situation)라고 부른다.[21] 이것은 이미 하나
로 셈해진 상황을 다시 셈함으로써 일자의 지배를 관철하는 기제
이다. 이렇게 상황상태는 부분집합을 셈함으로써 일자의 지배를 다
시 보장한다. 상황은 그 셈의 불완전함 때문에 항상 재구조화의 셈
을 요구하고, 상황상태라는 이중화된 셈의 결과, 다시 말해 '일자의
일자'가 수립된다.[22] 사회적인 차원에서 국가는 이런 재구조화의 기
제라고 할 수 있다. 국가는 항상 사회를 구성하는 부분집합들, 즉
집단들을 통제하고 관리한다. 국가에게 개인이란 사실상 없다. 국
가가 개인을 다루더라도 그것은 항상 집단 속의 개인일 뿐이다. 바
디우가 '상황상태'라고 표현할 때, 이 **상태**(état/state)는 **국가**(Etat/State)
와의 유비를 염두에 두고 있는 것이다. 달리 말해 국가는 상황이 보
여주는 집단화된 윤곽으로서의 '상태'를 표현한다. 그래서 상태/국
가는 항상 지배적인 부분들의 상태/국가이다. 마르크스가 국가는
항상 지배 계급의 국가라고 했을 때, 그는 분명히 특정한 집단들에
의해 지배당하는 상황의 구조를 염두에 두고 있다. 국가는 공백의
방황으로 인한 무질서의 가능성을 부분의 지배를 통해 차단하는
것이다. 그렇게 재구조화의 작용은 부분들을 셈함으로써 상황의 부
분들을 관리한다. 예를 들어 상태/국가의 셈은 노동하는 개별적 원
소들을 노동자로 분류하고, 그 집단을 관리하는 것이다. 그것은 상
황의 항목들을 특정한 부분으로 구분하고 분류하는 작용으로서, 식
별과 분류의 체계를 수립하여 백과사전적인 지식 체계를 확립시킨
다. 결국 상황의 법칙성이란 상황의 항목들을 식별하고 분류하는
백과사전적 지식 체계의 표현에 다름 아니다.

# 5 | 사건의 발발과 개입

존재에 고유한 다수인 공백과 그로 인한 상황의 불안정성은 '상황 상태'(국가)에 의해 해소되는 것처럼 보인다. 실제로 상황상태는 부분을 하나로 셈함으로써 공백에 대한 대응을 가능하게 하는 가운데 일자를 보장하는 기제이다. 그런데 상황과 상황상태가 구조화하는 현시와 재현이 늘 일치하는 것은 아니다. 구조화된 현시와 재구조화된 재현 사이의 연결 정도는 가변적이다. 바디우는 그 유형을 세 가지로 나눈다. 우선 **정상성**(normalité)의 연결은 현시되는 동시에 재현되는 항목들을 가리킨다. 다시 말해 정상적인 다수는 현시와 재현이 항상 일치하는 다수라고 할 수 있다. 바디우는 '자연'을 정상성이 지배하는 다수라고 말한다. 다음으로 **돌출**(excroissance)은 현시되지는 않지만 재현되는 다수, 상황의 원소는 아니지만 부분집합인 다수를 말한다. 국가야말로 이러한 돌출의 예이다. 국가는 한 상황 속에서 현시되는 것이 아니다. 상황의 일자는 국가와 관계없다. 국가는 상태의 일자일 따름이다. 국가는 상황과 별개의 것으로서 현시되지 않으면서 재현되는 것이라 할 수 있다. 그런 의미에서 국가는 돌출에 해당된다. 가장 중요한 것은 역시 **단독성**(singularité)에 해당하는 항목이다. 상황 속에서 현시되지만 상황상태의 셈에 의해 재현되지 않는 항목들, 상황에 귀속되지만 상황상태의 셈에 의해 상황에 포함되지 않는 항목들은 단독성의 규정 안에 있다. 단독적인 항목들은 상황 속에서 부분으로 파악되지 않고, 상황의 부분을 이루지 못하기 때문에, 셈에 의해 받아들여지지 않는다. 그렇게 이 항목들은 상황 속에 실존하지만 부분을 이루지 않으므로, 국가/상태에 의해 직접적으로 확인되지 않는다. 그래서 이 항목은 상황의 항목들에서 제외된다. 결과적으로 이 항목은 전체 셈에서 누락됨으로써 현시되지 않는 것으로 남을 수밖에 없다. 국가/상태에게 이 항목은 일자로 셈해질 수 없는 항목, 다시 말해, 없는 것이나 다름없는 다수이다.[23]

이 단독적인 항목은 역사적인 것, 즉 사건(événement)을 사유할 수 있게 하는 범주이다. 단독적인 항목은 자연적 다수가 아닌 역사적 다수에만 존재한다. 그래서 바디우는 자연의 정상적 다수와 대비시켜 단독적인 다수를 비-정상적인 다수라고 부른다. 예를 들어 주민등록부에 등재되지 않은 가족 구성원이 있다면, 그는 단독적인 다수, 비-정상적인 다수로 취급될 것이다. 그는 국가의 입장에서는 사실상 존재하지 않는 존재, 즉 공백과도 같은 존재이다. 사건은 항상 단독적인 항목과 같이 부분의 질서 속에서 누락되는 비-정상적인 다수를 통해서만 일어난다. 바디우는 총체적으로 비-정상적인 다수, 즉 단독적인 항목으로만 구성되는 다수를 **사건의 자리**(le site événementiel)라고 부른다.[24] 정확히 말해 사건의 자리는 공백이 아니다. 사건의 자리는 분명 하나의 집합으로서 상황에 현시된다. 그러나 사건의 자리를 구성해내는 원소들은 모두 단독적인 다수로, 그 어느 것도 하나로 셈해지지 않는다. 예를 들어 한 가족의 모든 구성원이 신고되지 않은 사람들이라고 할 때, 이 가족은 그저 가족이라는 집단으로만 현시될 뿐이다. 결국 이러한 가족 구성원(원소)은 결코 하나로-셈하기의 대상이 될 수 없다.

모든 사건은 이러한 사건의 자리에서 발생할 수 있다. 물론 사건의 자리의 존재는 사건의 필연성으로 연결되지 않는다. 사건의 발생은 **우연적**이며, 어떤 법칙성에도 따르지 않는다. 여기서 우리는 바디우 철학의 가장 핵심적인 지점으로 접근해 들어간다. 그것은 바로 사건을 개념화하는 지점이다. 사건은 사건의 자리의 원소들과 사건 자신으로 이루어지는 다수이다. 집합론의 형식으로 표현하면 사건은 $e_x = \{x/x \in X, e_x\}$라고 표기될 수 있다.[25] 다시 말해 X라는 자리에서의 사건 $e_x$는 사건의 자리 X의 원소들인 x와 사건 자신인 $e_x$로 이루어진다. 바디우가 **사건의 수학소**라고 지칭하는 이 형식은 '존재로서의 존재'와는 결정적으로 다르다. 존재의 질서를 표시하는 집합론의 기본적인 원칙인 자기 귀속의 금지를 위반하고 있기 때문이다.[26] 그러나 사건이 사건 자신을 포함하는 것은 경험적으로 보면 틀린 말이 아니다. 사건은 사건의 자리의 원소들과 더불어 사건 그 자체를 반드시 요구한다. 사건의 이름이 유포되고 통용될 때, 우리는 무엇인가가 일어났음을, 어떠한 비정상적인 것의 출현이 가시화되었음을 알 수 있다. 예를 들어 프랑스 대혁명이라는 사건은 사건의 자리에 속하는 여러 원소들(마르세유 의용군, 상퀼로트, 자코뱅, 삼부회 등등)과 더불어 '대혁명'이라는 항목, 즉 사건 자신을 필요로 한다. 사건의 자리에 속한 원소들이 배열되는 것만으로는 사건이 성립하지 않기 때문이다. 그렇게 사건은 사건 자신을 항상 원소로 갖는다.[27] 이것은 명백히 존재론의 위반이다.

이러한 사건의 자기 귀속, 즉 존재론의 위반은 결정적인 효과를 불러일으키는데, 그것이 바로 사건의 결정 불가능성이다. 과연 사건은 사건의 자리가 속해 있는 상황, 다시 말해 사건이 일어난 그 상황에 속해 있는가? 이것은 결정 불가능한 문제이다. 엄밀히 말해 사건은 그 성립에서부터 결정 불가능하다. 사건의 수학소를 다시 한 번 살펴보면 그것은 명확해진다. $e_x = \{x/x \in X, e_x\}$라고 했을 때 사건의 자리 X는 공백의 가장자리에 있다. 그것은 상황 안에 현시한다. 그러나 그 원소들인 x는 상황 속에서 없는 것으로 간주된다. 있는 것은 오로지 사건의 자리 X일 뿐이다. 일단 사건을 구성하는 한 축인 x는 상황 속에 없다. 그렇다면 나머지를 검토해야 하는데, 우리가 x를 제외했을 때 남는 것은 $e_x$밖에 없다. 다시 말해 남는 것은 사건 자신뿐이다. 결국 우리는 사건의 존재를 검증하기 위해 다시 사건 자신을 만나는 난관에 부딪힌다. 사건의 존재 확인은 순환적으로 다시 사건을 부르는 것이다. 결국 사건이 상황에 귀속하는 것인가를 검증하려면 사건이 사건 자신의 원소라는 것을 검증할 수 있어야 하는데, 그것은 실제 불가능하다. 그렇다고 우리는 사건이 상황에 속하지 않는다고 단언할 수도 없다. 검증은 순환 속에 빠지고 있기 때문이다. 사건과 상황의 관계는 결정 불가능한 것으로 남는다.[28]

　이러한 사건의 결정 불가능성은 사건의 존재를 결단하는 **개입**(intervention)의 필요성을 불러일으킨다. 사건은 어떻게 알려지는가? 분명 사건은 상황에 귀속되지 않는 것일 수 있기 때문에(그것의 귀속은 결정 불가능한 것이기 때문에), 사건은 알려지지 않을 수 있다. 사건의 자리의 존재가 반드시 사건을 불러일으키는 것이 아니듯, 사건 역시 일어나더라도 알려지지 않을 수 있는 것이다. 결정 불가능한 사건은 상황이 행하는 모든 셈의 법칙에서 벗어나 있기 때문에, 사건을 판단하고 사유하기 위해서는 상황의 법칙에 의존하지 않는 외적인 작용이 필연적으로 요구된다. 사건의 결정 불가능성이라는 난점은 이러한 '개입'으로만 해결 가능하다. 개입이란 결정 불가능한 것을 결정하는 것으로, 상황에 대한 사건의 결정 불가능성을 취소하고 사건이 상황에 귀속된다고 말하는 것이다. 그런 결정, 즉 상황의 법칙에 부합하지 않는 사건의 존재를 상황에 귀속하는 것으로 결정하는 것은 불법적인 선택이다. 모든 합법성은 상황의 구조에만 의존하기 때문에, 도박으로서의 개입은 합법적인 선택이 결코 될 수 없다.[29] 그러나 사건이 '있는 것'으로 인정받기 위해서 이 선택은 필수적인 것이다. 바디우는 이러한 관점에서 개입을 "하나의 다수를 사건으로 인정하게 하는 절차"라고 정의한다.[30]

이러한 인정의 절차로서의 개입은 특수한 양상을 지닌다. 사건은 상황의 법칙성에서 벗어나 있기 때문에 상황 내에서 인정받을 수 없다. 그러한 상황에서 사건을 합법적인 것으로 인정하게 하기 위해서 필요한 것은 사건에 어떤 지위를 부여하는 일이다. 이러한 개입의 과정은 가시적으로는 **명명**(nomination)으로 드러난다. 개입의 첫 번째 작용은 사건을 형언하기 위해 사건의 자리에 속해 있지만, 상황의 셈에서 배제된 원소의 이름을 만드는 것이다.[31] 선택되는 것은 결국 사건을 대표하는 '이름'인데, 그 이름은 재현의 법칙에 의거하지 않기에 익명적이며 불법적이다. 사건은 기존 상황의 법칙을 벗어나 있으므로, 현시와 재현의 구조 속에서 그 이름은 낯선 것인 동시에 불법적인 것일 수밖에 없다. 이는 또한 사건이 공백의 분출이라는 것을 통해서도 설명된다. 우리가 살펴본 바와 같이 사건의 자리의 항목들이 공백의 구조를 지니고 있다면, 그 원소들에 관계하는 그 이름 역시 상황의 셈에서 벗어나는 공백으로부터 나온 것이 된다.[32] 따라서 우리는 사건의 이름이 무엇인지 알 수 없다. 1871년 프랑스 파리 코뮌의 예를 들어보자. 파리의 노동자들은 보불 전쟁의 패전이라는 상황 속에서 봉기하였다. 그들의 봉기는 노동자를 중심으로 하는 대중 봉기였고, 그것은 일찍이 알려진 적이 없는 것이었다. 당시 노동자 대중은 그저 하나의 불명확한 집단으로만 존재했을 뿐 그 개개인들은 정치적으로 전혀 가치 있는 존재들이 아니었다. 그리고 그들은 그들의 봉기를 '파리 코뮌'이라고 이름 붙였다. 그러나 이 이름은 알려질 수 없는 것의 이름이었다. 당시 프랑스의 상황 속에서 그들은 단지 '폭도들', '불순분자들'이라고 지칭되었을 따름이다. '파리 코뮌'이란 상황의 법칙성으로 설명될 수 없는 이름, 상황에 대하여 철저히 정원외적인(surnuméraire) 이름이었던 것이다. 바디우는 상황 내부에서 그것을 명명하는 것이 불가능하다는 의미에서, 사건은 **이름-없음**을 자신의 이름으로 지닌다고 말한다. 사건(그리고 그것의 명명)을 오로지 무명용사들에게 맡길 때만 그것이 무엇인지 말할 수 있다는 바디우의 언급은 상황의 언어로 사건을 명명하는 것이 불가능하다는 말에 다름 아니다.[33]

# **6** | 충실성과 탐색

사건은 이렇게 상황의 법칙성에서 벗어나 있다. 사건은 상황의 언어로 명명될 수 없는 공백의 분출이기 때문에, 상황을 파괴할 수 있는 힘을 가질 만큼 강력한 것이기도 하다. 그러나 동시에 결정 불가능하다는 사건의 특성은 사건이 곧바로 그러한 힘을 발휘할 수 없게 한다. 그래서 사건은 일어나는 즉시 사라질 운명에 처한다. 그것을 지칭할 수 있는 상황의 언어도 없고, 상황에 속한 것인지 결정할 수도 없기 때문에, 사건은 자신의 힘을 발휘할 수 없다. 그래서 사건은 그저 공백이 스쳐지나간 것일 뿐 아무것도 바꾸지 못하는 것으로 간주될 수도 있다. 개입의 중요성이 부각되는 것은 바로 그런 이유에서이다. "상황으로 하여금 자신의 공백을 고백하도록 강제하고, 비일관적인 존재 가운데, 중단된 셈 가운데, 어떤 실존의 비존재적 섬광을 솟아오르게 하는 것"은 바로 개입인 것이다.[34]

진리와 주체의 문제가 제기되는 것은 바로 이 지점에서부터이다. 사건은 분명 상황의 법칙성을 통해 알려질 수 없는 것의 출현이다. 상황의 법칙성이란 지식(savoir)을 지칭하고, 이 지식은 상황 속에서 다수를 식별하는 능력으로 정의된다. 말하자면 지식은 언어의 명시적인 사용을 통해 지칭할 수 있는 속성들을 갖는 다수를 분류하고 식별한다.[35] 다시 말해 법칙성의 체계로서의 지식은 일종의 식별과 분류의 체계이고, 그 지식을 통해 상황의 모든 항목들은 지식의 분류 속에 편입된다. 사건이 궁지에 몰아넣는 것은 그러한 지식이다. 사건은 분류 불가능하고 식별 불가능한 다수를 드러냄으로써 지식의 일각을 파괴한다. 앞서 보았듯, 사건의 첫 번째 효과인 개입은 이름을 선택하는 것이다. 그러나 그 이름은 정원외적이기 때문에 상황의 언어에 속해 있지 않다. 그래서 지식은 사건을 모른다.[36] 그 이름은 식별 불가능하고, 분류 불가능한 것의 이름이기 때문이다. 이러한 과정을 우리는 진리 생산의 첫 번째 과정이라고 말할 수 있을 것이다. 개입이란 사건을 위해 선택되는 이름을 통해 식별 불가능한 진리를 언어 속에 담아내는 최초의 작용이다. 또한 이는 주체성의 윤곽이 최초로 드러나는 계기이다. 개입은 명백히 주체적 실천으로 간주되어야 한다. 개입이 어떤 다수를 사건으로 인정하게 하는 절차라고 했을 때, 이는 사건에 대한 어떤 결단을 필요로 한다. 사건과 관련된 최초의 주체성은 사건에 대한 결단으로부터 나온다.

개입 이후에 오는 것이 바로 **충실성**(fidélité)이다. 이 충실성은 최초의 개입에 이어지는 연속적인 개입의 과정이라고 할 수 있다. 바디우는 "한 상황 속에서 그 실존이 사건적 다수의 통용에 의존하고 있는 다수를 식별해내는 절차 전체"를 충실성이라고 정의한다.[37] 이것이야말로 개념적인 수준에서 파악된 충실성의 가장 엄밀한 정의이다. 충실성은 사건에 의존하고 있는 다수를 분리시키고 식별해내는 과정으로서 이해된다. 다시 말해 개입을 통하여 한 상황 속에서 사건의 이름이 통용되고, 이 사건의 이름과 상황 속의 다수들이 접속되어 있는지, 그렇지 않은지를 식별하는 절차가 바로 충실성인 것이다. 결국 충실성이란 전체 다수 속에서 사건에 의존하는 다수를 분리시키는 기제로서, 개입의 연장선상에 있는 것으로 파악될 수 있다. 개입이 사건을 상황에 속하는 것으로 결정하는 작용이라면, 충실성은 이 결정을 상황 속의 다수들로 확장시키는 작용이다. 충실성은 최초 사건의 명명에서 출발하는 실천이다. 그래서 충실성은 최초의 사건에 충실한 실천으로밖에는 드러날 수 없다. 사건과 그에 이어지는 과정 속에서 충실성은 최초 사건에 대한 충실성이고, 사라지는 사건이 스스로를 지탱하는 방식이다. 진리는 바로 이러한 충실성의 과정 속에서 구성될 것이다.

이러한 충실성의 존재론적 지위는 무엇인가? 첫째, 충실성이 사건에 의존하고, 그런 점에서 항상 특수한 충실성이라는 것이다. 엄밀히 말해 충실성은 말의 표면적인 의미처럼 주관적인 수준에서 파악되는 것이 아니라 상황을 검토하는 작용으로서 사건과의 함수 관계를 이룬다. 둘째, 충실성은 상황의 다수 또는 그 다수의 항목이 아니다. 그것은 하나로-셈하기와 같은(비록 충실성은 하나로-셈하기와 대립하지만) 하나의 작용이며 구조이다. 우리는 오로지 충실성의 결과를 가지고서만 충실성을 평가할 수 있을 뿐이다. 엄밀히 말해 하나로-셈하기는 '있는 것'이 아니다. 존재하는 것은 오로지 충실성이 결집시키는 사건과 접속된 다수들의 결집일 뿐이다. 셋째, 현시된 다수들을 식별하고 결집시키는 충실성은 상황의 부분집합을 셈한다. 충실한 절차의 결과는 새로운 **부분**, 즉 포함된 것으로 상황 안에 나타난다. 다시 말해 충실성은 부분을 셈하는 상태/국가의 지형 위에서, 포함관계의 지형 위에서 작동된다. 그러나 그 작용은 기존의 상황상태가 실행하는 셈과는 완전히 다른 방식으로 부분을 셈한다. 그래서 상황과 상황상태의 셈의 법칙성을 파괴하고 나타난 사건과

그것에 대한 충실성은 '반-국가적' 또는 '반-상태적'(anti-étatique)인 것이 된다.[38]

여기서 우리가 주목해야 할 것은 충실성이 사건과 다수의 접속(connexion)을 문제 삼는다는 사실이다. 바디우는 그 과정을 **탐색**(enquête)이라고 부른다. 이것은 사건 이후에 상황의 다수들을 하나하나 검토함으로써 그 다수들이 사건과 접속되어 있는 다수인지, 그렇지 않은지를 판단하는 과정이다(예를 들어 2000년대의 촛불 집회가 1980년 5월 광주라는 사건에 접속되어 있는가를 검토하는 과정은 탐색의 과정이라고 볼 수 있다). 만약 어떤 다수 $\alpha$(촛불 집회)가 사건 $e_x$(5월 광주)와 접속되어 있다면, 그것은 $\alpha^{\square}e_x$라고 표시된다($\square$는 어떤 다수[$\alpha$]가 사건에 접속되어 있는지를 표시하는 기호이다). 이러한 탐색의 과정은 충실성에 있어서 필수적인 것이다. 탐색을 통해 다수를 식별해냄으로써 사건에 대한 어떤 다수의 위치를 구분해낼 수 있는 것이다. 탐색은 기본적으로 유한하다. 그것은 특정한 다수를 대상으로 하는 탐색이고, 충실성을 상황의 구체적인 다수들을 통해 임시적으로 드러내는 것이기 때문에 유한할 수밖에 없다. 그래서 탐색은 충실성 과정의 주어진 상태인 것이다.[39] 반면에 충실성은 탐색이 끝없이 이어지는 것을 요구한다. 유한한 탐색의 연속은 충실성이 끝없는 과정으로 이어진다는 것을 함축한다. 충실성이란 결국 탐색을 계속하는 무한한 과정인 것이다. 이러한 과정 속에서 충실성의 절차는 상황상태가 행하는 작용(부분집합의 셈)과 동일한 작용을 행한다. 탐색을 통해 사건에 의존하는 것으로 파악된 상황의 원소들은 새로운 부분집합, 다시 말해 사건을 통해 성립한 새로운 부분집합을 구성하고, 이 새로운 부분집합이 바로 진리의 존재를 이루어낸다. 다시 말해 진리는 상황에 새롭게 등장한 무한한 부분집합들이며, 그 부분집합은 사건에 의존하는 다수의 항목들로 이루어진 것에 다름 아니다.[40] 결국 충실성은 사건을 통해 발생한 상황의 '새로운 부분'들을 셈하는 작용인 것이다.

# 7 | 진리와 강제

우리는 이제 새로운 부분집합으로서의 진리에 대해 말할 수 있다. 이러한 바디우의 개념화는 분명히 집합 이론의 성과에 근거한 것으로, 주로 코언의 **유적인 집합**에 대한 이론에 준거하고 있다. 간단히 이 유적인 다수로서의 진리의 특성을 서술하기로 하자. 앞서 언급했던 것처럼 탐색은 사건에 의존하는 다수의 원소들을 구분해낸다. 그리고 그러한 원소들은 새로운 부분집합으로 새롭게 셈해진다. 이 부분집합은 충실성을 통해 성립하는 다수-준거물이고, 바로 그것이 바디우가 말하는 진리이다.[41] 바디우는 이러한 부분집합이 상황에서 식별 불가능한 것이라고 말한다. 상황의 부분집합을 하나로 셈하는 상태/국가의 셈에서 벗어나 있기 때문에, 이 부분은 **유적인**(générique) 부분, 비일관적인 부분으로 남을 수밖에 없다.[42] 또한 이 부분집합은 사건이라는 결정 불가능한 다수와 연결되어 있기 때문에, 상태/국가에 의해 상황 외적인 것, 상황에 존재하지 않는 것, 어떤 의미작용에서도 벗어나 있는 것으로 간주된다. 그런 연유로 그 부분은 무엇이라고 말해질 수도, 일관적인 방식으로 설명될 수도 없다. 그 부분집합을 기다리는 상황의 언어는 부정의 언어, 즉 불법, 폭도, 사태, 추문, 일탈 등이다. 그것은 상황을 관리하는 상황상태 또는 국가가 진리에 대한 자신의 무능함을 드러내는 것에 다름아니다. 상황의 입장에서 진리는 존재하는 것이 아니다. 왜냐하면 그것은 하나로-셈하기의 작용을 벗어나 있기 때문이다. 바디우가 지적하는 것처럼, '존재'란 '상황-속에서-하나로-셈해진-존재'일 뿐이다.[43]

중요한 것은 이 유적인 부분집합이 무한한 부분집합이라는 점이다. 진리(참, le vrai)는 무한하다는 점에서 지식(옳음, le véridique)과 구분된다.[44] 이것이 의미하는 바는 진리가 지식의 식별과 분류 체계를 따르지 않는다는 것이다. 진리는 지속적으로 분류의 가능성을 피해간다. 그것은 이러한 진리가 탐색을 통한 새로운 항목의 추가를 항상 허용한다는 말에 다름 아니다. 그렇지 않다면 진리는 유한한 것이 되고, 유한한 것은 지식의 분류와 식별 체계를 피해갈 수 없을 것이다. 그러므로 진리가 진리로 남아 있기 위해서는 이 유적인 부분집합은 영원히 확장 가능한 채로 남아 있어야 한다. 이 집합은 그 자체로 완결적이지 않기 때문에, 상황의 모든 부분집합을 규정하는 식별 체계에서 벗어나 있고, 결과적으로 기존 상황의 모든 부분집합의 원소들을 자신의 원소로 받아들일 수 있다. 결국 어떠한 동일성(identité)도 이 집합을 정의할 수 없고, 오히려 이 집합 속에서는 모든 동일성이 무효화된다. 결국 이 집합은 존재로서의-존재가 갖는 비일관성을 그대로 보여주는 다수가 된다. 이 집합이 지식의 모든 식별과 분류 작용을 교란하고 무효화한다는 점에서 진리는 지식과 구분되는 동시에, 지식의 식별과 분류를 무력화시켜 지식의 지형을 변화시키는 계기를 제공한다.

유적인 부분집합으로서의 진리와 지식의 식별, 분류 체계는 분명히 대립한다. 그렇다면 이 대립은 어떤 결과를 가져오는가? 진리와 지식이 양립할 수 없는 대립을 만들어낸다면, 그 대립은 진리와 지식 중 하나가 무효화되는 결과를 통해 해소되는 것이 아닌가? 사태가 그렇게 간단한 것은 아니다. 이 대립은 하나에 의한 다른 하나의 무효화로 해소된다고 말할 수 없다. 진리가 지식에 대립한다고 할 때, 우리가 쉽게 상상할 수 있는 결과는 진리가 지식을 대체하거나, 진리가 관철되지 않고 그대로 소진되는 것이다. 실제로 상황에 대한 지배권을 행사하는 것은 지식이기 때문에, 진리가 지식을 대체하는 것은 힘들어 보인다. 그렇다고 진리가 어떤 흔적도 남기지 않고 소진된다고 말하기도 힘들다. 경험적인 차원에서 보면, 진리는 쉽게 소멸되지 않는다. 지식이 진리를 받아들이지 않고, 진리를 불법적이고 의미 없는 것으로 간주하더라도, 그 진리에 충실한 실천들이 존재하는 한, 진리는 사라지지 않는다. 또한 진리가 그대로 남는다 하더라도 그것이 과거의 법칙성의 체계인 지식을 완전히 대체하는 일은 사실상 일어나지 않는다. 우리는 이러한 지식의 완전한 대체를 혁명적인 변화라고 가정할 수 있다. 그러나 혁명은 과연 모든 것을 바꾸는가? 과거의 지식 체계 전체가 진리에 의해 틀린 것으로 간주되어 옳음(le véridique)의 체계 밖으로 추방되는 일은 사실상 없다. 유적인 부분집합을 통해 확장된 상황, 즉 변화된 새로운 상황은 항상 이전의 다수가 유지되는 가운데 진리를 받아들이기 때문에, 그 변화는 부분적이다.[45] 그렇게 진리는 상황의 일부를 바꾸어놓을 뿐이다. 상황에 주어지는 모든 변화는 부분적인 변화로부터 출발하여 그 영역을 조금씩 넓혀나가는 변화일 것이다. 그리고 그 변화는 그 자체로 커다란 변화이다.

우리는 결정적인 지점에 도달했다. 유적인 부분집합으로서의 진리가 상황의 법칙성을 변화시킬 수 있다면, 상황 자체는 변화 가능한 것으로 간주될 수밖에 없다. 그 변화는 우리가 이런저런 분야에서 '혁명'이라고 부르는 변화들이다. 바디우는 사건을 통해 생산되는 진리를 주장함으로써 세계의 변화를 옹호하고 있는 것이다. 사건과 진리를 통해 상황의 질서는 분명 변화하는 것이 된다. 어떻게 이런 변화가 가능한가?

변화의 동력은 진리이다. 이미 설명한 것처럼 식별 불가능한 다수, 유적인 부분집합으로서의 진리는 무엇이라 말할 수 없고, 상황의 법칙에서 벗어나 있는 비일관적이고 명명 불가능한 다수이다. 그것은 지식 체계에 구멍을 내고 그 법칙성을 무효화시키는 그 무엇이고, 마침내 드러난 가치 없던 것의 가치이며, 상황의 완결성을 부인하고 정원외적으로 추가된 그 무엇이다. 이것이 말하는 바는 간단하다. 진리란 미증유의 것, 완전히 새로운 것이다. 이러한 알려지지 않은 다수로서의 진리는 그 자체로 지식의 체계를 변화시키고, 그것을 좀 더 풍부하게 만들 것이다. 만약 새로운 것으로서의 진리가 지식에 의해 옳은 것으로 인정받는다면, 지식은 새롭게 다시 성립될 수 있고, 그로 인해서 이전에 옳은 것으로 간주되어왔던 것들 중 진리와 대립적인 것들은 '그른 것'(érroné)이 되어 지식의 체계에서 제외될 것이다. 그렇게 상황은 진리를 통해 변화한다. 결국 진리는 상황을 변화시키는 동력으로 기능한다고 말하는 것이 가능하다.

　　그러나 역시 그 과정은 간단하지 않다. 지식의 체계는 복잡한 동시에 견고하다. 진리의 존재는 지식의 변화를 필연적으로 상정하지 않는다. 이러한 변화를 위해서 필요한 것이 바로 주체의 실천이다. 우리가 앞서 언급한 개입과 탐색은 그러한 주체적 실천의 영역들이다. 개입은 최초의 주체적 실천으로서, "이름 없음을 그 이름으로 삼는 사건"[46]에 최초의 이름을 부여함으로써 사건이 상황에 귀속된 것임을 공언한다. 이것은 단순히 지적인 시도가 아니라, 진리가 동반하는 투사적인 절차를 개시하는 결정으로 간주되어야 한다. 사건을 상황 내적인 것으로 결정함으로써 개입은 사건에 대한 믿음과 충실성을 유발한다. 사건이 인정받기를 그저 기다리는 것, 사건이 저절로 상황의 법칙을 무너뜨리기를 기다리는 것은 고려의 대상이 아니다. 사건이 상황 속에 있음을 선언하는 순간, 진리의 모험은 시작되고, 결정의 실천적인 함의들이 속속 드러나기 시작한다. 혁명이 상황 속에 실존한다는 결정, 다시 말해 혁명적 상황의 표명은 그 가운데 무엇을 해야 하는가의 문제를 제기한다. 그러한 상황 속에서 '무엇을 할 것인가'의 문제는 가장 중요한 실천적 문제이다. 새로운 예술적 경향이 예술로서 실존한다는 선언은 예술적 실천의 방향을 제시하며, 내가 사랑에 빠져 있다는 결정은 더 이상 '하나'가 아닌 '둘'이라는 무대의 건설을 전제한다. 그러한 결정은 '충실성의 결정'이라고 말할 수 있다. 개입을 통해 드러난 이름에 대한 충실성을 더해가는 것. 그것이야말로 개입이 열어놓는 새로운 실천의 지평이다.

탐색은 직접적인 실천의 이름이다. 탐색은 진리를 상황 속에 부과하는 가장 중요한 실천인데, 그것은 상황의 원소들을 법칙성의 외부에서 분리해낸다. 다시 말해 탐색은 기존 상황의 법칙 밖에서 사건과 접속된 다수를 식별함으로써 상황의 원소들을 사건 쪽으로 탈취한다. 상황의 분류 법칙에 따라 정돈되어 있던 부분집합의 원소들은 이러한 탐색의 과정을 통하여 사건적인 부분집합의 원소가 된다. 탐색의 실행은 상황의 항목들을 둘로 가른다. 사건에의 접속과 비접속이 바로 그것이다. 그렇게 탐색은 오로지 두 가지 값만을 인정하면서 지식과는 다른 방식으로 상황을 식별한다. 탐색은 사건의 정원외적 이름에 접속된 다수들을 식별하면서, 사건에 접속된 다수와 비-접속된 다수로 상황을 새롭게 분류한다.[47] 이러한 실천을 통해 진리라는 다수는 상황의 법칙성인 지식과 대립하면서 기존 지식의 분류 방식을 무력화시키고 진리를 상황에 지속적으로 부과한다. 여기서 중요한 문제가 나온다. 우리는 탐색의 과정이 충실성의 절차에 속한다는 것을 안다. 탐색의 실천은 유한한 다수를 다루는 유한한 실천이지만('하나의 탐색'은 '하나의 다수'를 사건에의 접속 또는 비-접속으로 식별하는 것이다) 그 실천이 가리키는 충실성의 절차는 무한하다. 중단 없는 충실성을 통해 탐색은 끝없이 이어질 것이다. 그런 이유로 탐색을 통해 성립하는 유적인 부분집합으로서의 진리는 역시 무한하다. 충실성은 끝나지 않는 지속을 요구하기 때문이다.

결국 진리는 새로운 다수를 끊임없이 자신의 곁으로 가져옴으로써 무한히 지속된다. 진리 그 자체는 결코 완전히 드러나지 않으며, 계속되는 탐색을 통해 지속될 것이다. 결국 진리의 영원성을 보장해 내는 것은 진리를 둘러싼 실천의 지속이고, 이 지속은 진리를 통해 상황을 변화시키는 가장 큰 동력이다.

이러한 실천적 과정은 한마디로 **강제**(forçage)의 과정이라고 할 수 있다. 강제란 진리에 충실한 유적 절차의 전개 전체를 아우르는 과정이다. 바디우에 따르면 "진리는 자신을 상황 속에 배치하도록 상황을 강제한다." 그 결과 "이 진리는 마침내 상황의 내적인 항목으로 인정받는다."[48] 강제란 탐색의 실천을 통해 이어지는 충실성의 절차를 통해 진리가 상황 속에서 정상적인 항목으로 자리 잡았음을 의미한다. 귀속과 포함의 일치는 진리가 마침내 온전히 상황 속에 존재하는 것으로 인정받는다는 것을 함축한다. 원래의 상황($S$)은 유적인 집합(♀)을 원소로 가져야 하는데, 이를 위해서는 상황 $S$가 유적인 집합 ♀을 받아들여야 한다. 그럴 때 원래의 상황 $S$는 유적으로 확장된 상황 $S_{(♀)}$로 변화한다. 이것이 변화된 상황이고, 이에 따라 원래의 상황 $S$는 자신의 유적인 확장 $S_{(♀)}$의 부분집합이 되고($S \subset S_{(♀)}$), 유적인 집합 ♀는 유적인 확장 $S_{(♀)}$의 원소가 된다(♀$\in S_{(♀)}$).[49] 이러한 장소를 마련함으로써 진리는 상황을 변화시킨다. 파리 코뮌 당시 코뮌이 권력 기관으로 인정받은 것은 파리라는 기존의 상황에 자신의 자리를 마련함으로써만 가능했다. 코뮌이 정치적인 권력 기관이 됨과 동시에, 다시 말해 코뮌이 파리의 정치적 상황에서 자신의 자리를 마련함과 동시에 파리의 정치적 상황은 완전히 변화한다. 결국 이는 진리를 위한 장소를 상황 속에 건설해내는 작용이다. 그러나 이러한 확장이 확인되는 것은, 다시 말해 상황의 변화가 확증되는 것은 사후의 일이다. 바디우는 이것을 전미래 시제로 설명한다. 지식이 진리를 옳은 것으로 인정하는 도래할 상황에서 보면, 상황의 진리는 [그 이전에 이미] 원소로 현시되었을 것이다.[50] 결국 우리는 진리가 언제 상황에 관철될지 미리 알 수 없다. 그것은 항상 소급적으로만, 미래에서 바라본 과거의 어느 불특정한 시점(불확정의 미래)에서 관철되었다고 확인될 뿐이다. 결국 강제를 확인하기 위해서는 끊임없는 실천이 계속되어야 한다. 강제는 지속적인 주체적 실천에 전적으로 의존하는 관계이기 때문이다.

## 8 | 마침내 주체란 무엇인가?

우리는 마침내 **주체**(sujet)의 문제에 도달했다. 지금까지 논의한 바디우의 존재론과 진리 이론의 연장선상에서 볼 때, 바디우의 주체는 사건을 통해 성립하는 충실성의 주체이다. 주체는 사건에 충실하고, 진리를 이루는 유적인 집합들을 탐색하며, 진리를 상황에 강제하는 모든 주체적 실천의 작인이다. 문제가 되는 것은 역시 강제의 과정이다. 분명히 주체는 진리의 실행 주체지만, 진리와 등치될 수는 없다. 바디우에 따르면 진리는 무한하지만, 주체는 유한하다. 주체는 상황 내에 있기 때문에, 그가 진리에 관계한다고 해도, 그는 지식으로 한정된 상황 속에서만 움직일 뿐이다. 그렇기 때문

216

에 그는 상황을 확장된 상황으로 강제할 수단을 갖지 않는다. 그가 만나는 것은 상황 속에서 현시된 항목들 또는 다수들이지, 상황에서 현시되지 않는 부분으로서의 진리가 아니다. 그렇기 때문에 주체는 사건의 정원외적 이름과 상황의 언어 사이의 결합만을 가지고 언어를 만들 수 있다.[51] 말하자면 진리의 식별 불가능성은 주체가 진리를 알고 있다고 말할 수 없게 한다. 모두가 그런 것처럼, 주체는 진리가 무엇인지 모른다. 주체는 다만 진리에 대한 확신을 가질 뿐이다.[52] 그는 진리가 있다고 믿는다. 진리에 대한 실천을 가능하게 하는 것은 바로 그러한 확신이다. 주체는 확신을 통해 명명을 감행한다. 사도 바울이 말하는 믿음, 희생, 구원, 그리고 레닌의 당, 혁명, 정치 등은 모두 상황 안에서 통용되는 말이다. 그러나 주체가 활용하는 말은 상황의 언어와는 달리 상황 속에서 그 준거물을 갖지 않는 말이다. 이 말들은 현재 상황에서 존재하는 항목이 아닌, 새로운 상황에서 전미래적으로 현시될 항목들을 지칭한다. 이러한 말들은 전미래 시제에만 그 준거물을 가질 수 있는 말이고, 그것이 확인되는 것은 미래의 변화된 상황 속에서이다. 그 말들은 현재에는 비어 있는 말들, 준거를 가질 수 없는 말들이지만, 유적인 집합이 새로운 상황의 원소로 자리 잡았을 때, 비로소 [이미] 준거물을 가진 말이 될 것이다.[53]

　이렇게 전개되는 강제의 과정에서 주체의 역할은 중차대하다. 주체는 언어의 모험을 감행한다. 주체는 상황의 언어와 사건의 이름 사이의 교차점을 탐색함으로써 명명을 시도한다는 점에서 언어적 주체임에 분명하다. 주체의 언어는 상황의 언어를 통해 사건과 관련된 이름들을 제시하지만, 그 준거물은 현재 상황 속에는 없다. 주체가 제시하는 이름은 전미래의 어느 시점에서만 준거물을 갖게 될 것이고, 그것이 확인되는 것은 미래의 변화된 상황 속에서이다. 정확히 현재와 미래 사이의 간격을 표시하는 전미래의 모험은 진리의 관철과 상황의 변화를 불확정적인 것으로 만들고, 그래서 더더욱 주체적 실천의 지속을 부각시킨다. '끝없이 계속하라. 그러면 진리는 어느새 인정되어 있을 것이다.' 진리는 그렇게 새로운 지식이 되어 상황의 변화를 이끈다. 그리고 그것을 가능하게 하는 것은 오로지 주체의 언어적 실천이다. 주체는 언어를 통해 상황을 강제하여, 새로운 지식과 법칙의 수립으로 나아간다는 점에서 주체는 여전히 혁명적인 주체일 수밖에 없다. 가장 중요한 것은 역시 강제의 과정에서 주체가 행하는 것이 원리상 모험으로 점철될 수밖에 없다는 사실이다. 앞서 보았듯이 주체는 진리를 알지 못한다. 주체는 진리에 대한 확신만을 가지고 있을 뿐이다. 이러한 확신은 증명되지 않는 확신, 객관적인 어떤 대상에도 근거하지 않는 확신이다. 객관적인 것과는 거리가 한참 먼 주체의 확신은 거의 도박에 가깝다. 그렇게 주체는 객관적인 대상에 기대지 않는 '순-주체적 주체'이다.

주체는 진리를 드러낼 수 있는 사실상 유일한 통로이다. 진리에 충실한 주체가 없다면 진리란 없다. 만약 바디우의 진리가 갖는 힘이 있다면, 그것은 주체의 충실성을 통해서만 주어지는 힘일 것이다. 충실성 없이 진리란 있을 수 없으며, 주체의 충실한 실천 없이 상황은 변하지 않을 것이다. 그렇게 볼 때 미리 결정되어 있는 것은 아무것도 없다. 무한한 부분으로서의 진리의 구성은 그것을 근사적으로 상황에 부과하는 충실성의 무한한 실천을 통해서만 가능하다. 그래서 진리는 실천을 통해 자신을 지탱할 주체를 반드시 요구한다. 사건을 통해서만 성립한다는 점에서 이 주체는 미리 가정되지 않은 주체, 존재와 등치되는 주체가 아닌 출현하는 주체, 후사건적인 주체이다. 바디우가 말하는 주체는 어쩌면 충실성 그 자체일 것이다. 더 엄밀히 말해 주체는 충실성의 작용이며, 사건이 일어난 상황 속에서 충실성을 전개시키는 일련의 활동들을 가리킨다. 그래서 바디우는 **주체**를 "사건과 충실성의 절차 사이의 연결(liaison) 과정 자체"라고 부른다.[54] 우리가 앞서 살펴본 개입과 탐색의 과정은 모두 주체가 사건과 충실성을 연결하는 가운데 성립된다는 사실을 말하고 있다. 다시 말해 주체는 어떤 실체도 아니고, 인격이나 존재 또는 몸으로 환원될 수도 없다. 주체는 사건과 사건이 만들어낸 새로운 부분으로서의 진리에 연결된 충실성이며, 그 자체로 충실성의 실천, 다시 말해 사건을 둘러싼 끝없는 실천으로 스스로를 지탱한다. 개념적인 수준에서 파악된 주체는 '충실성의 자기 전개'와 같은 것이라고 말할 수 있다. 그런 점에서 바디우의 주체는 주체적 실천의 작인이라고 말할 수 있다.

　우리가 이미 다양한 경로로 설명한 주체의 윤곽들, 즉 후-사건적 주체, 대상을 통해 성립하지 않는 대상 없는 주체, 진리의 유한한 파편 또는 국지적인 윤곽으로서의 주체, 우연적으로 성립하는 희소한 주체, 진리를 상황에 강제하는 언어적 주체 등의 윤곽들은 그동안 철학이 주장하던 근대적인 주체와는 아주 다른 것이다. 바디우는 대상성과 주체를 분리함으로써 주체와 대상의 일치를 기각하고, 주체와 존재를 분리하면서 주체를 변전의 질서 속으로 끌고 들어간다. 여기에 더하여, 주체화의 과정을 수동적인 윤곽으로 그려내면서, 주체를 사후적으로 성립하는 수동적 과정 안으로 밀어 넣는다. 게다가 주체를 인격적인 수준에서 개념화하지 않고 진리가 만들어내는 일종의 작용으로 간주함으로써 인간주의적 주체관과 완전히 단절한다. 그러나 더 중요한 것은 바디우 철학의 전체 맥락 속에서 주체가 차지하는 위치이다. 바디우의 철학 속에서 **주체는 존재와 사건을 매개한다**. 존재와 사건은 확실히 대립적이다. 바디우는 『존재와 사건』을 통해 존재론의 구조를 해명하고, 집합론의 위반으로서의 사건을 개념화해낸다. 결국 이것은 '존재'와 '사건' 사이에는 넘을 수 없는 심연이 있음을 보여주는 것이다. 그러나 거기서 끝나는 것이 아니다. 바디우는 사건이 어떻게 존재 속으로 스며들어가는지 보여준다. 그 지점에서 필요한 것이 바로 주체다. 주체는 사건이 생산하는 진리의 국지적 윤곽인 동시에 후사건적 실천의 작인으로 상정된다. 그리고 주체의 실천은 진리를 상황에 강제하는 동력이 된다. 그러나 주체는 역시 존재 속에서 나온다. 상황의 법칙에 묶여 있던 존재들만이 주체가 된다. 모든 존재들이 주체가 되기는 힘들지만, 적어도 주체가 될 수 있는 가능성은 모든 존재들에게 주어져 있다. 그리고 주체는 그 존재의 질서를 혁명적으로 변화시키기 위해 다시 존재의 질서로 향한다. 사건과 진리는 주체를 매개로 하여 존재를 변혁한다. 사건에 의한 존재의 변혁은 상황의 항목이었던 주체로부터 출발하여 전체 상황으로 확산되어 마침내 새로운 상황의 도래로 이어지는 것이다. 결국 『존재와 사건』은 그 둘의 심연이 어떻게 극복되는가의 문제를 다룬 저작이라고 말해도 무방할 것이다.

# 9 | 철학의 자리

지금까지 우리가 살펴본 바디우의 철학은 상당히 독특한 위치를 갖는 철학이다. 바디우는 언제나 스스로 근대의 지지자, 합리주의의 옹호자라고 말한다. 물론 그의 철학은 철학사의 특정한 맥락에서 규정된 합리주의와는 상당히 다르다. 그는 아주 거시적인 맥락에서 근대가 만들어낸 개념들을 옹호하고, 근대를 가능하게 했던 수학의 합리성을 고수하고 있다. 그는 진리를 사유하는 철학을 방어하면서, 후기-근대의 비판에 의해 무장해제된 진리와 주체를 다시금 문제의 선상에 올린다. 이 고전적인 범주들은 바디우의 손에서 하나하나 개작되고, 전혀 새로운 함축을 갖는 철학이 탄생한다. 그것은 변화를 설명하는 새로운 철학인데, 이는 헤겔을 위시한 근대의 모든 위대한 철학자들이 열망했던 것이다. 바디우는 이러한 근대의 열망을 그 열망이 모두 식어버린 오늘날 다시 되살리려 하는 것이다.

그러나 그러한 시도는 역시 후기-근대의 사유를 닮아 있다. 개념을 개작하고, 불확실한 것을 섬세하게 정교화하는 그의 시도는 라캉과 데리다를 비롯한 후기-근대 사상가들의 시도와 상당히 닮아 있다. 확실히 바디우는 플라톤의 전철을 밟으려고 하지 않는다. 플라톤은 철학을 위해 진리를 부인하려고 했던 소피스트를 말살해야 한다고 선언하면서 사유의 파국을 초래했지만, 바디우는 그렇게 하지 않는다. 바디우가 선택하는 철학의 길은 다른 플라톤의 길, 다시 말해 소피스트와 대화하면서, 소피스트에 맞서 진리를 옹호하고 철학을 옹호하는 아직은 젊은 플라톤의 길이다. 소피스트에게 배우면서 소피스트와 논쟁했던 그 플라톤, 『고르기아스』와 『프로타고라스』를 썼던 바로 그 플라톤이야말로 바디우의 철학적 모델이라고 할 수 있다. 그래서 바디우는 현대의 소피스트들인 후기-근대 사상가들을 배격하지 않는다. 오히려 그의 전략은 그들의 곁에서 그들과 가장 가깝게 사유하는 것이다. 바디우는 후기-근대의 전제들을 일부 받아들이는 가운데 그들과 논쟁한다. 바디우의 존재론은 그래서 후기-근대의 사유와 마찬가지로 식별 불가능한 것, 결정 불가능한 것들을 다룬다. 그러나 동일한 것을 다루는 바디우의 방식은 정반대이다. 바디우는 식별 불가능한 것들이 상황 속에서 식별되도록 하고, 결정 불가능한 것들을 결정한다. 바로 그것이 바디우의 방식이다. 후기-근대의 사유를 되밟아 다시 근대를 활성화시키는 것.

그래서 바디우는 진리를 옹호한다. 그러나 그 진리는 절대화되어서는 안 되는 진리이다. 기본적으로 진리는 그 성격상 명명 불가능한 것이다. 무한한 진리는 온전히 명명될 수 없다. 그것은 단지 근사적으로만 명명될 뿐이다. 명명 불가능한 것을 억지로 명명하려 하고, 진리의 힘을 절대적인 것으로 간주할 때, 진리는 악으로 전환되고, 사유는 파국을 맞이하게 된다. 결국 중요한 것은 진리의 명명이 근사적이고 임시적이라는 사실을 인정하고, 새로운 진리의 윤곽을 지속적으로 탐색하는 일이다. 예술의 영역이건, 정치의 영역이건 진리는 완전히 드러나지 않는다. 사랑의 절차에서와 마찬가지로 과학의 절차에서도 지속적인 충실성의 절차가 요구된다. 그러한 주체적 실천의 이어짐이야말로 진리를 진리로 만든다는 사실은 바디우의 철학에서 우리가 쉽게 간파해낼 수 있는 철학적 금언이다. 진리는 옹호되어야 한다. 단지 그것이 끊임없이 새롭게 진유되고, 사유되는 한에서만!

# VII

# GIORGIO AGAMBEN

# 7  아감벤
### 호모 사케르[1]

고지현

## 1 ┃ 정치철학적 사유의 모험 『호모 사케르』

조르조 아감벤(Giorgio Agamben, 1942~)은 이탈리아 철학자이다. 그는 법학을 전공했으며, 주로 문학비평을 통해 활발히 활동해왔다. 그의 지적 행로를 가늠해볼 수 있는 사유 지형은 매우 폭넓다. 20대 청년기에 '르 토르' 세미나에 참석해 마르틴 하이데거로부터 막대한 영향을 받게 되며, 1970년대 후반부터는 발터 벤야민 이탈리아어판 전집 편집자로 일하면서 문학비평가로서의 입지를 확고히 굳혔다. 특히 당시 소실된 것으로 간주된 벤야민의 『파사주』 프로젝트 육필원고를 파리 국립도서관에서 발견함으로써 벤야민 전집 발행을 둘러싼 논쟁을 불러일으킨 일은 익히 알려져 있다. 그 외에 미셸 푸코, 자크 데리다, 안토니오 네그리 등과 교류하면서 자신의 독창적 사유를 키워왔다. 아감벤을 세계적 정치철학자의 반열에 올려놓은 저작은 단연『호모 사케르』(*Homo Sacer*, 1998)이다. 이제 아감벤은 '예외상태', '벌거벗은 생명'이라는 키워드 속에서 현재 유럽을 대표하는 정치철학자로 인정받고 있다.

『호모 사케르』를 이해하려면, 맨 먼저 서구 정치에 일대 충격을 안겨준 미국의 9·11 사태를 떠올려보면 좋을 것이다. 또 충격과 위기의 징후를 정치철학적으로 논제화하는 것은 그동안 20세기의 전체주의가 낳은 홀로코스트를 중심으로 전개된 철학적 논의와 맥이 닿아 있다. 미국의 9·11 사태 이후 21세기를 살아가는 지구촌민은 테러와의 전쟁을 일상 속에서 목격하고 있다. TV 뉴스나 동영상이 실어 나르는 참혹한 이미지, 공항의 검색대에서 벌어지는 소소한 사건들 속에서 비정상적인 테러의 공포가 마치 자연스런 현상인 양 정상 생활 세계의 일부로 침투하기 시작한 지는 이미 오래다. 이렇게 보면 오늘날의 지구촌은 지속 가능한 발전 모델이나 안정적인 체제 질서를 구축하고 있다기보다는 오히려 예측 불가한 불확실성의 시대에 접어든 것으로 보인다.

'예외가 규칙으로 바뀌고, 상시적인 예외상태가 실현된 시대!' 이것이 아감벤이 4부작으로 계획된『호모 사케르』[2]를 통해 내린 시대 진단이라 할 수 있다. 이러한 아감벤의 정치철학은 문헌학 정신, 곧 고대 그리스어 및 로마법에 대한 주도면밀한 어원학적 분석에 입각해 있을 뿐 아니라, 보댕(Jean Bodin), 홉스(Thomas Hobbes)의 근대 고전 정치사상을 독창적으로 재해석하는 한편, 슈미트(Carl Schmitt), 아렌트(Hannah Arendt), 푸코, 데리다, 벤야민, 하이데거 등의 걸출한 사상을 가로지르고 있다. 또한 특정 분과학문이나 장르의 경계를 넘나드는 횡단적 성찰이 특히 돋보인다.

아감벤의 시대 진단과 그 논거는 대담하면서도 도발적이다. 오늘날 미국의 관타나모에 수감되어 있는 모슬렘이 삶과 죽음과의 경계가 모호한 나치 수용소의 무젤만(Muselmann)과 본질적으로 다르지 않다거나, 민주주의와 전체주의가 내적으로 결탁되어 있다는 주장은 '위험천만한 모반 이론', '독재와 민주주의의 차이를 부정하는 철학적 극단주의'라는 일부의 혹평 속에서 거부감과 저항감을 불러일으켰다. 하지만 1989년 베를린 장벽이 붕괴된 후 우파와 좌파를 가르던 전통적 가치의 붕괴로 인해 정체성의 위기와 동요를 겪고 있는 작금의 현실에 비추어본다면, 아감벤의 테제를 빗나간 진단이라 치부하기만은 어려울 것이다.

어찌됐건 그는 사유의 어떤 보호망도 벗어던지고 공론장의 공격과 비난을 기꺼이 감내하려는 태세로 모험을 감행하고 있음에 틀림없다. 그의 핵심 주제인 호모 사케르는 대부분의 사람들이 외면하고 침묵하고픈 음울한 형상이다. 그럼에도 불구하고 그것은 현재 우리가 처해 있는 시대적 맥락에 맞닿아 있으며, 서양 정치 개념의 산물이면서도 오히려 극복했다고 잘못 생각한 난제라는 것이 아감벤의 주장이다. 그러한 점에서 『호모 사케르』의 정치철학적 함의를 조명하고 또 그 한계를 짚어보는 일은 시대 고찰에 유용한 분석 도구를 개척하고 새로운 정치적 사유의 방향을 모색하는 데 있어 적지 않은 시사점을 제공할 것이다.

# **2** | 주권의 역설

우리는 국가 기관에 실행 권한이 부여된 적법한 폭력과 비합법적 폭력 사용을 구분하는 데 익숙하다. 얼핏 이러한 구별은 정치의 원리로서 당연해 보이며, 그러한 당위 속에서는 제재를 가하는 국가 폭력을 폭력적이라 부르길 주저하게 된다. 그러나 좀 더 자세히 들여다보면, 삼권분립에 입각한 민주적 법치국가에서도 승인된 폭력과 승인되지 않은 폭력을 식별해내기가 그리 쉬운 일이 아님을 알 수 있다.

식별의 어려움은 적법성을 둘러싸고 논란이 증폭되는 개별적 갈등 사례만이 아니라 법제도로서 비상사태나 파업권 또 전시법(戰時法)에서 더욱 극명하게 노출된다. 후자의 경우 정상적 상황에서 비합법적인 것으로 간주되는 폭력이 불현듯 정당성을 획득하게 된다. 혁명이나 새로운 국가 체제의 수립도 이와 같은 폭력의 정립이 어느 정도까지 정당할 수 있는가라는 물음을 제기하게끔 한다. 폭력의 제헌적이고 법을 정립하는 측면과 제도화되고 법을 유지하는 측면, 이 둘 간의 관계를 해명하려는 시도가 법학과 국가 이론에서 꾸준히 이어져왔지만, 논의는 승인된 폭력과 승인되지 않은 폭력에는 질적인 차이가 있으며 또 그래야만 한다는 당위적 전제를 확인하는 것으로 종결되기 일쑤였다. 결국 해명되어야 할 문제는 순환 논리에 빠져 있는 셈이다.

이와 관련해 아감벤은 아주 간단한 질문을 던지고 있다. 적법한 폭력과 비합법적 폭력의 구별이 왜 존재하며, 그것은 어디에서 유래하는 것일까? 또 그러한 구별은 어떤 방식으로 이루어지며, 구별할 때는 무엇과 관련을 맺는가? 이 문제를 들여다보기 위해 아감벤은 두 가지 탐구 대상을 설정하고 있다. 하나는 적법한 통치에 대한 관념의 연원을 따져보는 일이다. 이에 대한 정의(定義)는 근대 초 국가정치론에서 핵심적 역할을 한 주권론의 사안이었다. 16, 17세기의 정치론은 통치권을 둘러싼 세속적 권력과 교권의 다툼, 그리고 군주와 평민 간의 갈등이 첨예화되는 상황에 직면하여 그 돌파구를 국가에서 찾았다. 국가는 종파와 당파를 초월해 중립적인 입장에서 이해관계를 달리하는 세력을 중재하는 심급으로 사유되었고, 이에 따라 이 공적 기관에 절대적 권위를 부여할 필요성이 생겨났다. 정당한 통치란 결국 법적 질서를 확보한 국가 형성의 문제였으며, 법질서를 확보할 일환으로 제재를 가할 수 있는 폭력을 포함한 권력 모두가 국가에 집중되었다. 국가는 법을 벗어난 폭력의 활용을 배제하기 위해 폭력의 배타적 권한을 갖는 것이다. 이로써 탄생한 것이 바로 근대 국민국가라는 사실은 익히 알려져 있다. 베버(Max Weber)가 근대 국가와 근대 법을 폭력 수단의 독점체라고 정의 내린 맥락이 바로 이것이다. 이러한 역사적 배경을 염두에 두고 아감벤은 주권의 권력을 정치철학적 분석의 대상으로 삼는다. 그에게 있어 주권의 힘은 서양 정치의 모태이다.

한편 역사적으로 영토국가의 발생과 긴밀하게 연결된 주권론을 소환하는 것은 오늘날 우리가 겪고 있는 지구화의 추세, 곧 국민국가의 틀 속에서 해결하기 어려운 여러 제반 문제에 비추어볼 때 시대착오적인 발상이라 여겨진다. 그러나 아감벤은 지구화 시대에 불거진 국민국가의 위기를 오히려 국가의 문제를 새롭고 급진적으로 제기하는 계기로 삼고 있다. 고전적 주권 모델은 "해당 법질서 내에서 누가 특정한 권력들을 부여받았는가 하는 문제로 제한되었을 뿐, 결코 이러한 질서 자체의 경계에 대한 질문으로는 나가지 않았다." 거대한 국가 구조가 해체 과정에 들어선 지금이야말로 "국가 영역의 한계와 근원적 구조라는 문제를 새로운 시각으로 재구성"할 수 있다는 것이다.[3] 결국 아감벤에게는 경계의 문제가 중요한 성찰의 대상이 되는데, 그것은 주권권력의 분석과 별개 사안이 아니라 오히려 맞물려 있다.

## 예외의 논리

앞서 폭력의 구별 논리에서 볼 수 있었던 것처럼 국가 질서와 법질서 사이에는 해결하기 어려운 긴장이 상존하는데, 이를 아감벤은 주권의 역설로 파악하고 있다. 주권의 역설을 가장 잘 표현한 것으로 바이마르 공화국 시대의 법학자이자 정치학자였던 슈미트(Carl Schmitt)의 다음과 같은 문구를 꼽을 수 있다. '주권자는 법질서의 외부와 내부에 동시에 존재한다.'[4] 이 규정이 가볍게 취급될 수 없는 이유는 주권자에게 법의 효력을 정지시킬 권한이 주어질 때 그는 법의 외부에 위치하지만, 이 같은 법질서의 부정이 사실상 법적으로 보장된 권한에 의거하고 있다는 역설 때문이다. 슈미트의 주권론은 법 규범이나 그 질서로 완전히 수렴될 수 없는 법 정립적 권력을 특징으로 한다. 그것은 주권자에게 부여된 절대적 권한에 입각해 있다. 슈미트는 '진리가 아니라 권위가 법을 만든다'(Autoritas, non veritas facit legem)는 홉스의 유명한 문구를 상기시키며 '법을 창출하기 위해 반드시 법을 필요로 하지 않는' 주권자의 권위를 내세우고 있다. 이 같은 비상권한은 "주권자란 비상사태를 결정하는 자"[5]라는 정의에서 볼 수 있듯이, 예외상태의 결정에 있다.

이로써 알 수 있듯이 슈미트에게서 주권은 예외상태로부터 도출된다. 이는 정치 개념을 법 규범의 적용관계 속에서 작동하는 보통의 경우가 아니라 극단의 사례, 곧 예외의 경우로 소급하는 방법론에서 비롯된다. 간단히 말해 이 방법론은 법의 중단 혹은 공백을 의미하는 법의 한계점에서 헌법이 보장하고 있는 비상권을 정치 개념으로 급진화한 것이다. 이때 예외의 위상을 정확하게 파악할 필요가 있다. 예외는 정상적 질서와 단순하게 이항대립 관계에 놓여 있는 것이 아니라, 오히려 법 규범의 효력을 가능하게 하는 조건을 창출한다. 아감벤은 슈미트의 예외 개념에서 주권의 본질이 확연하게 드러난다고 보는데, 이러한 시각은 바로 예외상태를 통해 정상적 질서의 조건이 창출되고 또 보장된다는 의미에서 주권권력의 정초 또는 근원에 대한 물음을 제기하고 있는 것이다.

그렇다고 아감벤이 슈미트의 견해에 모두 동의하는 것은 아니다. 그는 독자적인 예외의 논리를 발전시키고 있는데,[6] 이를 위해 슈미트의 이론을 변형하고 더욱 구조적인 차원으로 논의를 끌어가고 있다. 아감벤의 예외 논리가 슈미트와 다른 점은 세 가지로 요약될 수 있다.

첫째, 아감벤은 슈미트와 달리 예외상태 자체가 규칙과 규범이 되며, '통치의 패러다임'으로 전환한다고 주장한다. 주권이 단순하게 그저 폭력의 독점인 것만이 아니라 예외상태를 결정하는 권한의 독점이라면, 비상권을 발동하는 자가 반드시 히틀러여야만 할 이유는 없다. 오히려 민주국가에서도 비상사태를 예방하는 차원에서 결정의 독점이 보장될 수밖에 없다. 대표적인 사례가 9·11 테러 사건 직후 미국에서 시민의 자유권을 제약할 수 있도록 제정된 애국법(patriot act)이다. 이는 예외상태의 합법화가 역사적으로 볼 때 민주주의의 유산이라는 사실을 상기시킨다. 아감벤은 여러 풍부한 사례를 들면서 1차 세계대전 이래로 예외상태가 점점 서구 민주주의의 정규적 통치 기술로 자리 잡았다는 견해를 피력하고 있다.

이러한 과정은 뫼비우스의 띠로 비유된다. 예외상태와 정상적인 법질서는 처음에 서로 분리되어 있는 것처럼 보이지만, 사실상 예외상태는 법질서의 외부에 위치하는 것이 아니라 법질서 내부에 포함되어 있으며, 이 포함의 형태는 법의 공백으로 나타난다. 그러다가 법의 공간 질서와 법질서 사이의 구성적인 연결고리가 끊어지기 시작하는데, 단적인 예로 영토라는 공간 질서를 둘러싸고 유럽의 국민국가가 자신의 외부를 향해 끊임없이 확장해나갔던 식민화 과정이 바로 그러하다. 이로써 예외상태라는 법적으로 텅 빈 공간이 시공간적 경계를 벗어나 이제 그 바깥으로 흘러넘치면서 점점 정상적인 질서와 일치하게 된다. 이 지대에서는 법질서의 외부와 내부가 식별 불가능하다.[7]

둘째, 슈미트가 정치 개념을 예외상태로 소급하는 가운데 모든 정치를 적과 동지로 구분하고 있다면, 아감벤은 이러한 '정치적인 것'[8]의 구분을 더욱 일반적인 차원에서 삶과 법의 구별로 대체하고 있다. 아감벤의 구별은 예외의 논리를 일종의 관계 형식으로 보는 시각에서 비롯된다. 예외가 주권의 구조라면, 주권이란 전적으로 정치적인 개념도 전적으로 법률적인 범주도 아니다. 오히려 그것은 '법이 삶과 관계를 맺고 있는 본래적인 구조'이다.

일반적으로 예외란 배제의 의미를 함축하고 있지만, 아감벤은 예외를 라틴어 exceptio의 어원대로 '끄집어내어진'(excaptum), '밖에서 포획된'(excapere)이라는 의미로 이해한다. 이러한 파악 속에서 배제의 서로 다른 형식이 고찰되고 있다. 예외는 '포함인 배제(즉 배제된 것을 다시 포함시키는 것)'인 반면, 예(例)는 '일종의 배제인 포함'이다. 예는 특정 집합에 속하는 한 그것으로부터 배제되지만, 예외는 바로 보통의 경우에 속하지 않기 때문에 그것에 포함된다. 결국 예외가 포함인 배제의 형식을 취하는 이유는 배제된 것이 규범(규칙)과 완전히 무관해지지 않으며, 정반대로 규범의 지양(止揚)이라는 형태로 규범과 관계를 유지하기 때문이다. 이 같은 형식을 아감벤은 "예외 관계"[9]라 부르고 있다.

셋째, 아감벤은 슈미트의 주권적 결정을 '주권적 추방령'으로 대체하고 있다. 이로써 주권의 권력 문제는 권한을 쥔 인물에서 기능과 구조로 이전된다. 고대 게르만어에서 유래하는 추방령(bando)은 공동체로부터의 배제라는 뜻과 함께 주권자의 명령 및 상징 깃발을 의미한다. 낭시(Jean-Luc Nancy)는 이 개념을 통해 서양 역사 전체를 '버림받음(abbandono)의 시대'로 사유하는데, 아감벤은 이 모티브를 적극 활용하고 있다. 추방령에 대한 해명이 이루어져야 비로소 어떤 방식으로 예외가 규칙을 구성하는지 알게 되며, 동시에 법이 삶과 맺고 있는 관계가 뚜렷한 윤곽을 드러내게 된다. 왜냐하면 아감벤에게 있어 예외관계는 추방령의 관계이기 때문이다. 추방령이란 예외상태에 의해 끄집어내어진 것이 버림받는 방식으로 배제되는 것을 뜻한다.

추방령을 받은 자는 단순히 법의 바깥으로 내쳐지거나 법과 무관해지는 것이 아니다. 그는 법으로부터 버림받은 것이며, 생명과 법, 외부와 내부의 구분이 불가능한 비식별역에 노출되어 위험에 처해진 것이다.[10]

정치적 질서로부터 제외된 삶을 법이 내버린다는 것인데, 내버림은 삶을 주권권력의 포고, 소환, 판결에 위탁하고 위임하거나 인도함으로써 이루어지며, 그리하여 삶이 그러한 강제에 노출되어 위험에 처하게 되는 것이다. 추방된다는 것은 '누군가의 처분대로 하다'라는 뜻과 함께 '도망가게 내버려두다'라는 표현처럼 '자유롭게'라는 뜻을 동시에 가진다. '비적'(匪賊, bandito)이라는 말에도 '배제된, 추방된'이라는 뜻과 '모두에게 열려 있는, 자유로운'이라는 뜻이 있다. 전적으로 자유롭다는 것은 모두에게 열려 있다는 뜻이며, 그렇기 때문에 모든 것이 가능하고 누구든 마음대로 할 수 있는 위험에 노출된다. 이렇게 추방령 속에서 돌출하는 특정 삶이 있는데, 앞으로 논하게 될 벌거벗은 생명이 바로 그것이다.

## 경계의 사유

지금까지 살펴본 바에 따르면, 논의의 출발점을 이루었던 주권의 역설은 단순 이항대립의 논리로 해결될 수 있는 것이 아니라, 상이한 지형과 영역이 서로 중층적으로 얽힌 '위상학적 구조'를 대변하고 있다. 이 구조에서 주권의 역설로 표현되는 법의 한계, 곧 '법질서의 경계'가 어떤 방식으로 설정되는지가 명확하게 드러난다. 아감벤이 예외의 논리를 더욱 일반적인 차원으로 발전시키고 있는 이유가 바로 여기에 있으며, 그것은 다름 아닌 '질서 자체의 경계' 문제에 초점을 맞추고 있음을 뜻한다.

경계 짓기란 특정 영역의 질서, 규칙, 규범을 확보하기 위한 구별의 논리이다. 법의 영역과 관련해서는 법질서의 안과 밖을 가르는 정당성과 부당성, 합법성과 비합법성, 또 승인된 폭력과 승인되지 않은 폭력이 구별된다. 흥미로운 점은 이 같은 구별이 궁극에는 좌초할 수밖에 없다는 데 있다. 요컨대 예외에서 법의 본질이 드러난다고 할 때, 그 상태에서 주권자의 결정이 아니라 비식별성이 표면화된다는 것이 아감벤의 주장이다. 단적인 사례로 예외상태가 규칙이 되는 과정을 뫼비우스의 띠로 비유한 것이 이에 해당된다. 예외상태가 정상적인 질서와 일치하는 지점에서는 법질서의 외부와 내부가 식별 불가능하다. 이 같은 비식별 영역이 경계의 위상학적 구조를 특징짓는 것 중의 하나이다.

아감벤에게 있어 경계란 하나의 공간에도 다른 공간에도 속하지 않는, 오히려 이 둘을 가르는 경계의 '사이'이다. 이 위상학적 의미를 가장 적절하게 표현하는 것이 건축용어인 문턱이다. 문턱은 개폐가 가능한 출입문으로 건물의 안과 밖을 구분하는 경계선이자 동시에 연결통로이다. 문턱에 서게 되면 우리는 안과 밖을 넘나드는 경유, 통과를 경험하게 되며, 또 문턱이 어떤 상태에서 다른 상태로의 이행 지점이자 변화가 일어나는 지점임을 얼핏 감지하게 된다. 아감벤이 즐겨 사용하는 '질서의 경계'라는 표현은 어떤 질서가 이 질서에 속하지 않는 것과 접촉하는 지점을 가리키는데, 여기에서 상이한 상관 범주(외부/내부, 자연/문화, 폭력/법, 생명/법 등)의 동일성과 차이가 뒤섞이면서 그것들은 서로 분리되고 또다시 연결된다.

경계의 위상학적 구조는 규범과 예외상태의 관계에 대한 아감벤의 독특한 시각에서 더욱 명확하게 드러난다. 규범과 예외상태의 관계는 일종의 잠재적 관계라고 할 수 있는데, 그 이유는 예외상태에서 법률이 지양되고 회피됨으로써 법의 힘이 부여되기 때문이다. 예외상태에서 법의 힘은 위반을 처벌함으로써 생겨나는 것이 아니다. 월권이나 위법 행위에 제재를 가한다는 것은 이미 넘어서서는 안 되는 금기가 존재한다는 뜻이고, 그 경계가 초과되는 경우 억류를 행사하게 된다. 이와 달리 아감벤은 법이 스스로 물러남으로써 힘을 확보하는 것으로 본다. 물러서는 것은 어떤 법률적 규정이나 금기를 명시하는 규범이지만, 그것은 지양의 형식 속에 머물러 있고, 또 그것이 주권적 예외에서 완전히 소거되는 것이 아니라 여전히 효력을 깆는다는 것이다.

예외상태는 한편으로 규범이 효력을 갖지만 적용되지 않고('힘'을 갖지 않고), 다른 한편으로 법률적 가치를 갖지 않는 결의가 법률의

‘힘’을 획득하는 하나의 ‘법률 상태’를 규정하고 있다.[11]

예외상태에서 법이 효력을 띠지 않는 것은 일종의 수동적 행위로서 실행을 잠시 멈춘 것이지만, 그러한 수동성이 주권적 행위를 가능하게 하는 힘인 한 여전히 잠재성으로 효력을 지닌다.[12] 달리 말해 주권적 행위란 경계의 구획이 아니라 경계의 제거이다. 이 같은 효력을 아감벤은 ‘법의 순수한 잠재성’이라 부르고 있으며, 그것이 더 이상 예외가 아니라 일반적인 것으로 되었을 때 ‘의미 없는 효력’이라 정의 내리고 있다. 주권의 역설이 궁극적으로 법과 삶의 관계, 정확하게는 법과 벌거벗은 생명의 관계로 귀착될 때도 마찬가지이다. 다만 규범과 예외상태의 관계는 추방령과 내버려짐의 관계로 이행한다.

그런데 여기에 흥미로운 점이 있다. 아감벤은 추방령을 관계 일반의 한계 형태로 보면서 관계 형식 자체를 문제 삼고 있으며, 이로부터 ‘관계없는 것’을 사유하고자 한다.

추방령이란 관계의 한 형식이다. (…) 추방령으로 표현되는 법의 형식이란 과연 어떤 것일까? 추방령이란 스스로가 무엇인가와 관계를 맺는 일반적이고 순수한 형식, 즉 관계없는 것과의 단순한 관계 설정을 말한다. 이런 의미에서 추방령이란 관계의 한계 형태에 다를 바 없다. 따라서 추방령에 대한 비판은 형식 자체를 의문시하게 될 것이다.[13]

아감벤은 경계 개념을 통해 추방령의 구조를 사유하고 있지만, 동시에 추방령을 벗어날 수 있는 가능성 또한 암시하고 있다. 그 암시가 바로 관계없는 것, 곧 벌거벗은 생명이 추방령 속에서 주권의 힘과 관계를 맺고 있다면, 이 관계를 끊어버리려는 의도이다. 그것을 아감벤은 정치적인 것의 관계를 넘어서는, 더 이상 관계의 형식을 취하지 않는 사유에서 찾고 있다. 그가 가끔 대안으로 모색하고 있는 새로운 정치란 결국 '무관계의 정치'로 특징지을 수 있다.

## 3 | 벌거벗은 생명

지금까지 주권의 역설을 슈미트의 주권론을 중심으로 살펴보았지만, 사실 아감벤은 이 문제를 고대에서 오늘에 이르기까지 지속되어온 서양 정치의 전통으로 본다. 이 같은 시각은 국가 또는 법질서가 벌거벗은 생명과 맺고 있는 관계를 고찰할 때 명확하게 드러난다. 서양 정치의 본질은 생명을 정치로부터 배제해왔다는 데 있다. 이러한 배제는 아리스토텔레스가 비오스(bios, 정치적 실존)와 조에(zoe, 생명)를 구별하는 데서도 여실히 드러난다는 것이 아감벤의 주장이다. 전통적 주권 이론이 대부분 인간의 삶과 관련해 일차적으로 국가 시민으로서의 특성에만 관심을 두었을 뿐, 생명체로서의 존재에는 거의 시선을 돌리지 않았다는 점에서 아감벤의 탐구 시각은 혁신적이다.

주권의 본래적 행위에서 법의 대상(주체로서의 인간인 국가 시민, 신민, 입

법자)과 생명체(벌거벗은 생명으로서의 인간) 간의 경계 짓기가 이루어진
다. 이 경계를 축으로 한쪽에서는 인간의 삶이 권리의 대상이 되는
경향이 점점 증대하고, 또 다른 편에서는 인간의 권리가 점점 박탈
되는 경향이 강화된다. 이처럼 서로 상반된 경향이 접점을 이루는
지점에 벌거벗은 생명이 있다. 아감벤의 질문은 간단명료하다. 법
의 형태 속에서 행해지는 정치는 벌거벗은 생명과 어떤 관계에 있
는가? 벌거벗은 생명은 이미 존재하는 생물학적 실체가 아니다. 그
것은 법에 선행하지만 법으로부터 끄집어내어진 이후에야 비로소
구성되는 현상이다. 모든 형식을 제거한 이후에 남겨지는 잔여물,
달리 표현하자면, 추상과 구별 논리 또 배제에 의해 양산되는 잔여
물이 벌거벗은 생명이다.

## 호모 사케르

아감벤은 로마 시대 사전 편찬자이자 문법학자였던 페스투스(Sextus
Pompeius Festus)의 글에서 태고형의 로마법을 상기시키는 형상 하나
를 발견한다. 그것은 수수께끼와도 같아서 로마법의 역설적 구조를
압축적으로 표현한다. '호모 사케르는 범죄자로 판정받은 자로서
희생물로 바치는 것은 허용되지 않지만, 그를 죽이더라도 살인죄로
처벌받지 않는다.' 그런데 그는 호모 사케르(homo sacer), 곧 '신성한
인간'이다. 살해가 승인된 자에게 어떻게 신성함이 동시에 공표될
수 있는가? 또한 신의 제물로 바치거나 신의 심판으로 소환되는 경
우 신성모독에 불과하거늘, 어떻게 그에게 신성함이 부여될 수 있
는가?

아감벤은 이 같은 역설에서 이중적인 배제 원리를 도출해낸다. 호모 사케르는 이중적으로 배제된 존재, 곧 제물로 바쳐져서는 안 된다는 점에서 신적 질서로부터 배제되며, 살해되어도 어떤 법적 제재가 가해지지 않는다는 점에서 세속적인 법질서로부터 배제된 존재이다. 이러한 권리 박탈의 이중성이 호모 사케르의 법적 위상을 특징짓는다. 한마디로 말해 호모 사케르는 아무것도 가진 것이 없는, 오로지 벌거벗은 생명 외에 지닌 것이 없는, 전적으로 권리를 박탈당한 자이다.

이러한 법적 위상에도 불구하고 벌거벗은 생명이 지닌 신성의 수수께끼는 여전히 풀리지 않은 채 남아 있는 것으로 보인다. 사케르란 '신성한'이라는 뜻과 함께 '저주받은'이라는 뜻을 동시에 갖고 있다. 이 양가성을 해명하는 데 있어 민속학이나 신화 연구 또 정신분석학(프로이트)은 터부 개념에 집중해왔다. 그러나 터부 연구 역시 '신성한'이라는 뜻과 '저주받은'이라는 뜻을 숭배와 공포의 대상으로 바꾸어놓았을 뿐, 양가성의 문제를 해명하기보다는 오히려 은폐해왔다는 것이 아감벤의 견해이다. 그에 따르면 사케르의 모호성은 결국 내버림의 추방령 관계로 바라볼 수밖에 없다는 것이다.

법은 주권적 예외상태에서 더 이상 자신을 적용시키지 않고 그것으로부터 물러남으로써 예외상태에 적용되듯이, 호모 사케르 역시 희생물로 바칠 수 없음의 형태로 신에게 바쳐지며 또한 죽여도 괜찮다는 형태로 공동체에 포함된다.[14]

이렇게 보면 호모 사케르는 신적 질서에도 세속적 질서에도 속하지 않는, 오로지 배제를 통해 이 두 질서에 포함되는 경계인임을 알 수 있다. 경계인으로서의 위상은 의미심장하다. 아감벤에게 있어 호모 사케르는 정치적 공동체가 형성되는 원초적 장면(Urszene)이다. 이러한 점에서 호모 사케르는 지라르(René Girard)의 희생양과는 다르다. 희생양 이론은 공동체를 이미 형성된 것으로 전제하며, 공동체가 내재한 폭력에 방어하기 위해 제식의 형태로 희생양을 추방한다고 본다. 이와 달리 아감벤은 호모 사케르를 통해 공동체 형성의 근원을 묻고 있으며, 그 근원을 종교의 발생과 규범적 법의 발생에 선행하는 정치적인 것으로 파악하고 있다.

### 생명의 정치화—아렌트와 푸코

호모 사케르는 벌거벗은 생명의 배제를 바탕으로 모든 권력이 정초되는 근원적 형상이다. 하지만 역사가 발전함에 따라 애초 배제의 형태 속에서 권력과 관계를 맺고 있던 생명이 점차 권력의 영역으로 진입하는 경향이 현저하게 나타난다. 이 특정 지점을 고찰의 대상으로 삼기 위해 아감벤은 아렌트의 전체주의 분석과 푸코의 생명정치 개념을 전유하고 있다. 이로써 자연적 생명이 정치·법질서에 기입되는 새로운 방식을 분석할 수 있는 기반이 마련된다. 이러한 기입 방식을 아감벤은 생명이 정치화되는 주요 계기로 보는데, 그것은 근대적 현상이기도 하다.

먼저 아렌트의 수용을 살펴보자면, 인권의 운명을 국민국가의 운명에 결부시킨 시각이 중심에 들어선다. 인권이란 본래 국민주권의 범위에 근거를 둔 시민권의 전제이자 기초였다. 바로 이러한 주권 개념이 정치적 공동체로서의 근대 국민국가의 성립을 가능하게 했다. 그러나 1차 세계대전을 기점으로 국민국가가 위기에 처하자, 더 이상 국가의 보호와 시민권을 보장받을 수 없는 인간은 이 땅에 태어난 존재로서 가질 수 있는 최소치의 권리조차도 부여받을 수 없었다. 여기서 아렌트는 전쟁으로 인해 대량 발생한 난민을 말하고 있다. 무권리자와 무국적자로서의 난민에서 벌거벗은 생명의 형상이 고개를 든다.

이때 아감벤은 아렌트가 사용하는 출생(natality)이라는 용어에 커다란 의미를 부여한다. 아렌트에게 있어 출생은 새로운 시작의 지속 가능성을 표기하고 개체성을 보증하는 것인 반면, 아감벤은 그것을 유독 자연적 생명이 국민국가의 질서에 기입되는 기제로 파악한다. 즉 '모든 인간은 태어날 때부터 자유롭고 그 존엄성과 권리에 있어 평등하다'는 선언은 출생이 국민(민족)의 일원이 될 수 있는 기준이 되는 한에서만 효력을 갖는 것이다. 특정 영토 내에서 출생했다는 출생지와 시민을 부모로 두고 출생했다는 혈통은 오늘날에도 국가 시민권 부여의 기준이 되고 있다.

인권을 통해 인간이 국가에 기입되는 방식은 생명의 정치화 과정에서 분기점을 이루지만, 그것은 첫걸음일 뿐, 또 다른 결정적인 계기가 있다. 호모 사케르라는 태고형을 보자면, 모두 살해할 수 있으나 제물로 바쳐서는 안 된다. 이 기입 방식은 생사를 좌우할 수 있는 권력을 상기시킨다. 이 점이 푸코의 수용과 관련된다. 푸코는 공동체로부터 배제된 생명이 정치의 대상이 되고 있음을 처음으로 간파한 사람일 것이다.

대략 구분해보자면 푸코의 이론에서는 세 가지 권력 형태가 있다. 영토국가라는 좁은 의미에서의 주권권력과 17, 18세기에 형성된 규율권력, 그리고 생명권력 또는 생명정치가 바로 그것이다. 규율권력이 교육과 근대 형법의 발생에서 볼 수 있는 것처럼 개인의 신체를 훈육하는 것이라면, 생명권력은 살아 있는 사람들의 집단인 인구, 말하자면 종(種)으로서의 인간을 상대한다. 푸코에 따르면 고전 주권론에는 "죽게 할 수도 살게 내버려둘 수도 있는" 권리가 뚜렷하게 각인되어 있었다. 그것은 "검(劍)의 권리", 곧 죽일 수 있는 행위에서 효력을 갖는 군주의 생사여탈권이다. 그런데 18세기에 이르러 "살게 만들고 죽도록 내버려두는" 권력, 곧 생명권력이 출현한다. 이 권력의 지식 기반이 되는 것이 출생률, 사망률, 인구증가율, 평균수명 등의 통계학적 산출이다. 또한 사회의 지속적인 의료화가 시작된다. "종으로서 인간의 생물학적 과정을 파악하는" 일은 생명의 원리를 극대화하고 궁극에는 살게 만드는 권력으로 자리 잡는다.[15]

아감벤은 푸코의 생명정치 개념을 받아들이는데, 이때 고전적인 주권권력의 유형인 '죽게 만들고 살도록 내버려두는 권력'과 새로운 생명권력인 '살게 만들고 죽도록 내버려두는 권력'을 직접 결합시킨다. 이로써 표면화되는 것이 호모 사케르에서 연상되는 '죽일 수 있는 권리'이다. 이렇듯 푸코의 생명정치는 죽음의 정치로 변형된다. 사실 푸코의 시각에서 보자면 주권권력과 생명권력을 직접 결합시키기는 어렵다. 왜냐하면 그의 권력론은 전통적 국가 주권론의 모델에서 벗어나는 곳을 시발점으로 삼고 있고, 또 새로운 생명정치의 형성에 있어 근대적 에피스테메의 변혁이 중요한 역할을 하기 때문이다.

이와 달리 아감벤은 생명정치를 근대 권력의 특수성으로 이해하는 것이 아니라, 이미 고대에 잠재해 있던 것이 근대에 이르러 표출되는 것으로 본다. 그는 푸코의 생명정치 개념을 죽음의 권력으로 환원시킴으로써 서양 정치는 애초부터 생명정치였다고 주장한다. 생명정치의 기반이자 근원적 핵심은 주권의 죽일 수 있는 권리에 있다.[16] 이 권력을 중심으로 서양 정치의 난제를 들여다보려 한다는 점에서 아감벤의 정치철학은 권력의 '거대' 이론이라 부를 수 있다.

## 근대의 노모스—수용소

죽일 수 있는 권리를 오늘날의 우리 상황에 비추어본다면, 그러한 권리의 행사가 결정적인 변화를 겪었음을 잊어서는 안 될 것이다. 수용소의 건립이 그 변화의 계기로서 일종의 역사적 전환점을 이룬다. 아감벤은 수용소를 '근대의 노모스'로 특징짓고 있다. 노모스(nomos)라는 표현은 슈미트의 '대지의 노모스'를 빗댄 것임에 틀림없다. 그것은 법질서의 원천이자 기반으로서 영토 취득을 통한 공간 질서의 확정을 뜻한다. 그야말로 대지를 바탕으로 한 공간 분할의 기본 과정인 셈이다.

그러나 아감벤은 대지가 아니라 수용소를 내세운다. 이러한 대체는 슈미트식의 공간 분할 개념이 붕괴되었으며, 국민국가와 결부된 법·정치의 형식이 근본적으로 변했음을 전제한 것이다. 슈미트에게 공간 질서의 확정이 예외상태의 한 형태인 전쟁과 직접 결부되어 있다면, 아감벤에게는 물론 전쟁과 연관이 있지만 그것으로부터 벗어나 영구성으로 이행하는 예외상태의 변형에 초점이 맞춰져 있다. 수용소란 궁극적으로 예외상태가 지속성을 띠는 공간이다. 그것은 여전히 국민국가를 단위로 조직되는 세계의 땅에서 생겨났지만, 전혀 새로운 공간이다. 수용소는 식민지나 도시처럼 점령되거나 건설되는 것이 아니라 이미 확립된 영토에 세워진다. 그곳에서 이 영토의 법질서는 효력을 발휘할 수 없다. 호모 사케르가 정치적인 것의 구성을 표현하는 비유라면, 수용소는 호모 사케르들을 체계적으로 생산하고 죽일 수 있는 현실 공간이다.

호모 사케르는 법질서와 관련하여 배제를 통해 만들어지기 때문에 고정된 장소에 위치하지 않는 것이 특징이다. 그것은 질서가 잡혀서야 비로소 무명인으로 어렴풋이 기억될 수 있을 뿐이다. 호모 사케르의 장소 부재성은 수용소의 건립에 이르러서야 비로소 영토에 의해 규정되고, 시간적으로 제한되었던 예외상태가 지속성을 갖게 된다. 예외상태는 포함인 배제의 형식을 갖는 반면, 수용소는 배제된 것을 국가 영토에 집어넣는 것으로 나타난다. 제국주의가 국민국가를 외부에서 해체시키는 지구화의 선두주자였다면, 수용소는 국가를 내부에서 해체하기 시작한 장소였다.

스페인인들이 식민지 주민의 봉기를 억누르기 위해 쿠바에 세웠던 집단수용소(1896), 나치의 강제수용소, 미국의 관타나모 수용소들이 바로 불가능함에도 불구하고 감행된 공간 확정의 산물들이다. 수용소가 현실화될 수 있었던 배경에는 예외상태를 다양한 방식으로 적용함으로써 그 조건을 확장해왔던 역사적 과정이 숨어 있는데, 예외상태의 조건을 민간인 전체에 확장한 것이 그러하다. 이러한 확장은 전시법과 달리 국가 안보에 대한 위협을 미리 차단하기위한 예방수단으로서 예비검속이나 개인의 자유를 유보하는 형식으로 이루어진다. 개인의 자유 제약은 역설적이게도 개인의 자유보호라는 명분 속에서 실행된다.

예비검속에서 쟁점이 되고 있는 자유의 '보호'란 역설적으로 긴급사태의 특징인 법의 유보로부터의 보호를 말한다. 여기서 새로운점은 예비검속이라는 장치가 이제는 그것이 기반하고 있는 예외상태로부터 분리되면서, 정상상태에서도 유효한 것으로 남게 된다는것이다. **수용소란 예외상태가 규칙이 되기 시작할 때 열리는 공간이다.**[17]

이러한 시각 속에서 아감벤은 아우슈비츠를 일회성에 머무는 예외적 사건이 아니라, 변형된 법률 구조의 패러다임으로 파악한다. 그리고 그것은 생명정치의 급진적 변형에 조응하는 것이다. 이는 아우슈비츠가 근대 정치의 패러다임이라는 뜻이 아니다. 오히려 법률적이고 생명정치적인 배열로서 불가능한 것을 현실화시킨 공간, 곧 수용소를 조직했다는 의미다. 이전에는 전혀 불가능하다고 여겨졌던 끔찍한 일이 아우슈비츠를 통해 가능해졌다. 수용소에서는 모든 것이 가능하다. 그러나 모든 수용소에서 아우슈비츠에서 벌어졌던 참혹한 일이 저질러진다는 뜻은 아니다. 문제는 그러한 일이 벌어지느냐 아니냐가 예측 불가하다는 점이다. 가능태로서의 패러다임은 지속된다. 아감벤이 난민선이나 국제공항 대기실을 수용소의 법 구조로 특징짓고 있는 것[18]은 바로 이러한 맥락 속에 있다.

## 4 | 비식별성이라는 맹점

앞서 언급했듯이 아감벤의『호모 사케르』프로젝트는 서양 정치의 전통을 문제 삼고 있다. 이 전통에 근본적으로 이의를 제기하는 존재가 바로 벌거벗은 생명이라는 것을 알 수 있다. 고대 로마 시대의 호모 사케르, 생사가 불분명한 나치 강제수용소의 수감자 무젤만, 이탈리아 해안에서 억류된 선박 안의 난민, 관타나모 수용소의 수감자, 이들 모두는 전적으로 권리를 박탈당한 자라는 점에서 벌거벗은 생명이다.

그러나 아감벤은 호모 사케르를 연상시키는 형상으로 무젤만뿐 아니라 자신의 신체를 실험 대상으로 삼는 과학자, 주권자로서(그의 생명이 곧 독일 민족의 정치적 형식이고, 그의 말이 곧 법이라는 점에서) 히틀러, 또 인공호흡기의 환자를 열거하고 있다. 이러한 나열은 분명 당혹스럽다. 과연 과학자와 히틀러를 권리를 박탈당한 자의 부류에 넣을 수 있을까?

물론 아감벤의 선별은 결코 임의적인 것이 아니다. 이들 모두는 경계에 자리하고 있다는 데서 공통점이 있다. 문제는 경계의 위상학적 구조에 비식별성이 내재해 있다는 점이다. 외부와 내부, 배제와 포함, 비오스(정치적 실존)와 조에(생명) 등의 구별은 비식별 영역으로 빠져든다. 우리는 자발적으로 자신의 신체를 실험 대상으로 삼는 과학자와 히틀러를 강제수용소에서 고문당하는 수감자와 구별하고 싶어 한다. 하지만 동일성과 차이의 놀이에 휘말리는 지점이 비식별 영역이다. 비식별성은 그러한 구별을 무력화시킨다.

우리는 여기서 근본적인 질문 하나를 던져볼 수 있다. 호모 사케르란 서양 정치의 역사적 재구성인가, 아니면 역사 초월적 논증인가? 예외관계란 역사적 산물인가, 아니면 구조적 아프리오리(a priori)를 뜻하는 것인가? 실제 독자는 두 가지 독법을 두고 선택의 기로에 서서 고민하게 된다. 일종의 정치철학적 구상으로 읽을 것인가, 아니면 역사 탐구의 한 종류로 볼 것인가? 이러한 혼선은 아감벤의 논증법, 즉 비식별성의 수사학적 논법에서 비롯된다. 비식별성은 구별 논리가 좌초할 수밖에 없는 경계의 구조적 난제만을 가리키는 것이 아니다. 주권의 권력체와 호모 사케르의 관계는 대칭적인 것으로 간주되는데, 이 대칭성에서 주권자와 호모 사케르의 위상은 비식별성으로 인해 서로 자리바꿈이 가능해진다. 이는 사도마조히즘의 분석에서 여실히 드러나고 있다. 사드(Marquis de Sade)의 『규방철학』과 관련하여 아감벤은 다음과 같이 적고 있다.

공과 사, 벌거벗은 생명과 정치적 실존이 자리를 맞바꾼다는 차원에서 본다면 돌망세의 계획에서는 규방이 실제로 국가의 자리를 완전히 대신한다. 근대(성)에서 사도마조히즘의 중요성이 커지는 것은 바로 이러한 자리 맞바꾸기에 근원을 두고 있다. 왜냐하면 사도마조히즘이란 파트너의 벌거벗은 생명을 드러나게 만드는 성적 기술이기 때문이다. 여기서 우리는 사드가 의도적으로 주권권력과의 유사성을 환기시켰을 뿐 아니라 (…) 또한 마조히스트를 사디스트에, 희생자를 가해자에 결부시키는 공모관계 속에서 호모 사케르와 주권자가 또다시 짝을 이루게 됨을 알 수 있다.[19]

문제는 이와 같은 자리바꿈을 넘어서 비식별성이 역사적 조건이 변형되는 중요한 지점에도 활용되고 있다는 점이다. 예컨대 수용소가 예외상태의 실제적 현실화인 것처럼 무젤만은 태고형의 로마법 형상인 호모 사케르의 실현된 현실로 나타난다. 이러한 현실화를 서양 정치의 전통을 특징짓는 연속체로 볼 수 있을 것이다.

실제 아감벤은 비식별성이라는 논법을 통해 이러한 연속성을 부각시키는데, 이로써 호모 사케르와 무젤만뿐 아니라 그 구조와 역사 또한 경향적으로 동일시된다. 호모 사케르를 가능하게 한 고대의 조건과 무젤만을 가능하게 한 수용소의 조건에는 사실상 구조적 차이가 존재하며, 그것은 역사적 구조의 차이이기도 하다. 이 차이에 대한 통찰이 아감벤에게는 부재한다. 비식별성의 영역이 주권의 역설 구조를 포함해 근대 노모스로까지 이어질 때, 그것이 역사적 발전의 원리인지 근대 특유의 현상인지가 불분명하다.

이 같은 모호성은 아감벤이 서양 정치의 전통에 대한 대안으로 암시하는 '새로운' 정치에도 영향을 미칠 수밖에 없다. 왜냐하면 앞서 논했던 것처럼 새로운 정치의 가능성 자체가 바로 경계에 자리잡고 있고, 또 역사적 차이에 대응하는 논리가 여전히 비식별 영역에 머물러 있기 때문이다.

민주주의와 전체주의가 내적으로 결탁되어 있다는 테제 (…) 는 물론 (…) 이 두 이념의 역사와 경쟁을 특징지어온 어마어마한 차이점을 제거하고 없애버리는 것을 돕기 위한 역사 서술상의 주장이 아니다. 하지만 그럼에도 불구하고 자체에 고유한 역사철학적인 차원에서 이 테제는 확고하게 유지되어야만 한다. 왜냐하면 오직 이 테제만이 이번의 밀레니엄과 함께 나타나고 있는 새로운 현실들과 예기치 못한 수렴 현상들에 직면해 우리의 위치를 정확히 가늠하고, 아직도 대부분은 우리가 새로 고안해내야 할 새로운 정치로 향한 길을 열어나가게끔 해줄 것이기 때문이다.[20]

이 진술은 역사적 차이를 제거하려는 의도가 결코 없음을 밝히고 있지만, 사실상 민주주의와 전체주의의 내적 결탁 테제는 비식별성에 의존해 있다. 요컨대 아감벤은 비오스와 조에의 구별이 붕괴된 것을 애석하게 생각하면서 고대의 구별 모델을 복원하려 했던 아렌트의 시도가 대안이 될 수 없음을 분명히 했다. 그 이유가 바로 구별 논리가 궁극에는 좌초할 수밖에 없는 비식별성 때문이다. 만약 새로운 정치가 비식별성의 영역에서 논리적 아포리아와 역사적 차이 사이에서 여전히 요동한다면, 아감벤 자신이 비판하고 있는 옛 정치로 전락할 위험은 상존하는 셈이다. 새로운 정치의 의도는 명확하다. 벌거벗은 생명이 추방령 속에서 주권권력과 맺고 있는 관계를 끊어버리려는 것이다. 이러한 점에서 새로운 정치를 '무관계' 속에서 사유하려는 것은 매우 일관된 태도인 것으로 보인다. 하지만 이러한 사유가 정치적 실천의 변환으로 나아갈 수 있는

가능성에 대해서는 여전히 의구심을 떨쳐버리기 어렵다.

　물론『호모 사케르』프로젝트는 현재 진행형이다. 특히 이 대안에 대한 고심이 이 기획의 완결을 가져올 것이다. 따라서 섣부른 단정으로 아감벤의 문제의식을 희석시킬 필요는 전혀 없다. 다만 지금까지 출간된 연작물에 비추어볼 때 새로운 정치의 관건은 두 가지로 요약될 수 있다. ① 하나는 새로운 정치의 차이를 표기하는 '무관계성'에 대해 구체성을 확보하는 일이다. 과연 관계를 떠난 삶의 또 다른 형식이란 무엇일까? 그것이 현실 정치를 외면하는 것으로 귀결된다면, 우리가 역사적으로 숱하게 경험해본 바 있는 탈정치화의 운명에서 벗어나지 못할 것이다. ② 다른 하나는 이러한 구체화 과정이 역사적 구조의 차이를 만들어내는 지점에 대한 인식을 동반하지 않고 과연 가능하겠는가라는 점이다. 이러한 인식은 일관된 역사적 탐구로 나아가는 길이 되며, 그 도정은 새로운 삶의 형식을 가능하게 하는 조건에 대한 사유에 다름없다.

# VIII

# SLAVOJ ŽIŽEK

# 8 지젝
## 정신분석과 포스트모던 이데올로기 비판

박영도

20세기 중반까지 정신분석은 마르크스주의와 더불어 사회 비판과 변혁을 위한 중요한 이론적, 실천적 통찰을 제공해왔다. 프랑크푸르트학파 비판 이론의 바탕에 정신분석과 마르크스주의의 결합이 자리 잡고 있었다는 것은 널리 알려진 사실이다. 파시즘의 대중심리에 대한 빌헬름 라이히의 분석, 혁명과 리비도의 연관에 주목한 마르쿠제, 그리고 자본주의 사회에서 인간의 사회적 실존 양상에 대한 프롬의 비판 등은 사회 비판과 변혁 운동에 많은 영향을 미쳤다. 그러나 그 후 정신분석은 사회 비판의 무대에서 한 발 물러서는 양상을 보였다. 프랑크푸르트학파 내부에서도, 하버마스에 오면, 철학적으로 헤겔에서 칸트 쪽으로, 사회 이론에서 마르크스에서 베버로 중심 이동이 일어난 만큼이나 심리학에선 프로이트로부터 피아제 쪽으로 방향을 틀었다. 그 와중에 정신분석의 노화에 대한 논의도 심심찮게 등장했다.

하지만 오늘날 우리는 사회 비판의 무대에서 정신분석의 화려한 부활을 목도하고 있다. 그리고 그 중심에 '동유럽의 기적'으로 불리는 슬로베니아의 라캉주의 정신분석학자, 철학자, 사회학자인 슬라보예 지젝(Slavoj Žižek, 1949~)이 있다. 지젝은 대중문화를 소재와 무대로 삼아서 독일 고전철학으로 라캉주의 정신분석을 해명하고, 또 후자를 통해 전자를 해명하는 상호 해명과 상호 참조의 방식으로 마르크스주의 사회 비판을 재구성하는 작업을 진행하고 있다.[1] 생각의 속도보다 오히려 글쓰기의 속도가 빠르지 않을까 싶을 정도로 경이로운 다작(多作)의 괴력을 과시하면서 이 라캉주의 헤겔-마르크스주의자 지젝은 이론계의 팝스타 같은 유명세를 떨치며 전 세계에서 지젝 열풍을 일으키고 있다. 온라인 저널이긴 하지만, 현존하는 이론가를 대상으로 하는 국제 저널이[2] 등장했다는 아주 이례적인 현상도 그가 일으킨 열풍의 정도를 보여주는 한 사례라고 할 수 있다.

영화, 소설, 음악, 철학, 정신분석 임상자료를 넘나드는 화려하고 변화무쌍한 그의 글쓰기에는 이율배반에 가까운 이론적 변덕과 변화가 깔려 있다는 평가도 있다. 하지만 그 글쓰기를 통해 지젝은 오늘날 우리가 직면하고 있는 비판의 위기를 돌파하는 중요한 길을 제시하고 있다. 즉 계몽주의적 비판의 위기를 정신분석적 관점에서 해명하는 동시에 새로운 이데올로기 비판의 문법을 제시하고 있는 것이다. 전 세계를 강타한 지젝 열풍도 단순히 글 읽기의 재미 때문이 아니라, 비판의 무기력과 갑갑증을 날려버리면서 가려운 데를 읽어주는 시원함을 제공해주기 때문일 것이다.

이 글의 목적은 지젝이 제시하는 포스트모던 이데올로기 비판의 문법을 살펴보는 데 있다. 먼저, 오늘날 우리가 직면한 비판의 위기의 성격과 그 극복 방향과 관련하여 지젝의 위치와 의의를 확인한다. 둘째, 고전적 이데올로기 비판을 무기력하게 만든 냉소주의와 근본주의가 어떤 점에서 지젝에게 지배적인 포스트모던 이데올로기로 파악되는지를 살펴본다. 셋째, 이와 관련하여 지젝이 제시하는 새로운 이데올로기 개념과 이데올로기 비판의 문법이 무엇인지를 검토한다. 넷째, 1990년대 말부터 지젝은 자신의 이데올로기 개념을 수정하는데, 그 이유를 행위 개념과 관련하여 살펴본다. 마지막으로, 이 행위 개념의 문제점과 관련하여, 지젝의 이데올로기 비판 문법이 양분화된 비판 문법임을 지적할 것이다.


# 1 | 비판의 위기와 주이상스


우리 시대가 비판의 위기 시대라는 것에 대해 이견을 다는 지식인은 그다지 많지 않을 것이다. 우리 시대를 특징지은 논쟁이었던 포스트모던 논쟁만 해도 그렇다. 사실 근대는 자신을 비판의 시대로 이해해왔다.[3] 그런데 그 근대를 '벗어나기'(post)라는 주제로 논쟁이 벌어졌다는 것은, 근대의 자기 이해를 규정했던 비판의 문법에 심각한 문제가 발생했다는 것을 뜻한다. 그런 점에서 포스트모던 논쟁은 사실 근대적 비판 문법의 위기와 앞으로 그것의 구조와 방향

256

이 무엇인가를 놓고 벌어진 논쟁이라고 할 수 있다. 이 논쟁을 통해 이미 이론적으로 휘청거리고 있던 근대적 비판 문법에 결정타를 날린 것이 현실 사회주의의 붕괴였다. 마르크스주의가 근대의 가장 급진적 사회 비판 형태였다는 점을 감안한다면, 그것이 비판의 위기로 체험되었으리라는 것은 당연한 일이다. 따라서 비판의 위기를 어떻게 극복할 것인가 하는 것은 이론과 실천 모두에서 진보 진영의 중대한 관심사가 아닐 수 없다.

이 맥락에서 일차적으로 주목을 끌었던 것은 비판의 규범적 토대와 그것을 제공했던 이성의 운명에 관한 문제였다. 현실 사회주의의 붕괴가 가져온 충격 중에서 가장 영향력이 크고 또 오래 가는 것은 비판의 규범적 기대지평이 상실되었다는 것에서 비롯된 충격이었다. 그리고 포스트모던 논쟁에서 가장 열띤 쟁점의 하나도 비판의 규범적 토대를 제공했던 이성의 위기와 그 향방에 관한 것이었다.[4] 포스트모더니스트들은 비판의 위기는 억압적 이성에서 비롯된 것이므로 이제 합리적 "정당화 없는 비판"의 길을 모색해야 한다고 보았는 데 반해, 하버마스는 근대의 주체 중심적 이성을 소통적 이성으로 대체하여 비판의 새로운 **규범적 토대**를 제공하는 방식으로 비판으로서의 마르크스주의의 위기를 극복할 수 있다고 보았다.[5] 비판의 문법에서 그 규범적 토대가 중요하다는 것은 여기서 새삼 강조할 필요가 없을 것이다. 하지만 오늘날 우리가 체험하는 비판의 위기가 단순히 이성의 위기 혹은 비판의 규범적 토대의 붕괴에서 비롯되는 위기로 환원되지는 않는다. 오히려 이러한 규범적 위기에 못지않게, 아니 그것보다 더 절박할 수도 있는 위기 양상이 있다. **비판의 실질적 효능**이 급격히 떨어지고 있다는 것이 그것이다.

우선 오늘날 자본주의에 대한 비판과 전복의 몸짓이 할리우드까지 파고들 정도로 널리 확산되고 있지만, 그 태반이 자본주의에 대한 진지한 위험과 위협으로 간주되지 않는다는 점을 들 수 있다. 오히려 위반의 즐거움이 소비 자본주의의 권장사항으로 되어버린 것이 아닌가 싶을 정도이다. 혁명의 상징 체 게바라가 소비 자본주의의 문화적 아이콘이 되었다는 것도 이미 진부한 이야기이다. 다수의 좌파 비판은 마치 자본주의 왕국의 궁정 피에로가 펼치는 여흥 정도로 취급되거나, 아니면 좀 난폭한 위반의 몸짓도 축제가 끝나면 오히려 더 굳건해질 일상으로 되돌아가고 마는 카니발용 위반에 그치는 경향을 보인다. 오늘날 자본주의는 자신에 대한 비판과 전복의 시도까지 자신의 게임의 일부로 포섭하면서 일종의 자기산출 체계를 구축해가고 있는 것처럼 보인다.

그러나, 이것과 밀접히 관련되어 있지만, 우리의 맥락에선 이것보다 더 중요하다고 할 수 있는 또 다른 현상이 있는데, 그것이 바로 근대적 비판의 전제였던 앎과 행위의 내적 연관이 무너졌다는 점이다. 잘못 알거나 기만당했던 것을 바로 잡으면 우리의 행위도 달라질 것이라는 것이 계몽주의 이래 근대적 비판의 전제였다. 사실 비판의 위기에 대한 하버마스의 규범적 접근도 이러한 기본 전제 위에 서 있다. 하지만 우리 시대에서 이 전제가 무너지면서 (이데올로기) 비판은 당혹과 무기력감에 허우적거리는 상태이다. 이것을 잘 보여주는 것이 자유주의적 냉소주의와 종교적 근본주의이다.[6] 이 두 현상은 오늘날 전형적으로 대립하는 멘탈리티로 보인다. 그러나 두 경우 모두 "'합리적'이며 논쟁적인 비판이 통하지 않는다. 근본주의자는 자신의 물신에 맹목적으로 매달리면서 논증을 무시하는(혹은 적어도 불신하는) 반면 냉소주의자는 논증을 수용하는 척하면서 그 상징적 효율성은 무시한다."[7] 이런 현상 앞에서 고전적 이데올로기 비판은 무기력할 수밖에 없는 것이다.

그러니까 자본주의의 자기산출 체계는 갈수록 강화되고 있어 그 어느 때보다 진지한 비판이 요구되는데, 그 비판의 전제조건이 무너지면서 비판은 그 어느 때보다 무기력한 상태에 빠진 것이다. 그리고 이 위기와 무기력이 앎과 행위의 내적 연관이라는 전제가 무너진 것에 기인하는 한에서, 그 위기는 단순히 더 포괄적인 이성 개념을 제시한다고 해서 해결될 수 있는 것이 아니었다. 지젝이 주목받는 것도, 지젝을 주목할 필요가 있는 것도 바로 이 대목에서이다. 지젝은 이성 개념의 대척점에 있으면서 이성 개념에 의해 가려지고 배제된 한 범주를 참조할 때 이 위기를 극복할 수 있다고 보는데, 그것이 바로 주이상스(jouissance)다.

라캉 정신분석에서 중심적 위치를 차지하는 범주인 주이상스는 고통스러울 만큼 매혹적이고 강도 높은 희열을, 합리적이고 유용한 것을 넘어서는 과도한 향락을 가리킨다. 쾌락이 균형을 통해 주어지는 것과는 달리 주이상스는 균형을 파괴하는 과잉을 통해 주어진다. 주이상스는 우리의 실존의 한계 너머와 조우할 때, 사회화된 우리들에게 금지된 사물이나 경험들과 접촉할 때 생기는, 고통을 수반하는 충격적인 희열이다.[8] 지젝은 바로 이 주이상스가 우리 시대의 정치와 이데올로기를 이해하는 데 결정적이라고 본다. 지젝은 정치가 이 명명할 수 없는 모호한 과잉으로서의 주이상스의 경제에 의존하며, 또 주이상스를 규제하는 것이 정치의 중요한 과제라고 본다. 특히 오늘날의 "우리의 정치는 더욱더 직접적으로 주이상스의 정치, 즉 주이상스를 간청하거나 또는 통제하고 조종하는 방식들에 관심을 두는 정치가 되어가고 있다"[9]고 본다. 또한 이데올로기의 기능도 단순히 의미망을 특정 방식으로 구조화하는 것에 그치지 않고, 더 중요하게는 바로 주이상스에 대한 주체의 관계를 구조화하는 데 있다고 본다. 그럼에도 기존의 이데올로기 개념 및 이데올로기 비판 문법은 이 주이상스를 고려하지 않았고, 이 때문에 무기력 상태에 직면하게 되었다는 것이다.

## 2 | 증상에서 물신으로
### —주이상스와 포스트모던 이데올로기

앞서 냉소주의와 근본주의가 고전적 이데올로기 비판을 무기력하게 만들었다고 했다. 그럼 이제 이데올로기는 종언을 고한 것이고, 탈이데올로기의 시대가 도래했다는 말인가? 그렇지 않다. 오히려 지젝이 볼 때 냉소주의와 근본주의야말로 탈이데올로기 시대처럼 보이는 우리 시대에 이데올로기가 작동하는 지배적인 풍경이다. 양자는 완전히 대립되는 현상으로 보이지만, 모두 다 고전적 이데올로기와는 전혀 다른 구조와 기능 양태를 보여준다. 그럼 새로운 이데올로기와 고전적 이데올로기의 차이는 어디에 있는가? 지젝은 그것을 증상과 물신의 차이로 요약한다. "우리의 소위 '탈이데올로기' 시대의 이데올로기는 점점 더 전통적인 증상 양식에 대비되는 물신주의 양식 속에서 기능한다."[10] 이제 이 차이를 살펴보자.

지젝에 의하면 고전적 이데올로기의 구조는 "그들은 알지 못한 채 그렇게 행동하고 있다"는 말로 요약할 수 있다.[11] 여기서 이데올로기는 통상 허위의식 혹은 사회적으로 필수적인 허위의식으로, 다시 말해서 '진리로 잘못 경험되거나 진리라고 조작된 거짓'으로 이해된다. 이러한 이해 방식에서 우리는 고전적 이데올로기 개념과 그 비판의 전제를 형성하는 앎과 행위의 내적 연관을 읽어낼 수 있는데, 그 전제를 다음 두 가지 명제로 표현할 수 있다. 첫째, 이데올로기적 환영(illusions)은 지식의 차원에 자리 잡고 있다. 둘째, 이 지적 환영을 일소하면 이에 따라 실제의 행위도 달라진다.

지젝은 이 고전적 이데올로기가 증상과 동일한 구조를 갖는다고 본다. 주지하다시피 정신분석에서 증상은 하나의 상징적 구성체가 일관성을 유지하기 위하여 억압한 그 무엇이 그 구성체로 회귀하는 지점이다. 상징적 구성체에겐 교란으로 경험되는 이 증상은 상징적 구성체를 향한, 큰타자를 향한 암호화된 메시지라고 할 수 있다. 즉 그것은 공적 소통 체계에 의미 해독을 요청하는 일종의 사적 언어라고 할 수 있다. 따라서 증상은 그것이 공적 언어 속에서 그 의미를 부여받으면 해소되는 상징적 구성물로 간주된다. 그리고 그것이 공적 의미를 부여받는다는 것은 상징적 구성물 자체가 바뀐다는 것을 뜻한다. 이 때문에 정신분석의 목표는 피분석자가 증상의 의미를 언어화할 수 있게끔 "깨어진 소통의 네트워크를 복구하는 것"이 된다.[12] 요컨대 정신분석에서는 사적 언어로서의 증상을 공적 언어로 번역하는 것이 곧 증상을 치료하는 기본 작동이고, 이것이 또한 고전적 이데올로기 비판의 양식이기도 했다.[13]

이에 비해 새로운 이데올로기적 양식으로서의 냉소주의는 "나는 잘 알지만, 그럼에도 불구하고 여전히 그렇게 행동한다"는 구조를 갖는다.[14] 냉소주의자는 자신의 행위의 의미를 모르는 것이 아니라, 그 의미를 알지만 그 앎을 자신의 행위를 구성하는 실존적 요소로서 주체화하지 않는다. 냉소주의자는 보편성이 허구적인 것이고 그 뒤에 특수한 이익이 있다는 것을 잘 알지만, 여전히 그 허구적 보편성을 버리지 않는다. "냉소적 주체는 이데올로기적 가면과 사회 현실 사이의 거리를 잘 알고 있다. 그럼에도 불구하고 그는 그 가면을 고집한다."[15] 이러한 냉소주의자에게 보편성의 허위적 성격에 대한 인식은 행위의 변화를 가져오지 못하고, 따라서 앎과 행위의 내적 연관은 무너진다.

정신분석에서도, 증상의 의미가 해독되었지만 증상이 해소되지 않고 지속되는 경우가 많다. 그러니까 증상의 독해라는 이데올로기 비판이 증상의 해소라는 실천적 변화를 가져오지 못하는 경우가 많다는 말이다. 왜 그럴까? 그것은 증상이 단순히 공적인 해석을 기다리는 사적인 의미 구성체에 그치는 것이 아니라, 주이상스의 장소이기도 하기 때문이다. 다시 말해서 주체는 그 증상에서 불편과 고통을 느낄 뿐 아니라, 은밀하게 그것을 즐기기도 한다는 말이다. 좀 더 심하게는, 자신도 알 수 없는 이유로 스스로 실패를 조직화하는 사람도 있는데, 그는 이 실패에서 비밀스러운 주이상스를 얻기 때문이라고 할 수 있다. 요컨대 이 주이상스 때문에 증상의 독해라는 비판적 절차가 증상의 해소라는 실천적 변화로 이어지지 못하고, 설득에 성공했음에도 불구하고 사태는 전혀 달라지지 않는 당혹스러운 상황에 처하게 된다.

지젝은 냉소주의라는 형태로 등장하는 새로운 이데올로기를 증상과 대비되는 물신 개념을 통해 특징짓는다. 정신분석에서 물신은 상징적 망의 중심에 있는 결여(거세)를 숨기고 부인한다.[16] 증상이 억압된 것의 회귀라면, "물신은 우리로 하여금 견딜 수 없는 진실을 지탱할 수 있게 하는 거짓말의 구현체이다."[17] 따라서 물신주의자는 몽상가가 아니라 오히려 "철저한 현실주의자로서, 자신의 물신에 매달림으로써 현실의 거대한 충격을 완화할 수 있기에 사태를 있는 그대로 받아들일 수 있다."[18] 오늘날 지배적 이데올로기적 풍경인 냉소주의와 근본주의는 이 물신주의의 두 양식인 것이다.[19]

오늘날 주도적 이데올로기가 펼치는 경관은 이처럼 물신주의의 두 가지 양식으로 분열되어 있다. 그것은 냉소적인 것과 근본주의적인 것으로, 두 경우 모두 '합리적'이며 논쟁적인 비판이 통하지 않는다. 근본주의자는 자신의 물신에 맹목적으로 매달리면서 논증을 무시하는(혹은 적어도 불신하는) 반면 냉소주의자는 논증을 수용하는 척하면서 그 상징적 효율성은 무시한다.[20]

사실 증상과 물신은 거의 식별 불가능할 정도로 경계가 모호하다.[21] 그러나 중요한 점은 물신주의의 경우 합리적 논증이 통하지 않는다는 점이다. 이미 언급했다시피, 근본주의자는 아예 논증을 무시하고, 냉소주의자들은 논증의 상징적 효율성은 거부한다. 이 물신주의들 앞에서 비판적 논증은 벽창호를 만난 것처럼 막막하거나, 허공을 찌르는 것처럼 허무하다. 그들에게 아무리 물신의 의미를 해석해주어도 그들은 물신을 버리진 않는다. 이는 그들이 물신에서 주이상스를 얻기 때문이다. "물신주의자는 물신에서 만족을 느끼며, 그것을 없애버릴 필요를 경험하지 않는다."[22]

앞서 말했지만, 증상도 그것이 주이상스의 장소인 한에서는 합리적 설득이 통하지 않는다. 라캉은 이렇게 주이상스가 스며들어 있는 증상을 증환(Sinthome)이라고 부른다. 이 증환으로서의 "증상은 주이상스를 어떤 상징적 기표 구성물과 하나의 매듭으로 묶어줌으로써, 우리의 세계 내 존재에 최소한의 일관성을 보장해주는 방법이다"[23] 이렇게 물신과 증환 개념의 핵심을 형성하는 이 주이상스는 계몽주의적 이데올로기 비판이 왜 위기에 처하는지를 설명해줄 뿐 아니라, 그것의 포스트모던적 대립물인 해체주의의 문제점이 어디에 있는지도 보여준다. 해체주의에 의하면, 억압적 이성을 해체시켜 고정된 의미망을 유동화시키면 (이성에 의해) 억압된 것의 회귀로서의 증상은 해소된다. 하지만 해체주의는 유동화된 의미망이 억압적 이성이 아니라 주이상스에 의해 고착되어 있다는 점은 보지 못한다.[24] 오늘날의 포스트모던 자본주의 소비문화가 그것을 잘 보여준다. 이 소비문화에서 욕망은 더 이상 억압되거나 고정되지 않고 현란할 정도로 유동화된다. 그러나 그것은 결코 해방의 효과를 가져오지 않고 오히려 자본주의 체제에의 예속을 강화한다. 이는 욕망의 유동화가 주이상스에 대한 고착 위에서 이루어지기 때문이다. 이것은 자발적 복종의 현상이나, 억압적 탈승화의 현상이 왜 일어나는지를 보여준다. 또한 의미의 유동화와 산포를 강조하는 해체주의가 소비 자본주의의 자기산출 메커니즘을 제대로 비판하지 못하고, 오히려 그 재생산 메커니즘과 동조하는 듯한 인상을 주는 까닭도 여기서 찾아볼 수 있을 것이다. 이런 점에서 비판의 위기를 극복하는 과제와 관련하여, 지젝은 주이상스라는 범주를 도입함으로써 하버마스의 규범적 접근과 이와 대립하는 해체주의적 접근을 동시에 비판하면서 독자적인 길을 걷고 있다고 하겠다.[25] 그럼 그의 독자적인 길에서 이데올로기 개념 및 그 비판의 문법은 어떤 방식으로 재구성되는 것일까?

## 3 | 포스트모던 이데올로기 비판의 문법

이데올로기 비판의 향방과 관련한 지젝의 입장은 이데올로기 비판이라는 과제는 여전히 절실하게 요구되지만, 이데올로기 개념과 그 비판의 문법은 달라져야 한다는 것으로 요약할 수 있다. 먼저 고전적 이데올로기 개념에 대한 지젝의 수정부터 살펴보자.[26] 이 수정에서 특히 주목할 필요가 있는 것은 두 가지인데, 이것은 새로운 이데올로기에 의해 고전적 이데올로기 비판의 전제가 무너진 것에 대응한 것이라고 할 수 있다.

먼저, 앎과 행위의 내적 연관의 해체에 대응하여 이데올로기의 장소가 지식에서 일상적 실천의 영역으로 바뀐다. 고전적 전통에서 이데올로기는 지식 차원에서 일어나는 환영으로 간주되었다. 이제 지젝은 이데올로기를 사회적 현실의 생산과 재생산이 이루어지는 실천의 장으로 옮긴다. 어떤 점에서 이 수정은 화용론적 선회라는 일반적 경향을 이데올로기 영역에 적용한 것으로서, 이데올로기의 컨텍스트화라고 할 수도 있을 것이다.

그러나 지젝은 단순한 화용론적 선회에 만족하지 않는다. 여기에 머물 경우, 설령 주어진 이데올로기적 체제의 재생산 과정을 성공적으로 설명하더라도, 그 체제를 어떻게 벗어날 수 있는가라는 질문에는 제대로 대답을 하지 못하게 되고, 따라서 (이데올로기 서술에 있어서의) 성공이 곧 (비판에 있어서의) 실패가 되고 마는 딜레마에 빠질 수 있기 때문이다. 지젝의 이데올로기 이론의 출발점이기도 하고, 이데올로기 문제에 있어서의 화용론적 선회의 대표적 사례의 하나인 알튀세르의 경우를 보자. 그는 이데올기적인 상징적 위임이 제도적-실천적 맥락에서 어떻게 개인에게 내면화되고 재생산되는지를 호명 개념을 통해 해명하였다. 이를 통해 그는 이데올로기 국가 기구를 통한 개인의 주체화 과정이 어떤 점에서 이데올로기 체제로의 예속 과정인지를 잘 보여주었다. 하지만 이 이데올로기적 예속에서 어떻게 벗어날 수 있는가 하는 문제에 대해선 만족할 만한 대답을 주지 못하고 있다. 이것은 그의 이데올로기적 호명 개념의 결함에서도 확인해볼 수 있다.

알튀세르의 이데올로기적 호명 개념에는 한 가지 요소가 빠져 있는데, 그것이 바로 주체 편에서 제기할 수 있는 '왜?'라는 질문이

다. 이 질문은 겉보기엔 단순해 보이지만, 이데올로기의 재생산만
이 아니라 이데올로기에서 벗어나는 길과 관련해서도 매우 중요한
이론적, 실천적 의의를 갖는다. 앞으로 보겠지만 어떤 의미에선 이
데올로기 비판의 향방이 이 질문에 어떻게 대답하는가에 달려 있
다고 할 수도 있을 것이다. 그 질문은 그 발생 맥락이나 구조적 위
치의 측면에서 구별되는 두 차원에서 제기될 수 있다. 먼저, 내가
상징적 위임을 수락해야 할 타당한 근거가 어디에 있는가? 이것이
바로 하버마스가 던지는 질문이다. 주지하다시피 하버마스는 이
타당성에 대한 질문에서 출발하여 포괄적인 소통적 합리성 개념
을 제시하고 이를 통해 비판의 위기를 넘어서고자 했다. 하지만 이
미 냉소주의에 대한 경험을 통해 지식과 행위의 내적 연관이 무너
진 상황에 주목하고 있는 지젝으로선 이 질문에 만족할 수 없는 일
이었다. 그가 보기엔, 인습 및 그것에 기초한 호명의 수락과 거부를
좌우하는 다른 차원의 역동성이 있다. 그리하여 지젝은 주체가 타
자의 말의 문자적 의미는 알지만, 타자가 그 말을 통해 무엇을 원하
는지를 알지 못하는 상황에 주목한다. 그래서 하버마스라면 '타당
성의 근거가 무엇인가?'라는 질문을 제기할 곳에서 지젝은 "(타자가)
원하는 것이 뭐야?", "나는 타자의 욕망에 대해 어떤 존재인가?"라
는 라캉적 물음을 던진다.[27] 이것이 지젝의 이데올로기 이론의 출발
점이다.

　자크 라캉에 의하면, 이 (타자의) 욕망의 수수께끼는 주체에게 깊
은 불안을 일으키고, 이 불안을 방어하기 위하여 주체가 스스로 하
나의 대답을 제시하는데, 그것이 바로 주체의 욕망을 추동하는 원

인으로 작용하는 '대상a'이다. 이것은 인간이 사회로 진입할 때 거치는 거세 과정에서 잘려나간 주이상스의 잔재 혹은 잉여이기도 하다. 즉 그것은 상실된 주이상스의 빈터를 메우는 것이자, 그 빈터에 하나의 신체를 부여하는 것이라고 할 수 있다. 그리고 이 실증화는 환상(Fantasy)을 통해 이루어진다. 다시 말해서 거세된 텅 빈 주체와 대상a를 엮어주는 것이 환상인데, 바로 이 환상이 욕망의 프레임을 형성한다. 특정한 욕망의 대상은 그것 자체로 주체의 욕망을 끌어당기는 매력을 갖는 것이 아니라, 이 욕망의 프레임 안에 들어옴으로써 비로소 욕망의 대상으로 구성된다는 말이다. 이때 욕망의 특정한 대상들은 모두 욕망의 원인으로서의 대상a의 대리물이지만, 결코 대상a를 충족시키지 못한다. 다시 말해서 어떤 특정한 욕망의 대상들도 주이상스의 빈터를 채우지는 못하는 것이다. 이 때문에 욕망의 주체는 항상 '이건 그게 아니야'라는 반응을 보이며 다른 대상을 찾아 나서고, 이 과정은 반복된다. 여기서 왜 욕망의 대상들이 끝없이 바뀌는지가 설명된다. 하지만 무한히 변덕스러워 보이는 이 변화는 대상a라는 욕망의 원인에 대한 고착 위에서 일어난다. 다시 말해서 수시로 변화하는 그 욕망들은 모두 대상a라는 주제에 의한 변주곡들인 셈이다.

이런 식으로 욕망의 질서로서의 상징적 질서 밑에는 주체와 주이상스의 관계를 조직하는 환상이 자리 잡고 있다. 우리의 사회적 현실 자체를 구조화하는 이 '무의식적 환상', 주이상스의 충족과 상실에 관한 이 환상이 지젝의 이데올로기 개념에서 중핵을 형성한다. "이데올로기는 근본적으로, 사물들의 실상을 은폐하는 환영의 수준에 있는 것이 아니라, 우리의 사회적 현실 자체를 구조화하는 (무의식적인) 환상의 수준에 있다."[28] 물신주의자들에게 아무리 의식 차원에서 지식의 허구성을 정확히 비판해도 효력이 없고, 설득에 성공해도 변화가 일어나지 않는 당혹스러운 사태가 일어나는 것도 다름 아니라 이데올로기가 지식이 아니라 이 무의식적 환상의 차원에서 작동하고 있기 때문이다.[29] 이것은 고전적 이데올로기 비판이 왜 무기력한지를 설명해줄 뿐 아니라, 냉소주의가 어떤 점에서 새로운 이데올로기인지도 보여준다. 왜냐하면 "냉소적 거리두기는 단지 이데올로기적인 환상이 지니고 있는 이 구조화하는 힘에 대해 눈을 감아버리는 여러 방식 중의 하나일 뿐이기 때문이다."[30]

  이렇게 지젝에 의해 이데올로기의 중심은 한편 의식에서 무의식의 차원으로 이행하고, 다른 한편 의미에서 주이상스로 이동한다. 이와 함께 이데올로기 비판의 문법도 달라진다. 이제 지젝에게서 의미 구성체로서의 이데올로기는 더 이상 명시적 의식(지식)의 차원에서 작동하는 진리와의 연관 속에서 설명되고 비판되는 것이 아니라, 무의식적 믿음의 차원에서 작동하는 주이상스와의 연관 속에서 해명되고 비판된다. 이 후자의 분석틀에서 보면, 이데올로기는 상징적 질서와 실재(the real) 사이의 간극 속에서 등장하는 유령으로 간주된다.[31] 우리가 현실로 경험하는 것은 있는 그대로의 현실 자체가 아니라, 언제나 이미 상징적 메커니즘에 의해 구성되고 구조화되어 있는 것이다. 그런데 이 상징적 구성은 궁극적으로 실패하고, 한계를 가질 수밖에 없다. 이것은 현실이 무언가의 배제와 억압 속에서 상징적으로 구성된다는 것을 뜻한다. 이 배제되고 억압된 것이 유령이라는 모습으로 등장하는 것이다. 이 유령이 이데올로기로서 기능하는데, 이때 이 유령이 숨기는 것은 현실의 실상이 아니라 그 현실의 구성 과정에서 근원적으로 억압된 것, 표상 불가능한 X로서의 실재이다. 따라서 이데올로기 비판의 준거점도 더 이상 상징적 구성체 안에 위치하는 진리가 아니라, 오히려 상징적 구성체로부터 억압된 실재가 된다. 요컨대 현실과 실재 간의 간극에서 이데올로기로서의 유령이 출현하며, 이 유령은 상징적 현실 속의 빈터에 하나의 신체를 제공하고 그럼으로써 그 빈터를 숨긴다. 상징적으로 구성된 현실, 실재, 유령, 이 3요소가 이데올로기의 형식적 매트릭스를, 그리고 이데올로기 비판의 문법을 구성하는 것이다.

이 문법에서 이데올로기의 기본 작동은 근원적으로 불가능한 것을 외적 장애요인으로 인해 실현되지 못한 가능성으로 전환시키는 것으로 간주된다. 이 과정이 환상에 의해 조직되는데, 이때 환상은 동전의 양면관계에 있는 두 가지 기능을 수행한다. 한편 훼손되지 않은 이상향, 그러니까 주이상스가 거세되지 않은 상태에 대한 그림을 제시한다. 이로써 환상은 근원적 불가능성의 빈터를 부정하고 그것을 채우는 기능을 수행하는 것이다. 다른 한편 그럼에도 상징적 질서는 균열과 결함을 가질 수밖에 없다. 따라서 이제 이 균열이 설명되어야 하는데, 이 역할 역시 환상이 담당한다. 그리하여 환상은 어떻게 그 균열이 외적 장애요인 때문에 발생하는가를 설명한다. 다시 말해서 환상은 주이상스가 어떻게 상실되었고, 어떻게 도둑맞게 되었는가에 대한 시나리오를 제시한다. 각종 음모론에서 흔히 등장하는 이 시나리오에 따라 주이상스의 도둑이라는 유령이 출현하게 된다.

　나치의 반유대주의를 보자. 나치즘은 자본주의 사회를 근원적으로 분열시키고 있는 계급 적대라는 실재를 억압하면서 아리안족 이상향을 그린다. 그리고 그 이상향의 실패를 뜻하는 현실적인 사회적 균열, 주이상스의 상실을 설명하기 위해 유대인을 호출한다. 즉 나치 이데올로기를 통해 구성된 현실은 계급 적대를 은폐하고, 이 억압된 실재의 자리에 이데올로기적 구성물로서의 유대인이라는 유령이 사회적 균열의 장본인으로 등장하는 것이다. 반유대주의는 사람들이 가혹한 자본주의적 현실을 견디게 하는 물신인 셈이다. 그리고 사람들은 이 물신에서 주이상스를 얻는다. 즉 나치 체제에서 사람들의 주이상스는 반유대주의라는 환상 시나리오를 통해 구조화되고 있는 것이다. 이렇게 이데올로기가 무의식적 환상의 차원에서 작동하기 때문에, 유대인이 사회적 교란의 원인이 아니며, 반유대주의에서 묘사되는 유대인은 현실에서는 없다는 설득은 별 효력을 갖지 못한다. 오히려 그 설득이 합리적으로 타당할수록, 사람들에게 유령으로서의 유대인의 이미지는 더 강해져서 유대인은 더 무서운 존재로 느껴지고, 환상 시나리오는 더 힘을 발휘하게 된다는 것이다.

## **4** | 이데올로기 개념에 대한 수정과 행위

1990년대 말에 오면 지젝의 이론에 중요한 변화가 생긴다. 그 이전의 문화분석에도 항상 정치적 함축이 풍성했고, 마르크스주의적 요소가 없었던 것은 아니었지만, 이제 마르크스주의적 관점과 반자본주의적 혁명에 대한 강조가 두드러지게 전면에 부상한다. 특히 혁명에 대한 강조는 마치 혁명의 가능성을 열어두는가의 여부가 모든 것의 기준인 듯한 인상이 들 정도이다. 하지만 우리의 맥락에서 중요한 것은, 이 변화와 관련된 것이지만, 지젝 자신의 이데올로기 개념에도 중요한 수정이 일어난다는 점이다. 지젝은 그 수정 내용을 이렇게 요약한다.

나는 이데올로기에 대한 나의 예전의 정의에 더 이상 만족하지 않는다. 그 정의의 요점은 다음과 같았다. 즉 이데올로기는 불가능성의 간극을 채우고, 내적 불가능성을 외적 장애로 전치시키는 환영(illusions)이며, 따라서 해야 할 일은 본래의 불가능성을 역설하는 일이라는 것이다. (…) 이제 나는 궁극의 이데올로기적 작동은 정반대라고 말하고 싶다. 즉 그 무엇과 대면하는 것을 지연하거나 회피하기 위해 그 무엇을 불가능성의 차원으로 올려놓는 것이야말로 이데올로기적이다.[32]

그러니까 종래엔 이데올로기적 작동이 근원적 불가능성을 외적 장애로 전환시키는 것이었는 데 반해, 이제 그것은 가능한 것을 불가능한 것으로 전환시키는 작동으로 재규정된다. 이데올로기에 대한 이러한 180도 입장 변화와 함께 실재의 개념에도 변화가 생긴다. "실재의 한 측면은 그것이 불가능하다는 것이다. 그러나 다른 측면은 실재가 발생하지만 그것을 유지할 수 없고 통합할 수 없다는 것이다. 내가 생각하기엔 이 두 번째 측면이 훨씬 중요하다."[33] 실재는 불가능한 것이긴 하지만, 발생할 수 없다는 의미에서 불가능한 것이 아니다. 오히려 실재는 발생하는데 그 충격 때문에 받아들여질 수 없다는 것이다.

그럼 이런 입장 선회는 왜 일어난 것일까? 여기엔 실천적 이유가 있다. 첫째, 지젝이 볼 때 오늘날 이데올로기의 가장 중요한 기능은 자본주의에 대한 대안 가능성을 배제하는 데 있다. 마치 자본주의가 모든 정치 행위의 자연적 배경인 듯한 이데올로기가 작용하고 있다는 것이다.

불과 일이십 년 전만 해도 생산-자연의 체계(자연과 그 자원에 대한 인간의 생산적-착취적 관계)는 하나의 상수로 여겨졌으며, 모든 사람들은 생산과 교역의 상이한 조직 형식들을 (…) 상상하느라 여념이 없었다. 그러나 오늘날에는 누구도 자본주의에 대한 가능한 대안을 진지하게 고려하지 않는다. 오히려 사람들의 상상력은 다가오는 '자연의 종말', 지구에서의 생명의 종말 같은 이미지에 사로잡혀 있다. 생산양식의 변화라는 훨씬 온건한 변화보다는 세계의 종말을 상상하는 일이 더 쉬워진 듯하다. 마치 자유주의적 자본주의는 지구에 생태적 파국이 오더라도 어떻게든 살아남을 '실재'(the real)라도 되는 것처럼

말이다.[34]

　이 대안 불가능성이라는 관념은 지젝에게 왜 이데올로기 비판이 여전히 필요한지를 확인해주는 장본인의 하나이기도 했다. 그런데 이 이데올로기를 벗어나려면, 현 이데올로기적 구성체에 근원적 균열이 있음을 지적하는 방식으로 대안 가능성의 여지를 이론적으로 보여주는 것에 그치지 않고, 그 균열이 어떻게 실천적 변혁으로 전환될 수 있는지가 제시될 수 있어야 한다. 하지만 실재가 단순히 접촉 불가능한 그 무엇으로 간주되어선 이 과제가 해결되지 않는다. 실재 개념이 수정되거나, 아니면 강조점이 달라져야 할 이유가 여기에 있다. 그리하여 먼저, 실재와의 만남이 불가능한 것이 아니라 가능한 것인데 그 트라우마 때문에 수용되지 않을 뿐이라는 견해가 제시된 것이다. 둘째, 지젝에게서 실재는 사회적 측면에서는 계급 투쟁의 적대 혹은 자기산출하는 자본주의적 경제 체계 자체로 간주되곤 한다. 사실 이 두 실재 개념이 어떻게 양립할 수 있는지도 문제가 될 수 있지만, 어쨌거나 실재가 그렇게 파악되는 한에선, 실재와의 만남에서 새로운 가능성이 적극적으로 개방되거나 구현되기를 기대하긴 어렵다. 실재의 성격이 좀 더 긍정적인 것으로 규정될 필요가 있었던 것이다.

　이 두 가지 요구를 충족하기 위해 이제 혁명적 개입으로서의 행위(act)가 실재로 규정된다. 정신분석의 종결점에 대한 라캉의 논의와 셸링의 자유 개념으로부터 끌어온 이 행위 개념은 상징적 질서 안에서 진행되는 통상의 활동이 아니라 상징적 질서의 좌표 자체를 바꾸는 혁명적 사건을 말한다. 그것은 상징적 질서에 포함된 가능성을 실현하는 것이 아니라, 거기에 없는 새로운 가능성을 창출한다. 또한 그런 점에서 행위는 인과적 결정의 사슬에서 완전히 자유로운 결단으로 간주된다.[35]

실재 개념의 이러한 변화는 욕망의 논리에 기초했던 이데올로기 비판 문법 자체의 수정을 의미한다. 욕망의 논리에서는 거세, 근원적 불가능성, 구조적 빈터가 강조된다. 그리고 이 근원적 빈터를 채우려는 시도들은 전체주의적 기획이라는 혐의를 받게 된다. 따라서 이런 이데올로기 비판의 논리는 "실패를 찬양할 위험성, 즉 모든 행위는 궁극적으로 실패한 행위이며, 진정으로 윤리적인 자세는 이 실패를 영웅적으로 껴안는 태도라는 생각을 내포하고 있다."[36] 또는 그것은 기껏해야 레비나스-데리다 식으로 '도래할 정의'라는 모습으로 행위를 끊임없이 지연시키면서 작은 실용적 변화들만 추구하고 축적하는 결과를 초래하게 된다는 것이다.[37] 그런 점에서 이것은 주어진 지평을 재생산하고, 새로운 가능성의 실현을 가로막는 결과를 초래한다. 이러한 결과를 막기 위해, 이데올로기의 기본 작동도 내적 불가능성에서 외적 장애로의 전치가 아니라, 가능한 것에서 불가능한 것으로의 전치로 재규정될 필요가 있었던 것이다.

사실 오늘날 자본주의에 대한 대안이 없다는 생각이 변혁 전망을 가로막는 이데올로기로서 기능한다는 점을 감안할 때, 이 이데올로기적 사유 금지를 깨트리려는 지젝의 의도는 충분히 납득할 만하다. 하지만 실재로서의 행위 개념에 대한 그의 이해 방식이나 주장에는 납득하기 어려운 과도함이 있다. 몇 가지만 들어보자.

첫째, 지젝은 신흥종교 부흥회에서나 들을 수 있을 법한 어조로 행위를 신적 차원에 연결시킨다. 그에게 행위는 "기적적 사건으로서 발생하며", "신적 삶이 우리의 삶에 현존하는" 방식이다. 해체주의 윤리의 관점에선 전체주의를 비롯한 재앙의 원천은 "인간이 (…) 신처럼 행위할 수 있다고 가정하는 데 있다." 하지만 지젝은 정반대를 주장한다. "악의 진정한 원천은 신처럼 행위하는 유한한 인간이 아니라 신성한 기적이 발생한다는 것을 부인하고 스스로를 또 하나의 유한한 존재로 환원시키는 인간이다."[38] 혁명의 가능성을 구제하려는 의도는 수긍할 수 있다. 그러나 이런 유사 신학적 구제 방식이 과연 유효한가?

둘째, 설령 행위가 기적처럼 일어남을 인정한다 하더라도 문제는 여전히 남는다. 과연 그것이 진짜인지 가짜인지를 어떻게 구별할 수 있는가? 행위가 실재로 파악되는 한, 이것을 구별하거나 최소한 논의라도 할 수 있는 담론적 기제는 허용될 수 없다. 그래서 지젝은 진짜 행위인지는 이미 거기에 참여한 자만이 알 수 있다고 주장한다. 하지만 신흥종교 신자가 아닌 다음에야 이렇게 사이비종교식으로 절대화된 자의적 믿음을 어떻게 받아들일 수 있는가?

셋째, 지젝은 현존 질서 내에서의 개혁적 활동들을 "공격적 수동성"이라고 비판하면서 행위를 준비하는 "수동적 공격성"에 대립시킨다. 아무 일도 일어나지 않도록 하기 위한 분주한 활동들의 "공격적 수동성"과는 대조적으로, "첫 번째 진정으로 결정적인(공격적인, 폭력적인) 단계는 수동성으로 물러나는 것이며, 참여하기를 거부하는 것이다." 이것이 현재의 좌표를 바꾸는 "행위를 위해 (…) 필요한 첫

번째 단계"라는 것이다.[39]

하지만 어떤 의미에서 이 '수동적 공격성'이 행위를 준비하는 행보인가? 오히려 그것은 변화의 능동적 조직을 모두 포기한 채 행위의 도래를 무한정 기다리는 방식은 아닌가? 다시 말해서, 혹시 지젝에게 '행위'라는 것이 혁명이 일어나지 않는 현재를 살아갈 만한 것으로 만들어주는 이론적 물신은 아닌가? 혁명적 행위에 대한 지젝의 외관상 격렬한 주장이 그다지 현실적 위협으로 느껴지지 않을 것처럼 보이는 까닭도 여기에 있는 것은 아닐까?


## 5 | 맺음말—양분화된 이데올로기 비판

지금까지 우리는 포스트모던 논쟁과 현실 사회주의의 붕괴, 그리고 자본주의 소비문화라는 조건 속에서 이데올로기 비판의 위기가 어떻게 생기고, 이 위기를 극복하기 위한 지젝의 전략이 어떠했는지를 살펴보았다. 지젝은 프로이트가 지적했던 '문명 속의 불만'이 갖는 복합적인 비판적 함의를 라캉주의 정신분석학의 주이상스 개념을 통해 적극적으로 발전시키면서, 물신주의로 특징지어지는 포스트모던 이데올로기를 비판하는 문법을 제시했다. 이를 통해 그는 현대의 미완의 기획을 계속하려는 하버마스의 길과 포스트모던 해체주의의 길을 모두 거부하는 독자적인 길을 제시했다. 그러나 우리는 행위 개념과 관련된 과도함을 지적하면서 의문을 제기하였다. 왜 그런 의문이 제기되는 것일까?

앞서 우리는 이데올로기 이론에서의 화용론적 선회를 언급하면서, 이데올로기적 호명에 대해 두 가지 질문이 제기될 수 있다고 했다. 타당성 근거가 무엇인가? 원하는 것이 무엇인가? 이 두 질문은 이데올로기적 상징체계를 돌파하기 위한 두 가지 길의 출발점이라고 할 수 있다. 하버마스는 고개를 들어 의미와 합리적 타당성의 연관을 주시했고, 지젝은 눈을 어두운 심연으로 돌려 의미와 주이상스의 연관에 주목했다. 그런데 위의 두 질문은 모든 말에서 항상 동시에 제기된다. 이것은 이데올로기 문제가 타당성-의미-주이상스의 3항 관계 속에서 파악되어야 함을 뜻한다. 이렇게 보면 하버마스와 지젝의 길은 각기 이 3항 관계를 양분화시키는 두 가지 방식인 셈이다. 비판의 위기가 규범적 위기로 환원되지 않는다는 (하버마스에 대한) 비판이 정당하다면, 이에 못지않게 이데올로기 문제가 결코 주이상스 문제로 환원될 수 없다는 (지젝에 대한) 비판도 정당한 것이다.

이데올로기와 그 비판의 문법이 의미-주이상스의 이항관계로 반분되어 논의될 경우, 비판은 비이데올로기적 준거점을 타당성 영역이 아니라 언어에 의해 억압된 실재에서 찾게 된다. 더욱이 지젝은 이 실재를 행위로 재개념화했다. 이것은 행위가 상징적 질서와 단절되어 있음을 뜻한다. 이런 경우, 어떤 행위인가, 행위를 인도하는 규범적 기대지평이 무엇인가라는 질문은 애초에 배제된다. 반대로 오직 혁명 가능성의 개방 여부만이 비판의 규범적 성격을 좌우하게 된다. 그리하여 행위 **이후** 사회의 재편을 이끌어갈 원리가 무엇인가라는 질문은 제기될 수도, 대답될 수도 없다. 하지만 혁명에 그 규범적 기대지평이 잠재적 상태로나마 담겨 있지 않다면, 그것은 혁명이 아니라 그저 시끄러운 소란으로 그칠 뿐이다. 요컨대, 지젝이 비판하는 하버마스의 경우와 마찬가지로, 지젝 이론의 문제점들도 3항 구조를 지닌 이데올로기 비판 문법이 양분화된 결과라고 할 수 있다.

# 1 카스토리아디스

1 코르넬리우스 카스토리아디스, 「자율적인 개인을 위하여」, 『프리바토피아를 넘어서』, 최연구 옮김, 백의, 2001, 30쪽.

2 코르넬리우스 카스토리아디스, 『사회의 상상적 제도』, 양운덕 옮김, 문예출판사, 1994, 136쪽.

3 코르넬리우스 카스토리아디스, 「일반화된 순응주의에 대항하여」, 『프리바토피아를 넘어서』, 38쪽.

4 같은 책, 48쪽.

5 코르넬리우스 카스토리아디스, 『사회의 상상적 제도』, 25쪽.

6 같은 책, 같은 곳.

7 같은 책, 57쪽

8 같은 책, 70~71쪽.

9 같은 책, 77쪽 참조.

10 Cornelius Castoriadis, *Figures of the thinkable*, Stanford University Press, 2007, 48쪽.

11 같은 책, 같은 곳.

12 코르넬리우스 카스토리아디스, 『사회의 상상적 제도』, 282쪽 참조.

13 Cornelius Castoriadis, *Figures of the thinkable*, 59~60쪽 참조.

14 같은 책, 64~65쪽 참조.

15 코르넬리우스 카스토리아디스, 『사회의 상상적 제도』, 208쪽 참조.

16 같은 책, 230쪽.

17 같은 책, 255쪽 참조.

18 같은 책, 265쪽.

19 같은 책, 263쪽.

20 Cornelius Castoriadis, *The Imaginary Institution of Society*, trans. Kathleen Blamey, Polity Press, 1987, 201쪽.

21 같은 책, 217쪽.

22 같은 책, 238쪽 참조.

**23** 같은 책, 311쪽.

**24** Cornelius Castoriadis, *Figures of the thinkable*, 73쪽.

**25** 코르넬리우스 카스토리아디스, 『사회의 상상적 제도』, 300쪽.

**26** Cornelius Castoriadis, *Figures of the thinkable*, 320쪽.

**27** 코르넬리우스 카스토리아디스, 『사회의 상상적 제도』, 152쪽.

**28** 같은 책, 184쪽.

**29** 같은 책, 215쪽.

**30** Cornelius Castoriadis, *Figures of the thinkable*, 343쪽.

**31** 같은 책, 370쪽.

**32** Richard Rorty, "Unger, Castoriadis, and the romance of a national future", *Essays on Heidegger and Others*, Cambridge University Press, 1991, 186쪽.

## 2 들뢰즈

**1** 참고로 이 글의 전반부에 해당하는 들뢰즈의 세계관과 인간관에 대한 내용은 서울대학교 출판부에서 펴낸 『마음의 철학적 성찰』에 실린 본인의 들뢰즈에 관한 글에서 상당 부분 가져온 것임을 밝혀둔다.

## 3 푸코

**1** 이 글의 내용은 주로 필자의 저서 『미셸 푸코의 비판적 존재론—그 미완의 기획』(길, 2010)과 필자의 논문 「소수자 등장과 사회적 인정 질서의 이중성」(2005)을 요약한 것이다.

**2** 미셸 푸코, 『말과 사물』, 이광래 옮김, 민음사, 1993, 440쪽.

**3** Michel Foucault, "Was ist Aufklärung", in: Eva Erdmann/Rainer Forst/Axel Honneth (Hg.), *Ethos der Moderne. Foucaults Kritik der Aufklärung*, Ffm., 1990.

**4** 같은 책, 50쪽.

**5** Michel Foucault, "Das Subjekt und die Macht", in: Hubert L. Dreyfus/Paul Rabinow, *Michel Foucault. Jenseits von Strukturalismus und Hermeneutik*, Ffm., 1987, 248쪽.

**6** Michel Foucault, "Wahrheit und Macht. Interview von A. Fontana und P. Pasquini", *Dispositive der Macht*, Berlin, 1978, 39쪽.

**7** 같은 책, 같은 곳.

**8** Michel Foucault, *Überwachen und Strafen*, Ffm. 1994, 250쪽.

**9** Michel Foucault, "Zur Genealogie der Ethik", *Michel Foucault. Jenseits von Struktural-ismus und Hermeneutik*, 274쪽.

**10** Nancy Fraser, "Foucault über die moderne Macht. Empirische Einsichten und nor-mative Unklarheiten", *Widerspenstige Praktiken. Macht, Diskurs, Geschlecht*, Ffm., 1994. 이 책에서 낸시 프레이저는 유사한 방식으로 푸코의 권력 개념과 종래의 권력 개념을 구별한다. 종래의 권력 개념에 따를 때 권력은 무엇보다도 국가 중심적이고 억압적이고 허위의식적인 것으로 이해되지만, 이에 반해 푸코의 관점에 따르면 권력이란 모세혈관처럼 퍼져 있고 생산적이며 동시에 진리를 가능하게 하는 것으로 이해된다는 것이다.

**11** Michel Foucault, *Was ist Kritik?*, Berlin, 1992, 10쪽.

**12** Michel Foucault, *Die Ordnung des Diskurses*, Ffm., 1991, 9~49쪽.

**13** Michel Foucault, *Von der Freundschaft*, Merve, 1984, 137쪽.

**14** 같은 책, 같은 곳.

**15** Michel Foucault, *Der Wille zum Wissen. Sexualität und Wahrheit* 1, Suhrkamp, 1983, 86쪽.

**16** Michel Foucault, *Dispositive der Macht*, 54쪽; Michel Foucault, "Das Subjekt und die Macht", 246쪽.

**17** 같은 책, 같은 곳.

**18** Michel Foucault, *Der Wille zum Wissen*, 113쪽.

**19** Michel Foucault, "Das Subjekt und die Macht", 255쪽.

**20** 같은 책, 같은 곳.

**21** Michel Foucault, *Archäologie des Wissens*, Ffm., 1981, 특히 서론.

**22** Michel Foucault, *Die Ordnung der Dinge*, Ffm., 1994, 24쪽.

**23** Michel Foucault, *Wahnsinn und Gesellschaft*, Ffm., 1973.

**24** Michel Foucault, *Überwachen und Strafen*, Ffm., 1994.

**25** Michel Foucault, *Sexualität und Wahrheit*, Bd. 1, Ffm., 1983.

**26** Michel Foucault, *Überwachung und Strafe*, Ffm., 1976, 34쪽.

**27** Michel Foucault, "Das Subjekt und die Macht", 250쪽.

**28** Michel Foucault, *Von der Freundschaft*, 135쪽.

**29** 푸코의 존재의 미학을 탐구한 대부분의 저자들은 존재의 미학의 일반적 구조 분석을 등한히 한다. 예를 들어 제임스 버나우어와 마이클 매온은 존재의 미학의 해방적 측면 혹은 규범적 단초들을 밝히는 작업에 주로 몰두한다. James Bernauer/Michael Mahon, "The Ethics of Michel Foucault", *The Cambridge Companion to Foucault*,

Cambridge, 1994. 알렉산더 네하마스는 존재의 미학을 제임스 밀러의 푸코 전기 (James Miller, *The Passion of Michel Foucault*, Cambridge, 2000)와 연관해서 탐구하면서 특히 새로운 윤리학을 위한 이론적 단서들을 포착하려 하지만, 그의 관심은 존재의 미학에 함축된 삶의 방식이 푸코 자신의 이론적 작업 및 그의 삶과 어떤 연관성을 갖는지를 밝히는 데 집중되어 있다. Alexander Nehamas, *The Art of Living*, California, 2000, 157~188쪽; "Subject and Abject: The Examined Life of Michel Foucault", *New Republic*, 15. Feb. 1993. 이에 반해 빌헬름 슈미트는 아마도 존재의 미학을 새로운 형태의 윤리학을 위한 시도로 규정할 뿐 아니라, 그 일반적 구조를 밝히려 했던 유일한 연구자일 것이다. 그에 따르면 존재의 미학은 다섯 가지 측면을 갖는다. 즉 자기 강화, 예술적 존재 형성, 선택 행위, 민감성과 판단력, 그리고 아름다움의 실현이 존재의 미학의 명확한 상과 문제 영역을 나타낸다는 것이다. 그러나 존재의 미학에 대한 슈미트의 이해는 존재의 미학이 타당성을 가질 수 있는 차원이 어떤 것인지를 밝힐 수 있는 지점까지 발전하지는 않는다. 물론 슈미트가 푸코의 시대 진단에 따라 존재의 미학을 '복종으로서의 도덕'에 대한 대안으로 이해하기는 하지만, 그는 복종으로서의 도덕을 이기주의를 방지하기 위해 개인에게 부과된 당위 도덕으로 이해함으로써 흡사 푸코가 개인의 공동생활을 규제해야 할 규범적 규정이나 원칙 일반을 부정하는 것 같은 의혹을 남긴다. Wihelm Schmid, *Philosophie der Lebenskunst*, Ffm., 1998; *Auf der Suche nach einer neuen Lebenskunst*, Ffm., 2000.

**30** Michel Foucault, "Zur Genealogie der Ethik", 273~274쪽.

**31** 같은 책, 71쪽.

# 5 네그리

**1** 이 글은 「다중(Multitude)이론의 비판적 검토—사회비판의 방식을 중심으로」, 『사회와 철학』 제16호, 사회와철학연구회, 2008을 부분적으로 수정, 보완한 것임을 밝혀둔다.

# 6 바디우

**1** 우리는 '포스트모던'이라는 용어를 그저 현대의 철학적 패러다임의 변화를 지칭하기 위해 사용한다는 점을 밝혀둔다. 저널리즘의 선물이라고 할 수 있는 이 용어는 리오타르에 의해서만 사용되었을 뿐이다. 결국 이 말은 특정한 이론적 체계를 의미한다기보다는 '다른 사유'의 경향을 지칭하는 것에 불과하다.

**2** 레비나스의 철학을 정확하게 후기-근대의 맥락 안에 위치하는 것으로 간주하기는 힘들 수 있다. 그의 철학은 형이상학을 기각한다는 점에서 근대적 전통과 결별하고 있으나, 유대적 전통을 철학적으로 각색하고 있다는 점에서 확실히 종교적이다. 그

러나 그의 문제의식이 후기-근대가 주장하는 근대 형이상학의 종말과 그 궤를 같이 한다는 점에서 우리는 그의 철학을 후기-근대의 비판과 연결된 것으로 파악한다. 이에 대해서는 Emmanuel Levinas, *Totalité et infini, Essai sur l'extériorité*, M. Nijhoff, 1961을 참조하라.

**3** 이에 대해서는 Alain Badiou, *Manifeste pour la philosophie*, Seuil, 1989, 12쪽[『철학을 위한 선언』, 서용순 옮김, 길, 2010, 48쪽]을 참조하라.

**4** 시의 대상성 비판에 대해서는 같은 책, 52~56쪽[『철학을 위한 선언』, 106~110쪽]을 참조하라. 하이데거의 철학이 강점을 갖는 것은 바로 대상성을 시적으로 해지하는 시인들의 노력을 철학적인 대상성 비판과 결합시킨 데 있다고 바디우는 말하고 있다.

**5** 이에 대해서는 Alain Badiou, *L'Éthique*, Hatier, 1993, 71~76쪽[『윤리학』, 이종영 옮김, 동문선, 2001, 98~105쪽]을 참조하라.

**6** Alain Badiou, *Conditions*, Seuil, 1992, 59쪽[『조건들』, 이종영 옮김, 새물결, 2006, 78쪽].

**7** Alain Badiou, *L'Etre et l'événement*, Seuil, 1988. 31쪽. 앞으로 등장하게 될 논의에서 우리는 곧잘 독자들을 좌절시키는 복잡한 수학적 증명의 과정을 과감하게 생략할 것이다. 물론 그 증명들은 바디우의 존재론을 정확하게 이해하기 위해 필수적이다. 이 부분에 대한 몰이해는 곧장 바디우 철학의 전제들에 대한 심각한 몰이해로 연결되곤 한다. 이에 대해서는 더 심화된 별도의 연구가 필요하다.

**8** 같은 책, 31~32쪽.

**9** 같은 책, 32쪽. 바디우는 상황을 다수성의 현시를 통해 정의하기 때문에, 그 상황 속에 존재하는 다수는 본질적으로 무한한 다수이다. 물론 상황은 일자화 작용을 통해 특정한 상황으로 규정되지만, 순수 다수로 구성되는 상황 그 자체는 무한하다. 그래서 바디우는 "모든 단독적인 인간의 삶은 셀 수 없이 무한하다"고 단언한다(Alain Badiou, *Saint Paul: la fondation de l'universalisme*, PUF, 1997, 10쪽). 바디우는 이러한 단언을 집합론의 발견을 통해 정당화하는데, 이에 대해서는 칸토어의 초한적 집합론을 비롯한 수학적 발견을 다루는 별도의 연구가 필요하다. 바디우는 집합론의 발견을 받아들여 모든 다수를 본질적으로 무한한 것으로 간주한다. 바디우가 근거하고 있는 무한에 대한 수리철학적 접근에 대해서는 Alain Badiou, *Le nombre et les nombres*, Seuil, 1990을 참조하라.

**10** 같은 책, 33쪽.

**11** 같은 책, 38쪽.

**12** 같은 책, 13쪽.

**13** 같은 책, 14~15쪽.

14  같은 책, 68쪽.

15  같은 책, 71쪽.

16  같은 책, 72쪽.

17  같은 책, 109쪽.

18  같은 책, 112쪽.

19  같은 책, 110쪽.

20  같은 책, 113쪽.

21  같은 책, 111쪽.

22  같은 책, 115쪽.

23  같은 책, 115~116쪽.

24  같은 책, 195쪽. 우리는 이를 '사건적 장소'라고 번역할 수도 있다.

25  같은 책, 200쪽.

26  같은 책, 205~212쪽을 참조하라. 이 부분에서 바디우는 공리적 집합론이 어떻게 집합의 자기 귀속을 금지하는지 잘 설명하고 있다. 메타존재론적 공리라고 할 수 있는 정칙 공리(Axiome de fondation)가 함축하는 것은 어떤 집합이 자기 자신을 원소로 가질 수 없다는 것이다. 집합의 자기 귀속 금지는 공리적 집합론의 성립을 위해 필수적이다.

27  같은 책, 201쪽.

28  같은 책, 201~202쪽.

29  같은 책, 223쪽.

30  같은 책, 224쪽.

31  같은 책, 226쪽.

32  같은 책, 253~254쪽, 321쪽.

33  같은 책, 228쪽.

34  같은 책, 204쪽.

35  같은 책, 362쪽.

36  같은 책, 363쪽.

37  같은 책, 257쪽.

38  같은 책, 258쪽.

39  같은 책, 259쪽.

40  같은 책, 370쪽.

41  같은 책, 373쪽. 엄밀히 말해서 진리는 사건과 동시에 출현하는 것이 아니다. 유적인

부분집합으로서의 "진리는 항상 탐색의 과정을 따라서만 도래한다."(같은 책, 437 쪽) '진리는 사건을 통해 출현한다'는 말은 설명적인 편의를 위해서 동원된 표현일 뿐이고, 그 속에는 사건과 진리 사이에 놓인 지난한 과정이 생략되어 있다.

**42** 유적인 부분이란 논리적인 비결정성의 지배를 받는 부분을 뜻한다. 분류의 체계를 벗어난다는 점에서 '유적인 것'은 '식별 불가능한 것'과 마찬가지다.

**43** 같은 책, 374쪽.

**44** 같은 책, 367쪽.

**45** 같은 책, 377쪽.

**46** 같은 책, 227쪽.

**47** 같은 책, 364~365쪽.

**48** 같은 책, 377쪽.

**49** 같은 책, 420~422쪽.

**50** 같은 책, 438쪽.

**51** 같은 책, 434쪽.

**52** 같은 책, 435쪽.

**53** 같은 책, 435~437쪽.

**54** 같은 책, 264쪽.


# 7 아감벤

**1** 이 글은 『인문과학』(제93집, 2011년 3월)에 실린 「조르조 아감벤의 '호모 사케르' 읽기」를 일부 수정, 보완한 것이다.

**2** 옮긴이의 말과는 달리 이 기획은 모두 3부가 아니라 4부로 구상되었다(조르조 아감 벤, 『호모 사케르―주권 권력과 벌거벗은 생명』, 박진우 옮김, 새물결, 2008, 16~17 쪽을 참조할 것). 1부가 바로 『호모 사케르』, 2부가 『예외상태』와 『왕국과 영광』, 3 부가 『아우슈비츠의 유산』, 그리고 4부는 『삶의 형식과 생활양식』이다. 1부에서 3부 까지는 현재 출간된 반면, 4부는 완결을 위한 모색 단계에 있다. 결국 『호모 사케르』 프로젝트는 현재 진행형인 셈이다. 이 글에서는 프로젝트의 이론 부분에 해당하는 1 부를 중심으로 아감벤의 정치철학을 살펴보기로 한다

**3** 조르조 아감벤, 『호모 사케르』, 51쪽.

**4** 같은 책, 55쪽.

**5** Carl Schmitt, *Politische Theologie. Vier Kapitel zur Lehre von der Souveränität*, Berlin: Duncker & Humblot, 1993, 47쪽, 13쪽.

**6** 예외의 논리는 정치신학에서 집합론과 언어의 차원으로 확장되어 더욱 일반적인

분석의 틀로 자리 잡고 있다. 정치신학적 차원은 지금 언급한 슈미트의 수용을 통해 이루어지고 있으며, 집합론은 귀속과 포함의 구분법을 정치적 개념에 응용한 알랭 바디우의 발상에 의존하고 있다. 아울러 아감벤에 따르면 언어가 언어 외부적 현실과 맺고 있는 관계는 법의 영역이 그 외부의 것과 맺고 있는 관계와 본질적으로 동일한 구조를 지닌다.

**7** 조르조 아감벤,『호모 사케르』, 96~99쪽.

**8** 최근 커다란 주목을 받고 있는 '정치적인 것'의 개념은 정부 차원에서 구체적으로 제도화된 '정치' 개념과 구분하여 정치의 함축성을 더욱 포괄적인 사회 문화적 원리로 포착하려는 시도에서 비롯되었다. 정치와 정치적인 것의 구별을 '정치적 차이'라 부른다. 정치적인 것이라는 용어를 처음 사용한 이가 바로 슈미트이며, 그에게 있어 정치적인 것의 준거가 되는 것은 결국 적과 동지의 구분에 있다. 아감벤의 정치철학 또한 정치적 차이를 삶과 법의 구분으로 본다는 점에서 정치적인 것에 대한 담론의 연장선상 속에 있다고 말할 수 있다.

**9** 같은 책, 61쪽.

**10** 같은 책, 79쪽.

**11** 조르조 아감벤,『예외상태』, 김항 옮김, 새물결, 2009, 79쪽.

**12** 이 같은 시각에는 아감벤의 존재론적 잠재성 개념이 전제되어 있다. 그는 아리스토텔레스의 현실태와 가능태 이론을 독창적으로 재독해함으로써 새로운 잠재성 개념을 발전시키고 있다. 아감벤의 개념에서 독특한 점은 잠재성의 실현을 긍정적 실체로 남김없이 수렴될 수 없는 것으로 본다는 데 있다.

**13** 조르조 아감벤,『호모 사케르』, 80~81쪽.

**14** 같은 책, 175쪽.

**15** Michel Foucault, "Leben machen und sterben lassen. Die Geburt des Rassismus", in: Sebastian Reinfeldt/Richard Schwarz (Hg.), *Bio-Macht*, Duisburg: DISS, 1992, 28쪽, 34쪽.

**16** 아감벤은 죽음의 권력에 대한 고대적 사례로 호모 사케르 외에 '아들에게 행사되는 아버지의 생사여탈권'을 언급한다.

**17** 조르조 아감벤,『호모 사케르』, 319쪽. 고딕체 표기는 원문의 강조 표시.

**18** 같은 책, 330~331쪽.

**19** 같은 책, 261쪽.

**20** 같은 책, 49쪽.

# 8 지젝

**1** 지젝에 대한 좋은 소개로는 이안 파커, 『지젝—비판적 독해』, 이성민 옮김, 도서출판 b, 2008을 보라.

**2** "International Journal of Žižek Studies".

**3** 박영도, 『비판의 변증법』, 새물결, 2011.

**4** 위르겐 하버마스, 『현대성의 철학적 담론』, 이진우 옮김, 문예출판사, 1994.

**5** 위르겐 하버마스, 『현대성의 철학적 담론』; 박영도, 『비판의 변증법』, 369~584쪽.

**6** 이에 대해서는 슬라보예 지젝, 『처음에는 비극으로 다음에는 희극으로』, 김성호 옮김, 창비, 2010, 133~156쪽 참조.

**7** 같은 책, 140쪽.

**8** 주이상스의 문화적, 정치적 의미에 대해서는 슬라보예 지젝, 『당신의 징후를 즐겨라』, 주은우 옮김, 한나래, 1997; 슬라보예 지젝, 『향락의 전이』, 이만우 옮김, 인간사랑, 2001 참조.

**9** 슬라보예 지젝, 『시차적 관점』, 김서영 옮김, 마티, 2009, 606쪽. 번역문은 다소 수정했음.

**10** 슬라보예 지젝, 『처음에는 비극으로 다음에는 희극으로』, 133쪽.

**11** 슬라보예 지젝, 『이데올로기라는 숭고한 대상』, 이수련 옮김, 인간사랑, 2002, 60쪽.

**12** 같은 책, 132쪽.

**13** 하버마스는 정신분석을 이렇게 사적 언어에서 공적 언어로의 이행으로 이해한다. Jürgen Habermas, *Erkenntnis und Interesse*, Suhrkamp, 1968, 262~299쪽. 그러니까 그는 정신분석적 이데올로기 비판을 고전적 이데올로기 비판의 관점에서 해석한 셈이다. 반대로 지젝은 정신분석의 관점에서 고전적 이데올로기 비판을 수정한다.

**14** 슬라보예 지젝, 『이데올로기라는 숭고한 대상』, 62쪽. 지젝은 냉소주의의 이러한 구조를 페터 슬로터다이크(Peter Sloterdijk)로부터 가져온다. 그런데 슬로터다이크에 의하면 이 냉소주의는 키니시즘(kynicism)이라고 불리는 것과 구별된다. 후자는 대중들이 지배집단의 공식적 문화를 아이러니와 풍자를 통해 거부하는 방식이다. 지젝에 의하면 냉소주의는 이러한 대중적 전복에 대한 지배문화의 대답인 셈이다. 같은 책, 62~63쪽.

**15** 같은 책, 62쪽.

**16** 이에 비해 마르크스주의에서 물신은 사회적 관계의 네트워크를 은폐하는 것으로 간주된다. 따라서 지젝이 마르크스와 관련해서 물신과 물신주의를 말하는 경우에도 그것은 마르크스와 마르크스주의의 경우와는 다른 의미를 갖는다. 같은 책, 96쪽.

**17** 슬라보예 지젝, 『처음에는 비극으로 다음에는 희극으로』, 133쪽.

18  같은 책, 134쪽.

19  같은 책, 140쪽.

20  같은 책, 140쪽.

21  같은 책, 134쪽. "하나의 대상은 (억압된 욕망) 증상으로 기능할 수 있으며 거의 동시에 물신으로 기능할 수 있다. 예를 들어 옷가지 같은 고인의 유품은 물신으로서 (그 속에서 고인은 마술처럼 계속하여 살아간다) 그리고 동시에 증상으로서 (그의 혹은 그녀의 죽음을 생각나게 하여 맘을 어지럽히는 물품으로서) 기능할 수 있다."

22  같은 책, 138~139쪽.

23  같은 책, 136쪽.

24  이것은 해체주의만이 아니라 담론분석 일반의 한계라고 할 수 있다. 이에 대해서는 Yannis Stavrakakis, *The Lacanian Left*, State University of New York Press, 2007, 66~108쪽.

25  같은 맥락에서 지젝은 초기에 협력관계에 있던 라클라우와도 결별하게 된다. 물론 라클라우도 주이상스와 관련하여 담론분석이 갖는 한계를 인식하고 라캉의 정신분석 관점을 끌어들인다. 하지만 담론분석과 주이상스의 연관과 그것의 정치적 함의와 관련하여 라클라우와 지젝은 의견을 달리하게 되고, 이에 따라 이들이 맺었던 초기의 협력관계는 깨어진다. 이들의 차이는 지젝과 라클라우, 버틀러 사이의 논쟁을 기록한 『우연성, 헤게모니, 보편성』(박대진·박미선 옮김, 도서출판 b, 2009)에서 극명하게 드러난다.

26  Slavoj Žižek, "The Spectre of Ideology", *The Žižek Reader*, Blackwell, 1999, 53~86쪽.

27  슬라보예 지젝, 『이데올로기라는 숭고한 대상』, 155~225쪽.

28  같은 책, 68쪽.

29  이런 점에서, 오늘날의 비판의 위기는 계몽주의적 비판에 쫓겨 무의식의 차원으로 내려간 믿음이 계몽주의적 비판에 복수를 하고 있는 형국이라고 하겠다. 오늘날 종교적 관점이 다시 주목받는 것도 같은 맥락에서 이해할 수 있을 것이다.

30  같은 책, 68쪽.

31  Slavoj Žižek, "The Spectre of Ideology", *The Žižek Reader*.

32  Slavoj Žižek/Glyn Daly, *Conversations with Žižek*, polity, 2004, 70쪽.

33  같은 책, 71쪽.

34  Slavoj Žižek, "The Spectre of Ideology", *The Žižek Reader*, 55쪽.

35  슬라보예 지젝, 『나눌 수 없는 잔여』, 이재환 옮김, 도서출판 b, 2010.

36  슬라보예 지젝, 『그들은 자기가 하는 일을 알지 못하나이다』, 박정수 옮김, 인간사랑, 2004, 12쪽.

37  슬라보예 지젝, 『전체주의가 어쨌다구?』, 한보희 옮김, 새물결, 2008, 234~245쪽.

38  슬라보예 지젝, 『까다로운 주체』, 이성민 옮김, 도서출판 b, 2005, 613~614쪽.

39  슬라보예 지젝, 『시차적 관점』, 670쪽.

# 이유선

고려대 철학과를 졸업하고 같은 학교 대학원에서 박사학위를 받았다. 서울대 기초교육원 전임대우 강의교수로 재직 중이다. 저서로『리처드 로티』『실용주의』『아이러니스트의 사적인 진리』『사회 철학』『포스트모던의 테제들』(공저) 등이 있으며, 역서로『우연성, 아이러니, 연대성』『철학자 가다머 현대 의학을 말하다』『퍼스의 기호학』『철학의 재구성』『베스텐트 2012』(공역) 등이 있다.

# 박정태

서울대 철학과를 졸업하고 파리 8대학에서 들뢰즈에 관한 논문으로 박사학위를 받았다. 서울대, 홍익대, 서울과학기술대 등에서 학생들을 가르치고 있다. 저서로『포스트모던의 테제들』(공저) 등이 있으며, 역서로『들뢰즈—존재의 함성』『들뢰즈가 만든 철학사』『지식인을 위한 변명』『실존주의는 휴머니즘이다』등이 있다.

# 문성훈

연세대 철학과를 졸업하고 독일 프랑크푸르트 대학 철학과에서 악셀 호네트 교수의 지도로 박사학위를 받았다. 서울여대 교양학부 현대철학 담당 교수로 재직 중이며,『베스텐트』한국판 책임편집자를 맡고 있다. 저서로『현대철학의 모험』(공저)『하버마스가 들려주는 의사소통 이야기』『이성의 다양한 목소리』(공저)『미셸 푸코의 비판적 존재론』『프랑크푸르트학파의 테제들』(공저)『포스트모던의 테제들』(공저) 등이 있으며, 역서로『철학 오디세이 2』『정의의 타자』『인정투쟁』등이 있다.

## 박영욱

고려대 철학과를 졸업하고 같은 학교 대학원에서 박사학위를 받았다. 숙명여대 교수로 재직 중이다. 저서로『철학으로 대중문화 읽기』『매체, 매체예술 그리고 철학』『필로아키텍처』『데리다 & 들뢰즈』『미디어아트는 X예술이다』『포스트모던의 테제들』(공저) 등이 있으며, 역서로『바스키아의 미망인』등이 있다.

## 김원식

연세대 철학과를 졸업하고 같은 학교 대학원에서 박사학위를 받았다. 국가안보전략연구소 연구위원으로 재직 중이다. 공저로『철학과 합리성』『이성의 다양한 목소리』『베스텐트 2012』『프랑크푸르트학파의 테제들』『포스트모던의 테제들』등이 있으며, 역서로『이성의 힘』『하버마스와 현대사회』『지구화 시대의 정의』등이 있다.

## 서용순

성균관대를 졸업하고 파리 8대학 철학과에서 알랭 바디우 교수의 지도로 박사학위를 받았다. 고려대와 성균관대에서 학생들을 가르치고 있다. 저서로『청소년을 위한 서양철학사』『라깡, 사유의 모험』(공저)『알튀세르 효과』(공저)『포스트모던의 테제들』(공저) 등이 있으며, 역서로『뉴레프트리뷰 1』(공역)『철학을 위한 선언』등이 있다.

## 고지현

독일 브레멘 대학 철학과에서 박사학위를 받았다. 가천대 아시아문화연구소 학술연구교수로 재직 중이다. 저서로『꿈과 깨어나기—발터 벤야민 파사주 프로젝트의 역사이론』『프랑크푸르트학파의 테제들』(공저)『포스트모던의 테제들』(공저) 등이 있으며, 역서로『베스텐트 2012』(공역) 등이 있다.

## 박영도

서울대 사회학과를 졸업하고 같은 학교 대학원에서 박사학위를 받았다. 연세대 국학연구원 HK연구교수로 재직 중이다. 저서로『비판의 변증법』『사회인문학이란 무엇인가?』(공저)『베스텐트 2012』(공저)『포스트모던의 테제들』(공저) 등이 있으며, 역서로『사실성과 타당성』등이 있다.